P

Życ

Zapamiętanych

Dolores Cannon

Przełożyła Anna Ochmańska

Wydawnictwo
Ozark Mountain Publishing, Inc.

OZARK
MOUNTAIN
PUBLISHING

Dane Biblioteki Kongresowej Katalogowania Publikacji
Cannon, Dolores, 1931-2014
   Oryginalny tytuł: *Five Lives Remembered*
   Pięć żyć zapamiętanych, autor: Dolores Cannon
Historia początku hipnoterapeutki Dolores Cannon na polu regresji i eksploracji przeszłych żyć.

1. Hipnoza 2. Reinkarnacja 3. Źródło Boga 4. Wejścia
I. Cannon, Dolores, 1931-2014 II. Reinkarnacja III. Metafizyka IV. Tytuł
ISBN: 978-1-956945-47-8

         Projekt okładki i układ: Victoria Cooper Art
         Książka napisana w: Times New Roman, Harrington
              Projekt książki: Nancy Vernon
              Tłumaczenie: Anna Ochmańska

P.O. Box 754, Huntsville, AR 72740
www.ozarkmt.com

Spis treści

Wstęp

W temacie reinkarnacji, terapii regresyjnej i badań nad przeszłym życiem, pracowałam wnikliwie od 1979 roku. W początkowych latach, było to wyśmiewane przez profesjonalistów w danej dziedzinie. Jednakże, w ciągu ostatnich kilku lat, stało się cennym narzędziem w leczeniu wielu problemów zdrowotnych, fobii, alergii, a także relacji rodzinnych, tego wszystkiego co nie odpowiadało na tradycyjne formy terapii. Wielu psychologów używa tego teraz, przyznając, że to nie ma znaczenia czy oni lub ich klienci wierzą w istnienie poprzedniego życia. Ważne, że to im pomaga i jest wartościowym narzędziem w odkrywaniu podświadomości. Stwierdzono, że źródłem wielu problemów jest przeżycie traumy w poprzednich wcieleniach. Często nie są one wynikiem jednego tylko życia przeszłego, ale powtarzających się wzorców tak trwałych i zakorzenionych, że przenoszą się na obecne życie.

To jest właśnie rodzaj pracy, którą wykonywałam od 1979 roku. Jednakże, wielu z tych, chcących poznać swoje poprzednie wcielenia, nie szukało odpowiedzi na problemy życia obecnego. Większość przyszła do mnie z ciekawości. Po prostu chcieli sprawdzić czy faktycznie żyli już wcześniej, Często w tych przypadkach, gdzie nie było wyznaczonego konkretnego celu, osoby te odkrywały nudne i przyziemne przeszłe wcielenia. Natomiast tam, gdzie istniał uzasadniony powód do odkrywania nieznanych obszarów umysłu, rezultaty i informacje były dość zaskakujące. Niesamowite jest to, że w większości przypadków uzyskane informacje sugerowały, że żyli już wcześniej. Im głębszy poziom transu hipnotycznego, tym więcej informacji jest uwalnianych. Odkryłam, że najlepszym podmiotem do badań nad reinkarnacją są lunatycy. Ludzie ci potrafią bez żadnego problemu wejść w możliwie najgłębszy poziom transu i dosłownie stać się osobą z przeszłości w każdym szczególe. W ciągu wielu lat terapii i badań, które prowadziłam, zetknęłam się z każdym możliwym przykładem, choć sporadycznie odkrywałam kogoś, kto żył w interesujących czasach lub znał kogoś ważnego. Tak więc, napisałam moje książki na temat tych fascynujących przypadków. W ten sposób powstały: *Trylogia Rozmów z Nostradamusem'*, *'Jezus i Esseńczycy'*, *'Oni znali Jesuza'*, *'Pomiędzy Życiem, a Śmiercią'* i *'Dusze Pamiętające Hiroszimę'*. Następnie rozszerzyłam swoją pracę o przypadki ufo i istot pozaziemskich w książkach: *'Strażnicy Ogrodu'*, *Legenda Wielkiego Wybuchu'*, *'Gwiezdne Dziedzictwo'*, *'Opiekunowie'* i wreszcie zaawansowaną serię metafizyczną: *'Zawiły Wszechświat'*. Wraz z rozwojem mojej pracy z hipnozą, opracowałam własną specjalistyczną technikę, aby pomóc ludziom wyzdrowieć poprzez kontakt z ich Wyższą Jaźnią. Obecnie uczę tej metody na całym świecie. Nadal piszę więcej książek związanych z moimi podróżami w czasie i przestrzeni.

Czasami podczas moich radiowych czy telewizyjnych wywiadów lub wykładów pytają: 'Jak to się wszystko zaczęło? Co sprawiło, że zajęłaś się hipnozą?' Jeśli mam wystarczająco dużo czasu, staram się wyjaśnić początki, jeśli nie, mówię, że to długa historia, którą opisałam w mojej pierwszej książce *'Pięć Żyć Zapamiętanych'*. Ludzie są wtedy zdezorientowani, bo znają moje inne książki, więc pytają: 'Dlaczego ta nigdy nie została opublikowana?' Moja odpowiedź brzmi: 'Próbowałam!' Często tematyka książki wyprzedza swoje czasy i tak właśnie było z tą. Kiedy ją napisałam, nie było księgarni 'New Age', a tradycyjne poświęcały może jedną półkę lub mniej na książki o tematyce metafizycznej. To był gatunek, którego czas jeszcze nie nadszedł. Wysyłałam ją wielokrotnie i otrzymywałam tylko odmowne listy. Jedno wydawnictwo napisało: 'Cóż, moglibyśmy to rozważyć, gdybyś cofnęła w czasie jakąś gwiazdę filmową. Może wtedy ktoś by się tym zainteresował.'

Po latach nieudanych prób, które łamały mi serce, schowałam rękopis w szufladzie i kontynuowałam moją pracę. To nie oznaczało, że na dobre rzuciłam pisanie. Wręcz

6

przeciwnie, kiedy na poważnie zaczęłam pracę z terapią regresyjną, informacje spływały od różnych klientów i zaczęłam pisać inne książki, podczas gdy 'Pięć Żyć Zapamiętanych' chwilowo poszło w zapomnienie. Ostatecznie zajęło mi to *dziewięć lat* zanim znalazłam pierwszego wydawcę i kosztowało mnie to wiele smutku i rozczarowań. Do tego czasu napisałam pięć kolejnych książek. Po drodze doświadczyłam każdej możliwej goryczy i frustracji jaka może spotkać autora. Mnóstwo razy chciałam krzyczeć: 'Nie mogę tego robić! To zbyt bolesne!' Za każdym razem, kiedy osiągnęłam głębię rozpaczy uważając, że powinnam się poddać, rzucić rękopisem o ścianę i powrócić do 'normalnego' życia, pojawiała się myśl: 'W porządku. Jeśli chcesz to rzucić, co zamierzasz robić w życiu?' Odpowiedź była zawsze jedna: 'Nie chcę robić nic poza pisaniem.' Tak więc, ocierałam łzy i zaczynałam nową książkę nie mając pewności czy któraś z nich kiedykolwiek zostanie wydana.

Kiedy na konferencjach wykładam z pisania, mówię początkującym pisarzom: 'A więc napisałeś książkę i co teraz? Ta książka może nigdy nie zostać opublikowana. Musisz kontynuować pisanie. To może być druga lub czwarta którą wydasz, ale jeśli jesteś prawdziwym pisarzem, nie możesz zaprzestać. Staje się to silniejsze od ciebie, gdzie wolałbyś pisać niż zjeść. Gdy osiąga ten punkt, wiesz, że to twoja misja.' Energia, która za tym stoi jest tak potężna, że w końcu zmaterializuje się w formie książek, ponieważ takie jest prawo wszechświata.

Jak się okazało, była to moja czwarta, piąta i szósta książka, które zostały pierwsze opublikowane (Trylogia o Nostradamusie), później były następne. Teraz już wiem, że ten mroczny okres mojego życia był dla mnie próbą. Miałam możliwość wycofać się, gdybym tylko tego chciała. Teraz wiem, że jeśli się do czegoś zobowiązujemy, już nie ma odwrotu, albo nigdy nie zaznamy szczęścia. Właśnie dlatego mówię ludziom, aby nigdy nie rezygnowali ze swoich marzeń. Mój czas próby już przeminął, zaangażowałam się i teraz moje książki przetłumaczone zostały na co najmniej dwadzieścia języków. To nigdy by się nie wydarzyło, gdybym wtedy się poddała.

Upłynęło ponad czterdzieści lat od moich początków w tej dziedzinie, a moje dzieci i czytelnicy pytali: 'dlaczego nie opublikujesz tej pierwszej książki? Wiesz, że jest zainteresowanie, ponieważ ludzie zawsze pytają o twoje początki.' Tak wiele wydarzyło się od czasu, kiedy napisałam tę książkę w 1980 roku, że opowieść ta wydawałaby się prosta i naiwna, w porównaniu z postępem jaki od wtedy poczyniłam. W ten sposób mój rękopis przeleżał w szafce z dokumentami aż do początku 2009 roku. Znalazłam go ponownie podczas remontu w domu, kiedy robiłam porządki w papierach. Kiedy trzymałam go w ręku, wydawał się mówić o mnie, 'Już czas!' Dałam go mojej córce Julii i poprosiłam, aby go przeczytała i powiedziała mi co o nim myśli. 'Czy jest już zbyt przestrzały i nieaktualny? Czy jest zbyt prosty i naiwny?'

Po tym jak go przeczytała, jej odpowiedź była: 'nie mamo, ta książka jest jak kapsuła czasu, kawałek historii. Ludzie muszą wiedzieć, jak zaczęłaś i że to nie była łatwa droga.' I oto jest, przedstawienie całego procesu, który doprowadził mnie do tej niezwykłej kariery zawodowej.

Tak, to proste i naiwne, ale tacy byliśmy, ja i mój mąż, kiedy odkryliśmy regresje do poprzedniego życia. Dosłownie natknęliśmy się na nią podczas gdy Johnny przeprowadzał rutynową hipnozę w 1968 roku. Nie da się opowiedzieć tej historii i pominąć zachwytu oraz podziwu jaki wtedy czuliśmy. Odkrywaliśmy i słuchaliśmy całkowicie nieznanych nam koncepcji. W tym czasie była tylko niewielka ilość popularnej literatury na temat reinkarnacji i niewiele lub nic na temat regresji hipnotycznej do poprzedniego życia. Metafizyka była nieznanym słowem, a termin 'New Age' nie został jeszcze wymyślony. Myśl o rozmowie z ludźmi po ich śmierci lub przed ich narodzeniem, była zaskakującym pomysłem. Nie mieliśmy przygotowania, dlatego opowieść ta jest przedstawiona w sposób jaki powstała, naturalnie i niewinnie. To jest historia moich początków, chociaż bardziej skupia się na moim mężu niż na mnie. Często dzieje się tak, że poprzez przypadkowe spotkania lub zdarzenia, zmieniają się nasze życia i sposób myślenia na zawsze. Niejednokrotnie zastanawiałam się jaką drogę zawodową obrałabym w tamtym okresie życia, gdyby nie nasza przygoda z reinkarnacją w 1968 roku. Otworzyło to drzwi, których nigdy nie można już zamknąć i jestem za to bardzo wdzięczna. Niesamowite jest to, że w moich dalszych badaniach na przestrzeni lat, żadne ze spostrzeżeń zawartych w tej książce, nigdy nie okazały się sprzeczne. W tamtym czasie były one świeże, wstrząsające i niecodzienne, ale w ciągu kolejnych lat, zostały wzmocnione i potwierdzone przez tysiące podobnych przypadków, powtarzających te same informacje, tyle że wypowiedziane innymi słowami.

Witam i zapraszam do świata nieznanego.

Rozdział 1
Etap przygotowań

Książka ta jest opowieścią o fenomenie reinkarnacji, odkrytym w trakcie eksperymentu hipnotycznego. Miało to miejsce w 1968 roku i zostało przeprowadzone przez grupę zwykłych ludzi. Przygoda ta, miała głęboki wpływ na sposób myślenia i całe ich życie. Pomyślałam więc, że podzielenie się naszym odkryciem z innymi, przyniesie wiele dobrego. Ci, którzy w tamtym czasie lubili siebie, szukali sensownych odpowiedzi w ich chaotycznym świecie, który z pozoru wydaje się nie mieć prawdziwych odpowiedzi. To co odkryliśmy, niektórym ludziom pomogło, innych zaskoczyło. To czego się dowiedzieliśmy, na zawsze zmieniło nasze spojrzenie na śmierć i życie. Nie możemy dłużej bać się śmierci, ponieważ ona nie jest już przerażającą niewiadomą.

Wspomniałam, że była to przygoda z udziałem zwykłych ludzi. Jednak, kto tak naprawdę jest zwyczajny? Każda istota stworzona przez Boga i umieszczona na tej zagmatwanej, mrocznej planecie, ma wyjątkowe i niepowtarzalne cechy, odróżniające ją od wszystkich innych. Jedną z bardzo nietypowych osób, był z pewnością Johnny Cannon.

Jeśli nasza historia ma być wiarygodna, musisz wiedzieć cokolwiek, na temat zaangażowanych osób i jak w ogóle do tego doszło. Ale, w jaki sposób opisać czyjeś życie w kilku krótkich paragrafach? Będę musiała spróbować.

Johnny Cannon urodził się w 1931 roku w mieście Kansas w stanie Missouri i jako 17-letni chłopak wstąpił do amerykańskiej marynarki wojennej. Nawet w tak młodym wieku wykazywał chęć pomocy innym, miał w sobie ciepło i przyjacielskość, które przyciągały innych i wzbudzały zaufanie, dosłownie każdego, z kim się zetknął. Ciemny kolor skóry zawdzięcza swoim przodkom, indiańskim korzeniom, co powoduje uderzający kontrast z jego zaskakująco błękitnymi oczami. Żaden opis Johnnego Cannona nie byłby kompletny bez obowiązkowej filiżanki kawy w jednej ręce i fajki w drugiej.

Johnny i ja pobraliśmy się w 1951 roku, kiedy stacjonował w St Louis, Missouri. W trakcie 21 lat jego kariery w Marynarce Wojennej, zwiedziliśmy kawał świata i doczekaliśmy się czwórki dzieci. Jako kontroler ruchu lotniczego, jego zadaniem było monitorowanie radarów i kontakt z pilotami samolotów startujących lub podchodzących do lądowania, zarówno na płycie lotniska jak i lotniskowca.

Zainteresowanie hipnozą pojawiło się w 1960 roku, kiedy przebywaliśmy w bazie wojskowej Sangley, na Filipinach. W tamtych czasach było to cudowne, szczęśliwe miejsce, znane jako 'dobra baza służbowa', zanim prezydent Marcos przejął kraj, a my zostaliśmy wciągnięci w wojnę w Wietnamie. Mieliśmy wtedy mnóstwo wolego czasu, okazjonalne wycieczki w niezapomniane miejsca i dom pełen służby. Były to dwa lata wakacji. Z perspektywy czasu, tamte dni to był najszczęśliwszy okres w naszym życiu.

Tak się złożyło, że był tam z nami mężczyzna z Nowego Jorku, profesjonalny hipnotyzer szkolony w Instytucie Hipnologii. Z taką ilością wolnego czasu, mężczyzna zaproponował lekcje hipnozy, a Johnny pomyślał, że fajnie byłoby podjąć ten kurs. Jednak przerodziło się to w długi i zawiły proces, obejmujący czas około 6 miesięcy. Wielu studentów straciło zainteresowanie po drodze i porzuciło zajęcie. Instruktor koncentrował się nie tylko na technice, ale na wszystkich aspektach hipnotyzmu i podświadomości. Tak więc, kto ukończył kurs, był świadomy niebezpieczeństw i pułapek z tego wynikających. Głównym celem była ochrona podmiotu, aby nie używać tej metody dla zabawy.

Po ukończeniu, Johnny okazał się być bardzo biegły w hipnozie, chociaż miał niewiele okazji, aby jej używać w czasie kolejnych kilkunastu lat. Inne sprawy stanęły nam na drodze, jak na przykład wojna w Wietnamie. Musieliśmy wracać do Stanów i zająć się czwórką naszych małych dzieci, bez pomocy służby, do której tak przywykliśmy. Niespodziewanie, w 1963 roku

Johnny otrzymał rozkaz odbycia służby na amerykańskim lotniskowcu Midway, który miał wypłynąć na Pacyfik i właśnie przygotowywał się do opuszczenia portu w San Francisco. Dostaliśmy dwa dni na spakowanie się i opuszczenie naszego domu. Choć ja, nie doszłam jeszcze w pełni do siebie, po tym jak miesiąc wcześniej poroniłam córkę i był to dla mnie podwójny cios. Kiedy Johnny dotarł do San Francisco, okazało się, że statek już wypłynął i był w drodze do Wietnamu, więc musieli go na niego dostarczyć drogą lotniczą. Wtedy rozpoczęły się trzy lata mojej samotności i niekończącego się czekania. Próbując wychować czwórkę naszych dzieci bez ojca i przy ograniczonych dochodach, wydawało się to trwać wieczność. Tego typu historie zna każdy, kto pracuje w służbach wojskowych. Statek był pierwszym, który powrócił z Wietnamu, gdyż wojna nasiliła się i jako pierwszy zrzucił bomby i odnotował zestrzelenie pierwszego tej wojny odrzutowca MIG.

Po tym, co wydawało się ciągnąć w nieskończoność, Johnny w końcu powrócił do domu i osiedliśmy się w Beeville, w stanie Texas, gdzie znajdowała się baza treningowa dla odrzutowców. W tym gorącym i suchym miejscu staraliśmy się nadrobić utracone lata i ich wpływ na nasze dzieci. To tutaj zaczyna się nasza przygoda, w 1968 roku.

Co dziwne, zaczęło się od walki z nałogiem papierosowym. Jest wiele wypróbowanych metod rzucenia złego nawyku, ale jednym z najbardziej efektywnych jest hipnoza. Nie minęło wiele czasu, kiedy ludzie odkryli, że Johnny potrafi zahipnotyzować i od tego momentu zaczął być rozchwytywany. Wielu chciało przestać palić, schudnąć, przytyć, pozbyć się pewnych nawyków lub po prostu nauczyć się relaksować. Napotkaliśmy wszystkie możliwe przypadki, w których używa się hipnozy. Był jeden mężczyzna, który otrzymał rozkaz wyjazdu do Wietnamu i był tak zdenerwowany z tego powodu, że nie mógł spać. Johnny próbował mu w tym pomóc. Niektórzy proponowali, że zapłacą za jego czas, ale on zawsze odmawiał. Byłam obecna podczas wszystkich jego sesji i z zaciekawieniem oglądałam go w akcji. Przez kilka miesięcy, wszystko przebiegało sprawnie – i wtedy poznaliśmy Anitę Martin (pseudonim). Anita była 30 letnią żoną marynarza, z trójką dzieci. Spotykaliśmy się towarzysko, jako że obydwie działałyśmy aktywnie w klubie Marynarki Wojennej, ale nigdy nie byliśmy bliskimi przyjaciółmi. Anita miała niemieckie pochodzenie, blond włosy i przyjazne usposobienie. Była osobą uczciwą, katolickiej wiary. Leczyła się na nadciśnienie i problemy z nerkami, które nasilały się ze względu na jej nadwagę. Nie mogła schudnąć, a lekarzowi trudno było obniżyć jej ciśnienie. Wszystko to w połączeniu z kilkoma osobistymi problemami, przemieniło ją w nerwowego łasucha. Zapytała, czy w naszej opinii hipnoza pomogłaby jej odprężyć się, uwolnić napięcie i powstrzymać od przejadania się.

Zwykle, Johnny nie zajmowałby się niczym natury medycznej, gdyż wiedział, że nie ma odpowiednich kwalifikacji w tym zakresie. Jednak jej lekarz dobrze nas znał i kiedy Anita wytłumaczyła mu co chciała zrobić, zgodził się i powiedział, że to nie mogłoby zaszkodzić, a może nawet pomóc i on będzie monitorował wyniki.

Kiedy po raz pierwszy poszliśmy do domu Anity, Johnny był zaskoczony tym, jak szybko weszła w trans. Przeprowadził kilka testów i okazała się być jedną z tych niezwykłych osób, które natychmiast potrafią wejść w głęboki trans. Ten typ podmiotu hipnotycznego nazywany jest lunatykiem. Wyznała później, że zawsze tak o sobie myślała, że nie miałaby problemu z zahipnotyzowaniem, tak więc nie istniały żadne blokady mentalne.

Johnny pracował z nią przez wiele tygodni, dając jej sugestie na temat relaksacji, a także tego, żeby w razie pokusy jedzeniowej, wyobraziła sobie jak chce wyglądać i aby mentalny obraz tej dziewczyny, powstrzymał ją od wyjadania z lodówki. Wszystko to zdawało się działać, ponieważ lekarz po raz pierwszy zanotował spadek ciśnienia krwi i poprawę pracy nerek. Również jej waga znacznie spadła i ostatecznie w trakcie

14

pracy z Johnnym, jej zdrowie osiągnęło punkt bliski stanu normalnego. W swoich próbach uzasadnienia jej transu, Johnny często stosował regresję do czasów dzieciństwa. W tych przypadkach, obydwoje byliśmy głęboko poruszeni kompletnością jej regresji. Była bardzo gadatliwa, mówiła i mówiła, podając szczegóły, bez zachęcania. W odróżnieniu od większości podmiotów hipnotycznych, które wymagają sporo pytań, aby wydobyć ich reakcje, ona, wydawało się, dosłownie przeistaczała się w dziecko, którym wtedy była, zarówno w mowie, jak i manierach.

Któregoś dnia napomknęła, że słyszała o rzekomych regresjach do poprzednich żyć i zastanawiała się nad ideą reinkarnacji. My też słyszeliśmy o tych sprawach, chociaż w latach 60-tych nie było ich tak wiele zaraportowanych, jak teraz. Pomysł był nadal nowy i zaskakujący. Jedyne książki jakie wtedy przeczytaliśmy o tematyce regresji hipnotycznych i reinkarnacji to były: Morey Bernstain 'Search for Bridey Murphy' i 'The Enigma of Reincarnation' Brada Steigera, a także książka Jess Stern 'Search for the Girl with the Blue Eyes', która została wydana po ukończeniu naszego eksperymentu. Wiele innych książek o tej tematyce pojawiło się dopiero w latach 70-tych. Tak więc w 1968 roku było niezwykle trudno znaleźć jakiekolwiek wytyczne w formie książki.

Powiedzieliśmy jej, że temat nas bardzo zaintrygował, ale nie znaliśmy nikogo, kto byłby chętny podjąć się takiego eksperymentu. Ona była bardzo ciekawa co z tego wyniknie; choć było to jak chodzenie w ciemności, po omacku, pierwsza taka próba dla nas wszystkich.

Johnny nie posiadał żadnych instrukcji jak postępować ani czego po tym oczekiwać. Wkraczaliśmy w nieznane. Mieliśmy doskonały magnetofon, ogromny, niewygodny sprzęt, z ośmiocalowymi szpulami. Uznawany był za przenośny, jednak trudno go było transportować, dlatego ta faza pracy prowadzona była w naszym domu.

15

Kiedy nadszedł dzień eksperymentu, wszyscy byliśmy bardzo podekscytowani i pełni oczekiwań. Johnny uważał, że to bardzo ważne, aby nie przepełniać umysłu Anity żadnymi sugestiami, dlatego miał być niezwykle ostrożny na to co mówi. Nie mieliśmy pojęcia czego się spodziewać.

Tak się to wszystko zaczęło, z ciekawości, jako jednorazowe doświadczenie, do omówienia na później. Nie zdawaliśmy sobie sprawy z tego, że otworzyliśmy puszkę Pandory. Nasz magnetofon/ rejestrator był włączony, kiedy Anita usiadła w fotelu i z łatwością popadła w głęboki trans jak to zwykła była robić wiele razy wcześniej. Johnny powoli wprowadził ją w lata jej dzieciństwa, celowo zbyt wolno, jak gdyby bał się przeskoczyć ponad to co poznawalne i znane.

Najpierw, zobaczyliśmy ją jako małą dziesięcioletnią dziewczynkę, która opowiadała o nowym kędzierzawym domu na stałe i słowie 'apostrof' którego nauczyła się w tym dniu w szkole.

Następnie jako sześcioletnią dziewczynkę otwierającą prezenty pod choinką zanim mogła i teraz martwiła się jak je z powrotem zapakować. Później jako dwuletnie dziecko bawiące się w wannie i dalej jako miesięczne niemowlę.

'Widzę dzidziusia w białej kołysce', powiedziała. 'Czy to jestem ja?'

Odetchnąwszy głęboko, Johnny powiedział: 'Policzę do pięciu i kiedy osiągnę pięć cofniesz się do czasu zanim się urodziłaś. Jeden, dwa, trzy, cztery, pięć. Co widzisz?' 'Wszystko jest czarne!' 'Czy wiesz gdzie jesteś?' zapytał. Anita odpowiedziała, że nie. Kontynuował, 'kiedy policzę do dziesięciu, przeniesiemy się jeszcze dalej w czasie... Co widzisz teraz?' 'Jestem w samochodzie' odpowiedziała. Co? Było to wielkie rozczarowanie dla nas. Myśleliśmy, że jeśli cofnie się do poprzedniego życia, byłoby to długo przed pojawieniem się samochodów. Skąd więc ten samochód, to brzmiało zbyt nowocześnie. Z pewnością zawiedliśmy! 'To jest duży, czarny, błyszczący samochód' odkrzyknęła. 'To Pakard i właśnie go kupiłam.' 'Naprawdę? W jakim mieście teraz jesteś?' 'Jesteśmy w Illinois, w Chicago.' 'Rozumiem. A który to jest rok?' Anita obróciła się na krześle i dosłownie stała się kimś zupełnie innym. 'Nie wiesz który mamy rok? zaśmiała się, 'Cóż, głuptasie, jest 1922!' W końcu nam się udało!! Wiedzieliśmy, że w obecnym życiu urodziła się w 1936. Tak, że najwyraźniej cofnęła się do innego życia, choć dość niedawnego. Johnny i ja patrzyliśmy na siebie z osłupieniem. Lekko się uśmiechnął i pośpiesznie próbował wymyślić co robić dalej. Teraz kiedy już drzwi zostały otwarte, jak miał postępować? W ciągu kolejnych kilku miesięcy, mieliśmy wymyślić naszą własną technikę i metodę postępowania, jako że przecieraliśmy szlak wkraczając w obszary dotąd niezbadane.

Rozdział 2
Kurtyna w górę

Nie będę próbować wyjaśniać ani proponować teorii na temat reinkarnacji. Obecnie jest mnóstwo książek na rynku, które zrobią to lepiej. To co przedstawię wam w kolejnych rozdziałach jest fenomenem i opowiem o tym, jaki miało to wpływ na nas wszystkich. Zaczynaliśmy jako sceptycy, a teraz wierzymy. Poprzez nasz eksperyment uwierzyliśmy, że śmierć nie jest końcem, a jedynie początkiem. Nasze odkrycia sugerują, że kontynuujemy naszą wędrówkę w czasie i przestrzeni, doświadczając wielu wcieleń, które są nieśmiertelne. My wierzymy, ponieważ ta przygoda przytrafiła się nam. Nie możemy oczekiwać, że inni zareagują w ten sam sposób. Choć wielu z tych, którzy słuchali nagrania, powiedziało, że poruszyło ich to dogłębnie. To co usłyszeli, było cudowne i inspirujące. Odtąd, wielu z nich, nie boi się już życia czy śmierci. Warto to opowiadać, nawet jeśli uda się to osiągnąć tylko nielicznym.

Pomiędzy wiosną, a jesienią 1968 roku, przeprowadzaliśmy regularne sesje, w których Anita doświadczała wielu pozornych reinkarnacji. Próbowałam zweryfikować niektóre z jej wypowiedzi poprzez dalsze badania czy wysyłanie listów z zapytaniem. I choć jej ostatnie życie zakończyło się całkiem niedawno w 1927 roku, było to trudne, jeśli nie niemożliwe. Czasami byłam wstrząśnięta wynikami, ale zbyt często sfrustrowana. Tam, gdzie byłam w stanie coś zweryfikować, zostało to zawarte w narracji. Być może jest gdzieś ktoś, kto wie o wiele więcej niż my i mógłby dostarczyć więcej dowodów, niż się tego spodziewaliśmy. Ale jak to mówił Johnny: 'Są ludzie, którzy z góry zakładają, że cała ta sprawa jest mistyfikacją, ponieważ nas nie znają. Dla nich żaden dowód nie będzie wystarczający, a dla tych co wierzą, żaden dowód nie jest potrzebny.' My wiemy, bo tam byliśmy.

Podczas sesji, Johnny zadawał dużo pytań, aby sprawdzić, czy Anita wróciłaby w te same miejsca i mówiła o tych samych osobach za każdym razem. Próbował ją też zdezorientować; lecz bez sukcesu. Przez cały ten czas dokładnie wiedziała kim jest i gdzie jest. Przykłady tego pojawiają się na wielu nagraniach. Niektóre z nich były jak kawałki układanki, wyjaśniały coś co już zostało powiedziane wcześniej. Aby ułatwić śledzenie tej historii, dla jasności posegregowałam informacje na temat różnych żyć i poświęciłam osobny rozdział każdemu z nich. Ważne, aby pamiętać, że na początku nie występowały one w tak uporządkowany sposób, ale miały sens, po połączeniu wszystkich faktów. Dodałam nic więcej oprócz naszych komentarzy. Należało by odsłuchać taśm, aby naprawdę poczuć emocje, usłyszeć różne dialekty językowe, zmiany w głosie i sposobie mówienia. Niemniej jednak, postaram się zinterpretować je najlepiej jak potrafię.

Tak więc kurtyna w górę, oto nasza przygoda.

W poprzednim rozdziale, pierwszą osobowością ujawnioną w regresji była kobieta żyjąca w Chicago w latach dwudziestych. Jej ton głosu i maniery sugerowały kompletnie inny typ osobowości niż ten, który siedział przed nami w głębokim transie. Poniżej znajduje się opis naszej pierwszej przeprowadzonej sesji, w której czytelnik poznaje bardzo zabawny charakter tej osoby. Inne fragmenty zostaną zawarte w kolejnych rozdziałach, jako że ułożyłam jej barwne życie w kolejności chronologicznej.

Litery 'J' i 'A' będą oznaczały imiona: Johnny i Anita, od czasu do czasu będę omijać rutynowe działania i uwagi podczas regresji, takie jak na przykład odliczanie, co ułatwi czytanie.

A: Siedzę teraz w wielkim, czarnym, błyszczącym samochodzie. Dopiero co go kupiłam! To Packard!

J: *Czyż nie wspaniale posiadać takie auto?*

19

A: (jej głos stał się bardziej seksowny) Posiadam wiele fajnych rzeczy.

J: *Jaki to rok?*

A: (śmiech) Nie wiesz który mamy rok głuptasie? Jest 1922. Każdy to wie.

J: *No cóż, czasami gubię rachubę czasu. Ile masz lat?*

A: Nie każdemu mówię.

J: *Tak, wiem, ale mi możesz powiedzieć.*

A: Cóż, mam prawie 50 lat, ale wyglądam o wiele młodziej

J: *Z pewnością! W jakim mieście mieszkasz?*

A: Chicago

J: *Jak się nazywasz?*

A: Nazywają mnie June, ale to tylko przezwisko, bo on nie chciał, żeby znali moje prawdziwe imię.

J: *Kto nie chciał, żeby wiedzieli?*

A: Mój chłopak. Nie chce, aby jego żona dowiedziała się o tym.

Ten komentarz był dość zaskakujący. Zupełnie nie jak Anita, którą znaliśmy. Mieliśmy przed sobą zupełnie inną osobę.

J: *Jakie jest twoje prawdziwe imię?*

A: Carolyn Lambert

J: *I właśnie kupiłaś nowy samochód?*

A: Tak naprawdę, to on go dla mnie kupił i będzie mnie uczył prowadzić, w tej chwili mam swojego kierowcę.

J: *W takim razie musisz mieć sporo pieniędzy?*

A: Mój chłopak ma. Daje mi wszystko, o co go poproszę.

J: *Wydaję się być dobrym partnerem. Jak ma na imię?*

A: Nie powiesz nikomu?

J: *Nie pisnę słowa.*

A: Na imię ma Al i trudne dla mnie do wymówienia włoskie nazwisko, więc mówię do niego słodziak. To go rozśmiesza i daje mi wtedy więcej pieniędzy.

J: *Gdzie mieszka?*

A: W dużym murowanym domu z żoną i trójką synów.

20

J: A ty byłaś kiedykolwiek mężatką?
A: Raz, kiedy byłam bardzo młoda. Nie wiedziałam co robię, miałam wtedy jakieś 16 lat.
J: Dorastałaś tu w Chicago?
A: Nie, na farmie niedaleko Springfield.
J: Kiedy przeniosłaś się do Chicago?
A: Kiedy poznałam Al'a.
J: Rozwiodłaś się ze swoim mężem?
A: Nie, zostawiłam go. On jest głupi.
J: Czym się zajmował?
A: (z pogardą) rolnictwem
J: Mieliście dzieci?
A: Nie. Nie lubię dzieci, ograniczają cię.

Anita jest blondynką niemieckiego pochodzenia, więc kolejnym pytaniem Johnna było: *'Jaki masz kolor włosów?'*

A: Jestem brunetką. Teraz mam już trochę siwych, które zakrywam. Al lubi, jak wyglądam młodo.
J: W jakim on jest wieku?
A: Nie mówi, ale wydaje mi się, że jest starszy ode mnie. Kiedy razem wychodzimy, ludzie mu mówią, że jestem piękna i bardzo mu to pochlebia.
J: Naprawdę? Dokąd zazwyczaj chodzicie?
A: W wiele miejsc, nawet tam, gdzie nie powinniśmy chodzić.
J: Byliście ostatnio na jakiejś większej imprezie?
A: Tak, byliśmy na tej dużej imprezie w domu burmistrza.
J: U burmistrza?
A: Tak mi powiedzieli. Ma ogromny dom na wsi. Każdy tam był; mnóstwo ludzi. Al zna każdego.
J: (Odnosząc się do tego okresu, był to najwyraźniej czas prohibicji) Co piliście na tej imprezie?
A: Nie powiedzieli mi co to było, ale smakowało okropnie. Najdziwniejszy smak jaki próbowałam.

J: *Myślisz, że to było to co nazywają 'łazienkowy dżin'?* (w rzeczywistości miał na myśli 'bathtub gin' czyli domowej roboty spirytus)
A: (Głośny śmiech) W sumie to Al powiedział, że smakowało jakby ktoś w to nasikał, więc może być! (śmiech)
J: *Tak, wiele rzeczy sprowadzanych jest aż z Kanady*
A: Naprawdę? Al wie o tym wszystko.
J: *Czym on się zajmuje? Prowadzi jakieś interesy na boku?*
A: Tak myślę. Ale nic mi nie mówi. Twierdzi, że lepiej żebym nie wiedziała, bo inaczej mogą mnie zmusić do mówienia, a nie chce, żeby mi się coś stało.
J: *Cóż, teraz policzę do pięciu i cofniesz się do czasu, kiedy mieszkałaś w Springfield. Masz szesnaście lat i wychodzisz za mąż. Jaki to dzień?*

Zmiana była natychmiastowa.

A: Jest zima. Jest naprawdę zimno. Ledwo mogę się ogrzać. Jest duży ogień. Wyje wiatr. Nie można utrzymać ciepła.

Jej głos zmienił się z seksownej damy na młodą zdenerwowaną dziewczynę ze wsi.

J: *Gdzie jesteś?*
A: W salonie
J: *O której godzinie wychodzisz za mąż?*
A: Zaraz po obiedzie.
J: *Ile jeszcze czasu musimy czekać?*
A: Czekamy za księdzem. Wydaje mi się, że jedzie z miasta. Jego koń jest powolny, starzeje się.
J: *Jak ma na imię mężczyzna, za którego wychodzisz?*
A: Carl. Carl Steiner
J: *A więc będziesz niedługo pani Steiner?*
A: (z obrzydzeniem) Mam nadzieje, niezbyt długo.
J: *(ze zdziwieniem) Och, czyli nie chciałaś wychodzić za mąż?*

22

A: Tatuś powiedział, że muszę. Nie mogę zostać starą panną. Mój tatuś mówił, że on jest dobrym kandydatem. Carl jest bogaty; ma dużo ziemi.

J: *W okolicach Springfield?*

A: Tak, niedaleko.

J: *Chodziłaś do szkoły średniej?*

A: Nie, nie poszłam.

J: *W ogóle?*

A: Ukończyłam jedną lub dwie klasy, ale mój tatuś powiedział, że dziewczyny nie muszą się uczyć, tylko rodzić dzieci i gotować.

J: *Który to rok, kiedy wychodzisz za mąż?*

A: Około 1909,1907. Nie ma żadnej różnicy. I tak nie zamierzam zostać mężatką zbyt długo.

J: *Pracowałaś w mieście?*

A: Nie, pracuję na cholernej farmie. (z niesmakiem) praca, praca, praca, gotowanie, farma, pomoc w opiece nad dziećmi.

J: *Masz dużo braci i sióstr?*

A: Chłopie! Mnóstwo. Siedmioro braci i cztery siostry.

J: *Tylu braci, powinno wykonywać pracę na farmie.*

A: Cóż, niektórzy z nich są mali. Nie dorośli jeszcze. Próbują pomagać. Ja uważam, że są leniwi.

J: *Sprawdźmy, twoje nazwisko to Lambert. Jakiego pochodzenia jesteś?*

A: Wydaje mi się, że angielskiego.

J: *Jak nazywa się twój ojciec?*

A: Edward

J: *A matka?*

A: Maria

J: *Od zawsze żyli tu na farmie?*

A: Urodziłam się tutaj, ale wydaje mi się, że przyjechali tu dawno temu z innego miejsca. Ja urodziłam się w tym domu.

J: *Ile pokoi jest w twoim domu?*

A: Trzy

J: *Nie jest on zatłoczony z wami wszystkimi?*

A: Cóż, mamy strych i poddasze. Chłopie! Ten wyjący wiatr! Mam nadzieje, że ten mężczyzna nie przyjdzie.

J: *Ksiądz czy Carl?*

A: Żaden z nich.

J: *Carla jeszcze nie ma?*

A: Wydaje mi się, że rozmawia z tatusiem w stodole. (Smutno) On płaci mu za mnie pieniądze, wiem, że tak.

J: *Masz na myśli, kupuję cię?*

A: Tak myślę. Jedno jest pewne, nie wyszłabym za niego, gdyby to nie było dla tatusia.

J: *Twój tatuś jest zasadniczym człowiekiem?*

A: Cóż, lepiej robić co mówi.

J: *Gdzie twoja matka? Jest gotowa?*

A: Tak, gotowa. Powtarza mi, 'Nie płacz. Każda musi wyjść za mąż. Trzeba to zrobić.'

J: *Och, czy jest szczęśliwa, że wychodzisz za mąż?*

A: Nie sądzę, żeby była szczęśliwa. Nie sądzę, żeby czuła cokolwiek.

W tym momencie, Anita została przeniesiona do czasu, w którym Carolyn miała 22 lata i została zapytana, co akurat robi.

A: Szykuję się do ucieczki z cholernej farmy.

J: *Czy Carl wciąż ma swoje pieniądze?*

A: Musi. Mi nie dał z tego nic.

J: *Naprawdę? Zakopał to gdzieś za stodołą?*

A: (Nie było jej do śmiechu) Gdybym wiedziała, gdzie to jest, już bym to miała.

J: *Sprawdźmy, byłaś mężatką przez ostatnie sześć lat?*

A: Prawie. Niedługo minie sześć lat, tej jesieni, tej zimy.

J: *Masz dzieci?*

A: (Z niesmakiem) Nie pozwalam mu się dotknąć.

J: *Czym się więc zajmujesz, tylko gospodarstwem?*

A: Muszę wykonywać niektóre prace. Mam osoby do pomocy, ale nie robią wszystkiego. Muszę dla nich gotować.

J: *Dokąd planujesz uciec?*

A: (Dumnie) Wyjeżdżam do dużego miasta. Do Chicago.
J: *Jedziesz zupełnie sama?*
A: Nie, jadę z Al'em.
J: *Gdzie go poznałaś?*
A: W sklepie w Springfield. W wielobranżowym.
J: *Podczas gdy robiłaś swoje zakupy?*
A: Tylko się rozglądałam.
J: *A co robił tam Al?*
A: (Zachichotała) Patrzył się na mnie. Później podszedł,
   powiedział, że jestem ładna i zapytał o moje imię.
J: *Wygląda na to, że mu się podobasz. Zamierza zabrać cię ze*
   sobą do Chicago?
A: Tak. Będę miała piłkę.

Kiedy Anita obudziła się później, powiedziała, że miała
przebłyski tej sceny. Było to podobne do fragmentów snu, które
pamiętamy zaraz po przebudzeniu i które z czasem zanikają.
Powiedziała, że miała tam długie czarne włosy i była na boso.
Mężczyzna, którego widziała był ciemny, niski i przystojny,
ubrany w garnitur w paski i kamasze. Był typem mężczyzny,
który w pewnością mógłby zrobić wrażenie na prostej wiejskiej
dziewczynie. Najwyraźniej spodobali się sobie z wzajemnością.

J: *Kiedy zamierzasz uciec?*
A: Dziś w nocy, zaraz jak się ściemni.
J: *Czy Al przyjedzie odebrać cię z farmy?*
A: Tak, mamy się spotkać przy bramie.
J: *Czy on ma samochód?*
A: Tak. Niewiele osób w tych czasach ma samochód. Dlatego
   od razu wiedziałam, że ma kasę. Ubiera się elegancko.
   Wkrótce tutaj będzie. Jest strasznie ciemno.
J: *Zastanawia mnie, co teraz robi Carl?*
A: Śpi w swoim pokoju.
J: *Będzie zaskoczony, kiedy obudzi się, a ciebie już nie będzie,*
   prawda?
A: (Zaśmiała się) Cholerny stary głupiec.

J: Spakowałaś swoje rzeczy?
A: (Sarkastycznie) Tak, obydwie sukienki. Ha!
J: Czy to wszystko, co Al ci kupił - dwie sukienki?
A: (Ze złością) On ich nie kupił. Uszyłam je.
J: Och, potrafisz też szyć?
A: Niezbyt, ale lepsze to niż chodzenie nago. Ten człowiek na nic nie wydaje swoich pieniędzy. (Długa przerwa) Już nie mogę się doczekać!
J: Cóż, już niedługo będziesz w Chicago i to będzie twój czas.
A: Tak. (Przerwa. Ze smutkiem.) Wiem, że jest żonaty. Nie obchodzi mnie to. Powiedział mi o tym i że nie będzie mógł ożenić się ze mną, bo już ma żonę.
J: Jak długo się znacie?
A: Dopiero, co się poznaliśmy. Ale od razu wiedzieliśmy, że wszystko czego chcemy, to razem uciec. (Przerwa, zaraz po tym stała się tak bardzo podekscytowana, że prawie wyszła z fotela.) Przyjechał! (Machnęła ręką w powietrzu.) Tutaj jestem! Tutaj jestem!
J: Ma włączone światła?
A: Tak. Latarnie.
J: Czy wiesz jaki Al ma samochód?
A: (Dumnie) To parowiec Stanley'a. Nie posiadałby nic innego, poza najlepszym.
J: Prawdopodobnie zapłacił za niego dużo pieniędzy.
A: Ma je i wydaje.

26

W tamtym czasie, nikt z nas nie miał najmniejszego pojęcia czym był parowiec Stanley'a. Sprawdziliśmy i na zdjęciach samochodu faktycznie widać latarnie i przednie światła. A ponieważ zasilany był parą, był cichy i mógł z łatwością dojechać na farmę bez generowania zbędnego hałasu.

J: A więc jesteś już w drodze?

A: Tak. To dość długa droga. Wiem, że musimy kierować się na północ. Czeka nas kilka przystanków na noc. Po drodze załatwi kilka interesów. Musi spotkać się z niektórymi ludźmi.

J: Gdzie?

A: Nie wiem. Czekam w domu gościnnym. Bardzo małe miasteczko – Upton czy Updike, jakoś tak. Dziwne miejsce do załatwiania interesów. Mamy tutaj zostać na noc. Powiedział mi tylko, żeby na niego poczekać i trzymać język za zębami. Nic nikomu nie mów.

J: I jutro dalej wyruszycie do Chicago?

A: Jak tylko będzie to możliwe. Al powiedział, że nauczy mnie wielu rzeczy, jak poprawnie mówić i poruszać się z gracją. Dostanę nawet gorset!

J: (Ze zdziwieniem) Gorset? Potrzebujesz go?

A: Nie sądzę, bo jestem wyjątkowo szczupła, ale wszystkie piękne damy noszą gorsety pod ubraniem. Będę mieć to wszystko.

J: Myślisz, że Al zaopiekuje się tobą?

A: Jestem jego dziewczyną. O nic nigdy nie proszę.

W tym momencie, po krótkiej przerwie, wydawała się przeskoczyć w czasie, bez znaku, aby to zrobić. Po chwilowej dezorientacji, byliśmy w stanie określić, gdzie jest.

A: Nie muszę gotować. Nic nie muszę robić. Do wszystkiego w tym domu mam służbę (czarnuchy). Mieszkamy w wielkim domu. On nie może tu być ze mną non stop, ale jest tutaj większość czasu.

J: Och? Jak duży jest wasz dom?
A: Osiemnaście pokoi.
J: Jaki to adres?
A: Stoi przy drodze. Trochę poza miastem. Bardzo schowany, więc nikt nie widzi kto tu wchodzi i wychodzi. To jedyna rzecz, której nie lubię. Podobało mi się, kiedy mieszkaliśmy w mieście. Mogłam wtedy tak po prostu wyjść do centrum, kiedy tylko chciałam. Ale Al mówi, że lepiej nie pokazywać się za dużo.
J: Gdzie dokładnie mieszkaliście w mieście?
A: Kiedy mieszkaliśmy w hotelu – w 'Gibson House'. Było to w samym centrum.

Kiedy później to sprawdziłam, odkryłam, że katalog miasta Chicago z 1917 roku wymienia Hotel Gibson pod adresem 665 West 63rd St.

A: Ale teraz chodzimy na prywatne przyjęcia; nie mogę cały czas pokazywać się w centrum.
J: Imprezy w różnych prywatnych domach?
A: Chłopie! Jakie swingowe potańcówki!
J: Który jest teraz rok?
A: Wydaje mi się, że jest 1925.
J: *I kupiliście ten dom?*
A: (Wtrąciła) My nie kupiliśmy tego domu. On go dla mnie zbudował!
J: Och, naprawdę? W czasie, kiedy mieszkaliście w hotelu?
A: Dlatego zatrzymaliśmy się tam, na czas budowy domu.
J: Doglądałaś budowy?
A: Doglądałam. On powiedział mi, że nic nie jest zbyt dobre dla mnie. Mamy marmury w łazienkach - i wszędzie indziej wewnątrz domu też, chłopie! To najpiękniejszy dom na ulicy Jeziornej (Lake Road).
J: Masz widok na jezioro ze swojego domu?
A: Tak, widać go z tarasu. Często jemy tam posiłek. Jest oszklony. Możemy tam jeść zimą.

J: Taras z widokiem na jezioro?

A: Jest trochę oddalone, ale widać je wyraźnie.

J: Ile masz teraz lat?

A: Nie lubię mówić ludziom, ile mam lat. Bardzo staram się wyglądać młodo. Ponieważ nie chcę, żeby Al rzucił mnie dla kogoś innego.

J: Och, nie sądzę, żeby Al to zrobił. Rozgląda się za kimś innym?

A: Nie mówi tego, ale ja tak myślę. Nie zostaje na noc tak często jak kiedyś. Nadal jest dla mnie dobry, daje mi wiele rzeczy. Piękne stroje. Mogę pójść do sklepu i kupić co tylko zechcę. Znają mnie.

J: A on za to płaci?

A: Tak przypuszczam. Po prostu idę i mówię, co chcę. Czasami dzwonię do nich i mówię co mają mi przynieść. Wybieram sobie co chcę, a to czego nie chcę zabierają z powrotem. To jest życie. To jest życie! Powiem ci, na farmie tak nie było.

J: Wyobrażam sobie, że nie. Czy Carl kiedykolwiek przyjechał tutaj szukać ciebie?

A: Nie wydaje mi się. Al i ja uważamy, że jest na to za głupi. Był stary. On chciał mnie tylko do pracy i żeby popatrzeć na mnie i dotykać. Był strasznie stary... 60, 65-letni łysy starzec.

J: W sumie, to mógł już umrzeć do teraz?

A: Prawdopodobnie tak.

J: Myślisz, że ktoś z twojej rodziny kiedykolwiek dotarł do miasta?

A: Ha! To był zawsze wielki dzień dla nich, jechać do Springfield na zakupy. Ha! Nie uwierzyliby, gdyby mnie teraz zobaczyli. Moja biedna matka zapracowała się na śmierć. Ale chłopie! Z pewnością nie ja. Dbam o siebie.

Reszta tej sesji, będzie zawarta w kolejnych rozdziałach. Po tym jak Anita przebudziła się, była bardzo zdziwiona historią, którą opowiedziała. Omówiliśmy szczegóły siedząc w kuchni przy filiżance kawy, a ona patrzyła na nas tępo. To był pierwszy raz, kiedy odkryliśmy, że lunatycy popadają w tak głęboki trans, że nie pamiętają nic po przebudzeniu. Dla nich jest to podobne do krótkiej drzemki. Nie miała świadomości tego, że stała się dosłownie inną osobą. Baliśmy się, że mogła poczuć się zakłopotana, a nawet urażona, ponieważ June/Carolyn była tak odmiennym od niej charakterem. Jednak nie czuła się w ten sposób. Była w stanie zrozumieć motywy zachowań Carolyn i to, dlaczego zachowała się tak, a nie inaczej. Carolyn była nieszczęśliwą i zagubioną dziewczyną mieszkającą na farmie. Nic dziwnego, że uciekła z Al'em przy pierwszej okazji. Anita współczuła jej i nie oceniała.

Coś innego bardziej ją niepokoiło: czas, w którym się to działo. Nie interesował jej okres lat 20tych i niewiele na ten temat wiedziała. Dręczyła ją przemoc z tego okresu, kiedy to w Chicago szalały gangi. Anita miała strasznliwą awersję do przemocy w jakiejkolwiek formie. Ten niewyjaśniony strach, ciągnął się za nią całe życie, choć wydawało się, że nie ma ku temu podstaw. Z powodu tego nieuzasadnionego niepokoju, oglądała w telewizji tylko i wyłącznie programy komediowe. Popularny show telewizyjny 'Nietykalni', był nadal transmitowany w 1968 roku. Pokazywał erę, do której się właśnie cofnęła i to był ten rodzaj programu, którego nigdy by nie obejrzała. Wyznała, że kiedy ktokolwiek z członków jej rodziny oglądał właśnie to, wtedy zawsze znajdywała sobie jakieś zajęcie w kuchni, żeby tego nie oglądać. Czy jej niechęć i odraza do przemocy była spowodowana czymś, co wydarzyło się w jej przeszłym życiu? W obecnym życiu, nie była narażona na nadmierną przemoc, do tego była bardzo cichą i skromną osobą. Taka możliwość mogła zostać zbadana w kolejnych sesjach, kiedy już wkroczyliśmy w przeszłość.

Ponadto, Anita nigdy nie była w Chicago. Urodziła się i wychowała w Missouri.

Tej nocy, kiedy Anita dotarła do domu, wyjęła wszystkie książki, które miała w domu, nawet te popakowane. Szukała czegoś, co mogła przeczytać i wpłynęłoby na fantazje o życiu, którego doświadczyła w tamtym okresie. Nie mogła niczego znaleźć. Powiedziała, że gdybyśmy mieli przeprowadzić jakiekolwiek badania odnośnie tamtego okresu, nie chciała o tym wiedzieć. Nie chciała niczym się sugerować, co mogło wpłynąć na jej kolejne sesje. Chociaż była zdezorientowana, była także ciekawa i chciała kontynuować.

Rozdział 3
Taśma Porównawcza

W trakcie kolejnej sesji, Johnny chciał zobaczyć, czy Anita rzeczywiście powróci do tej samej osobowości, którą poznaliśmy tydzień wcześniej. Jeśli tak, zadałby jej pytania odnoście danego okresu próbując ją zmylić, aby sprawdzić, czy pozostanie spójna w swoich wypowiedziach. Ponadto, lata na pierwszej taśmie nie pasowały do siebie. Carol nie mogła mieć 16-stu lat w 1907, jeśli miała prawie pięćdziesiąt w 1922. Dlatego w tej sesji spróbowalibyśmy wyjaśnić elementy czasu. Miałam nauczyć się tego w kolejnych latach, że jest to powszechny problem pracując z regresją. Klienci są często zdezorientowani w sprawie czasu, szczególnie gdy doświadczają regresji po raz pierwszy. Inni pisarze sugerują, że może mieć to związek z częścią w naszym mózgu, która nie rozpoznaje czasu.

Pomyśleliśmy też, że byłoby to bardzo interesujące gdybyśmy odnaleźli informacje, które mogą być zweryfikowane i udokumentowane. W końcu życie June/Carol miało miejsce 40 lat wcześniej. Z pewnością istniały zapisy z tak niedawnych czasów. Jednakże, czekały nas nie lada niespodzianki.

Anita usiadła w fotelu gotowa na drugie nagranie, a my byliśmy chętni ujrzeć jej kolejne wcielenia.

Została ponownie cofnięta poprzez swoje obecne życie, a następnie polecono jej udać się do roku 1926.

J: Co teraz widzisz?
A: Jestem na moim podwórku.
J: A gdzie mieszkasz?
A: Mieszkam w domu z czerwonej cegły. Widać też na nim biel, okiennice i taras. Wszystko jest biało-czerwone.
J: W jakim mieście?

A: W Chicago.

J: Jak się nazywasz?

A: Tylko jedna lub dwie osoby znają moje prawdziwe imię. Wszyscy nazywają mnie June (czerwiec).

J: June? Jak ładnie.

A: Całkiem jak leni dzień. Czerwiec wypada latem. Właśnie wtedy wybraliśmy to imię, w czerwcu. To był piękny dzień, ja jestem piękna, dlatego wybraliśmy June.

J: Jak masz na nazwisko?

A: Nie mam już nazwiska. Po prostu June.

Wydawało się, jak gdyby powróciła ta sama osobowość.

J: Powiedz mi swoje prawdziwe imię.

A: Carol Steiner.

J: I mieszkasz tutaj w domu z czerwonej cegły z białymi okiennicami. Jaki jest twój adres?

A: Nie ma numeru; jest na Lake Road (ulica Jeziorna). Jest pięknie. Wszędzie są drzewa. Z tarasu widać jezioro.

J: Od jak dawna mieszkasz w Chicago?

A: Przyjechałam tutaj - niech pomyślę, to było dawno temu. Jakieś 15 lat temu, może 16 minie jesienią.

J: To bardzo długo. Przeniosłaś się do Chicago z innego miejsca?

A: Przyjechałam z farmy.

J: Gdzie to było? W Chicago? (Próbował ją zmylić.)

A: Och, nie. Chicago to duże miasto.

J: Rozumiem. Gdzie to było?

A: W pobliżu Springfield.

J: Czy to w stanie Illinois?

A: Tak.

J: Cóż, myślałem, że Springfield jest też w stanie Missouri. Wydaje się, jakbym już o tym gdzieś słyszał.

A: (Śmiech) Nigdy o tym nie słyszałam.

J: Słyszałaś o Missouri?

A: Słyszałam, że jest zaraz obok stanu Illinois, ale nigdy tam nie byłam.

Właściwie, Anita w swoim obecnym życiu, dorastała w stanie Missouri.

J: *Czym się zajmujesz? Pracujesz?*
A: Och nie! Mam ten dom i mnóstwo rozrywek. Mam swoje kwiaty, o które dbam.
J: *Organizujesz wiele imprez w swoim domu?*
A: O tak, chodzę też w inne miejsca i staram się znaleźć sobie jakieś zajęcia.
J: *Kto przychodzi na twoje imprezy?*
A: Przyjaciele Al'a. Jego biznesowi wspólnicy.
J: *Kim jest Al?*
A: Mieszka tutaj ze mną.
J: *Czy to Al Steiner? (Znowu próbował ją zmylić.)*
A: (Śmiech) Nie, nie nazywa się Steiner.
J: *A jak się nazywa?*
A: To włoskie nazwisko. Nie mam nikomu mówić.
J: *Al'a nazwisko to nie jest Capone, prawda?*

Johnny pomyślał o słynnym gangsterze z Chicago z lat 20-tych. Wtedy June natychmiast obrała postawę defensywną.

A: Nigdy nie nazywaj go po nazwisku. Powiedział mi, że nie mam się niczym martwić, tylko trzymać język za zębami. Nie pytać go o nic i robić co każe, wtedy nic mi nie grozi.
J: *W porządku, mi możesz powiedzieć.*
A: Cóż (z zawahaniem) - nie wygadasz?
J: *Nie, nie powiem.*
A: To Gagiliano (fonetycznie).
J: *Gugiliano. Dobrze wymawiam?*
A: GA – Gagiliano. Śmieszne nazwisko, prawda? Na początku ledwo mogłam je wymówić, musiałabym być jednym z nich, ale nie jestem. (chichocząc)

J: Czy Al jest przystojniakiem?
A: Jest bardzo przystojny.
J: Ile ma lat?
A: Nigdy mi nie powiedział. Kiedy go pytam, śmieje się i mówi, że jest wystarczająco stary.
J: Ile ty masz lat?
A: Cóż, myślę, że jestem mniej więcej w jego wieku. (Posmutniała) Nie jestem bardzo stara, ale wyglądam staro, tak mi się wydaje... (Z wielkim bólem) Muszę ci mówić?
J: Nie musisz, jeśli ci to przeszkadza.
A: Na pewno nie chcę, żeby Al wiedział.
J: Dobrze, jemu nic nie powiem. To będzie nasza tajemnica.
A: Zbliżam się do 40-stki. Nie chcę być starsza, ale nie mam wyjścia. (Zabrzmiało to jak kłamstwo, z oczywistych powodów.) Nie mówię mu prawdy. Nigdy mu nie mówię, kiedy są moje urodziny.
J: Niech myślą, że masz 29.
A: O tak, chciałabym na zawsze mieć 27.
J: Wolałabyś żebym nazywał cię June czy Carol?
A: Lepiej żebyś mówił do mnie June. Al zezłościłby się, gdyby usłyszał, że zwracasz się do mnie Carol.
J: Dobra, czerwiec.

Próbował zmienić temat, aby dowiedzieć się o czymś, co mogło zostać zweryfikowane.

J: Chodzisz do kina?
A: Nie, nie wolno mi zbytnio wychodzić za dnia.
J: A wieczorami? Chodzisz do teatru? Czy na przedstawienia?
A: Chodzimy – vaudeville jest mój ulubiony. W zeszłym miesiącu widziałam Al'a Jolson'a.
J: W którym teatrze to było?
A: The Palace.

Sprawdziliśmy. Teatr 'The Palace' był i nadal jest usytuowany przy ulicy Randolph w Chicago.

35

J: Czy dużo to kosztuje obejrzeć takie przedstawienie?
A: Nie wiem. Po prostu pytam Al'a czy mogę iść i zabiera mnie, kiedy tylko może. Czasem jest bardzo zajęty, ale zazwyczaj dostaję to, czego chcę.

J: Czy są jakieś seanse filmowe w Chicago?
A: Słyszałam o dwóch lub trzech, byłam raz na jednym. Ludzie przepychają się; nie poruszają się jak powinni; nie oglądają filmu jak należy. (Śmiech)

J: Czy to film z dźwiękiem, słychać rozmowy?
A: Och, to nowość od kilku lat – teraz słychać dialogi, ludzie rozmawiają ze sobą. Kiedyś były tylko napisy.

J: Byłaś na jednym z takich filmów?
A: Tak, to było coś nowego i chciałam zobaczyć, jak to jest.

J: Sprawdźmy, masz gramofon w swoim pokoju?
A: Pewnie, mam wszystkie płyty.

J: Która jest twoja ulubiona?
A: Lubię te z rozmowami.

J: Z rozmowami? O czym rozmawiają?
A: No wiesz, ten z dwoma czarnuchami, którzy rozmawiają między sobą na nagraniu, jeden mówi 'Jaka jest cena masła?' a drugi odpowiada 'O Lordzie, nie stać mnie. Podaj mi smar osiowy.' (Powiedziała to z typowym afrykańskim akcentem.)

J: (Głośny śmiech) Hej, to brzmi jakby było prosto z przestawienia vaudeville.
A: Tak, dokładnie stamtąd. Jolson to nagrał i ja to dostałam.

J: Lubisz Al'a Jolson'a?
A: Tak, do czasu... Nie podoba mi się to czarne coś na jego twarzy. Nie rozumiem, dlaczego biały mężczyzna chciałby tak wyglądać. Kiedy to zmyje, wygląda całkiem nieźle.

J: Masz radio?
A: Tak, mam. Słucham na nim muzyki.

J: Którą stację lubisz najbardziej?
A: Nie wiem, jak się nazywa. Ustawiam na 65 i włącza się. (W tym momencie Anita uniosła rękę i wykonała ruchy, jak

gdyby przekręcała wielką tarczę.) Są też inne, ale sześć pięć jest najlepsze.

To również sprawdziliśmy. Radio stacja WMAQ w Chicago została założona w 1922 roku z częstotliwością ustawianą na 67 megaherca.

J: Czy grają tam muzykę cały czas?
A: Większość czasu.
J: Jaki rodzaj muzyki lubisz najbardziej?
A: Lubię Charleston'a (amerykańska muzyka taneczna z 1923roku) To nowość i jest dużo zabawy.
J: Co to?
A: To uroczy taniec. Żwawy. Szczęśliwa muzyka. Dużo tańczę. Kiedy zaczynam tańczyć, wszyscy stają z boku i patrzą. Jestem w tym całkiem niezła.
J: Jakie tańce znasz i potrafisz zatańczyć?
A: Och, znam Charleston'a (amerykański taniec towarzyski nazwany tak od miasta Charleston, w Południowej Karolinie.) Potrafię zrobić też Hoochy-Cooch, kiedy opadasz w dół, to o wiele więcej frajdy niż fokstrot czy walc - są tak powolne. Ja lubię szybką muzykę.
J: Czy słyszałaś kiedyś o tańcu zwanym Black Bottom? (Czarny Tyłek)
A: Tak, to ten, o którym wspomniałam, nazywam go Hooky-Cooch, kiedy go wykonujesz, zniżasz się w dół do samej podłogi i poruszasz się raz w górę, raz w dół.

Nie wiedziałam, czy ma rację, ale ten opis z pewnością pasowałby do nazwy 'Czarny Tyłek.'

J: Jak to jest z Charleston'em? Możesz mi trochę zanucić?
A: (Zanuciła tradycyjną melodię, przy której zazwyczaj tańczy się Charleston'a.) ... i możesz tańczyć do Charley Boy, Charley My Boy. Ten kawałek jest świetny do tańczenia. Stajesz w jednym miejscu i kładziesz jedną stopę z przodu i

drugą stopę z tyłu i znowu jedną stopę z przodu i z powrotem. Możesz robić różne rzeczy przy tym. Właśnie uczę się tego, ale całkiem dobrze mi idzie. Będę w tym jeszcze lepsza.

J: Nie wydaje mi się, żebym kiedykolwiek to widział.

A: Naprawdę? Nigdy nie wychodzisz?

J: Pewnie, raz na jakiś czas.

A: I nigdy nie widziałeś tego na żadnej z imprez na której byłeś?

J: Nie, w sumie mówiłaś, że to nowość.

A: Ale każdy o tym słyszał! To najnowsza rzecz! (Poirytowana) Jesteś pewien, że nigdy o tym nie słyszałeś?

J: Być może słyszałem, ale po prostu nie wiedziałem co to jest.

A: Chłopie! Nie wiesz co to życie!

J: (Głośny śmiech. Można było zgadnąć, że tylko się z nią droczył.) Więc lubisz tańczyć. A śpiewasz też?

A: Nie! Al żartuje sobie ze mnie. Mówi, że nawet nie potrafię ładnie się wypowiadać. (Śmiech) Twierdzi, że czasami mówię niegramatycznie. Powinnam to robić lepiej. A ja po prostu śmieję się. Tak czy inaczej, nie mam włoskiego akcentu. (Śmiech) Wycofuję się, nikt nie zna mnie z najlepszej strony.

J: Jaką suknię ubierasz, kiedy tańczysz Charlston'a?

A: Powiem ci, która jest moja ulubiona. Ma złoty kolor, są na niej rzędy frędzli i kiedy tańczę one trzęsą się i błyszczą. Jest taka śliczna. I zakładam złote trzewiki.

J: Jak długa jest ta sukienka?

A: Można rzec niezbyt długa! Nie lubię już długich. Kiedy masz zgrabne nogi, można je pokazywać. Noszę takie, żeby było widać róż na moich kolanach.

J: Co to? Róż na kolanach?

A: Jasne! Każdy to robi!

J: Nakładasz makijaż na twarz?

A: Delikatny. Nakładam trochę różu, żeby nie wyglądać blado.

J: Jaki masz kolor włosów?

A: Dlaczego pytasz? Jestem brunetką.

J: Naturalny, czy...

A: (Oburzona) Od zawsze byłam brunetką.

J: *No wiesz, niektóre dziewczyny nakładają coś na włosy i to zmienia ich kolor.*

A: Ja nie zmieniam koloru. Jedynie zakrywam tu i ówdzie. Siwe włosy nie wyglądają ładnie. Zakrywam je. To wszystko! Moje włosy od zawsze były ciemne.

J: *Wyczytałem gdzieś, że jeśli co jakiś czas zjesz surowe jajko, twoje włosy będą wyglądały pięknie. Słyszałaś o tym?*

A: Fuj! Możesz dodać jajko do szamponu.

J: *Och, tak się to robi?*

A: Rozbij jajko i zmieszaj z szamponem.

J: *I wtedy ładnie wyglądają?*

A: Błyszczą się, są miękkie i lśniące.

J: *Jaką nosisz fryzurę?*

A: Cóż, mam krótkie włosy i zaczesuję je w dół na grzywkę. I delikatnie kręcą się przy uszach. Staram się utrzymać krótką fryzurę. Kiedy obcięłam włosy, Al nie był zachwycony. Kiedyś nosiło się długie włosy, później zaczęto je ścinać, byłam jedną z pierwszych. Mówię ci, to takie fajnie!

J: *Masz jakąś biżuterię?*

A: Mnóstwo. Ale moja ulubiona to pierścionek ze szmaragdem. Jest ogromny. Mam go na sobie. (Anita podniosła lewą rękę.) Widzisz?

J: *Nie, nie zauważyłem go. Muszę być na wpół ślepy.*

A: Jest bardzo widoczny. Nie mógłbyś go przegapić!

J: *(Z ukrytym humorem) Masz rację, po prostu go nie zauważyłem. Nie boisz się, że go zgubisz?*

A: Nie, jest ciasny. Widzisz? (Wykonała ruch ręką, jakby go pokazywała [niewidoczny dla nas] i przekręciła go palcami.) Noszę go cały czas. Kiedy zakładam czerwoną sukienkę, a Al mówi, że do niej nie pasuje, śmieję się. Mówię mu wtedy, że jest mój i będę go nosić. Właśnie w tej chwili ucinam kwiaty, moje róże. Postawię je na fortepianie.

J: *Jaki masz fortepian?*

A: Biały. Lubię wszystko białe.

J: *Potrafisz na nim grać?*

A: Potrafię. Kiedyś byliśmy w klubie i poprosiłam, żeby pozwolili mi zagrać. Wszyscy się śmiali. Myśleli, że nie umiem, a ja załapałam melodię dość szybko. Zagrałam piosenkę o ... och, stara piosenka o księżycu i różach. Al'owi bardzo się spodobało i kupił mi fortepian, żebym ćwiczyła. Nie chciałam jednego z tych, które nakręcasz i samo gra. Nie lubię ich. Nie ma w tym żadnej frajdy. Chcę nauczyć się grać sama.

J: *To dobrze. Opowiedz mi o swoim domu.*

A: To wspaniały, duży dom z 18 pokojami. Uwielbiam go. Nigdy go nie opuszczę. Nie lubię nawet zostawać na noc poza domem. Al zbudował go dla mnie. Czasami przychodzą tu ludzie, ale zostają tylko na chwilę. Moja sypialnia jest na piętrze, pierwszy pokój z wyjściem na taras.

J: *Opiszesz go dla mnie? Nigdy go nie widziałem.*

A: Są tam satyny na ścianach - choć nie nazywasz ich satyną. To się nazywa adamaszek. Błyszczy się jak satyna, wzorzyste. Trochę jak tapeta, ale to tkanina. Pasuje do zasłon. Dywan jest biały. To jest przepiękna sypialnia; wszystko w niej jest w różu, bieli i niebieskim. Mam duże łóżko z ogromnymi filarami i satynową narzutą.

Słownik definiuje adamaszek jako bogatą, wzorzystą tkaninę z jedwabiu, bawełny lub wełny.

J: *Jak przypuszczam, urządziłaś ją tak jak chciałaś i nigdy nie miałaś zamiaru tam nic zmieniać.*

A: Och, czasami zmieniam kolor ścian lub no wiesz, wstawiam nowe rzeczy. Al czasami kupuje nowe meble. Ja najbardziej lubię tak jak jest. Nie pasuje mi nawet przesuwanie mebli w inne miejsca. Chcę mieć swoje łóżko tam, gdzie jest. Tak mi się podoba i tak chcę, jak z marzeń.

J: *Masz łazienkę w swoim pokoju?*

A: Zaraz obok. Wykończona jest w białym marmurze. Mam nawet srebrne klamki w toalecie. Wanna też jest z marmuru. Biorę kąpiel w mleku, z bąbelkami, gorące kąpiele i zimne.

J: W mleku? To znaczy wlewasz mleko do wanny?

A: To nie jest prawdziwe mleko. Tak się tylko mówi mleczna kąpiel, bo woda tak śmiesznie wygląda. To ma dobre oddziaływanie na moją skórę.

J: (Próbując kolejną zmyłkę) Od kogo kupiłaś ten dom?

A: Dom został dla mnie zbudowany. Al zatrudnił kogoś do tego. Miało być perfekcyjnie wykonane. Zajęło to prawie ponad rok. Nie można było od razu się wprowadzać.

J: W którym roku ukończono budowę?

A: Och, to było kilkanaście lat temu. Wprowadziłam się do tego domu, kiedy mieliśmy urządzony tylko jeden pokój. Chciałam to zrobić jak najszybciej. Nie można było urządzić wszystkiego naraz, zajęło to kilka dni. Ale ja poprosiłam Al'a, żeby mnie tam zabrał i zamieszkam tam, w warunkach jakie są. Śmiał się ze mnie i twierdził, że nie możemy przecież spać na kanapie. (Śmiech) Spaliśmy na podłodze.

J: Który pokój był umeblowany jako pierwszy?

A: Ten, którego teraz zbytnio nie używamy. To ten pokój przy drzwiach frontowych. Tuż przy holu.

J: Salon?

A: Tak. Mam większy po drugiej stronie.

J: Co pierwsze zakupiliście?

A: Parę krzeseł i to coś zwane szezlong. Kiedy to zobaczyłam, roześmiałam się. Stwierdziłam, że człowiek, który to stworzył był szalony. Nie wiadomo, czy to miało być łóżko, czy krzesło. Al wstawił to teraz do jednej z sypialni. Właśnie kupiliśmy nowe meble.

J: Założę się, że kosztowało to dużo pieniędzy.

A: Mamy je. Kupiliśmy kilka krzeseł, które mają maleńkie, krótkie nogi i pasiaste siedzenia. Myślę, że to mają być antyki. A ja po prostu śmieję się z tego, bo nie wydaje mi się, że są zabytkowe. Ale powinno się mieć luksusowe meble, dlatego Al chciał, żebym je miała. Nie wszystkie z nich mi się podobają, ale Al je chciał. Taki styl, mieć tego rodzaju rzeczy. Powiedziałam mu, żeby zostawił moją sypialnię w spokoju. Jest dokładnie taka, jak chciałam. Zaśmiał się i odpowiedział ok.

J: Czy chciałby zmienić część domu do której przychodzą ludzie?

A: Tak, wszystkie te małe krzesła i kanapy. Nie wyglądają zbyt wygodnie. A mamy wiele pokoi. Gdyby zliczyć, gdzie mieszkają pokojówki i to wszystko, jest ich ponad 20.

J: Cóż, przypuszczam, że masz sporo prac domowych przy 18-stu pokojach. Jak utrzymujesz w nich czystość?

A: Mam czarnoskóre pokojówki. Część robi na górze, reszta na dole, gotują i wszystko inne. Mnóstwo pomocy. Niektóre rzeczy wykonuje sama, ale niewiele.

J: Co robisz sama?

A: W niektóre wieczory przygotowuję kolację dla siebie i Al'a. Lubi jak podaje mu jajka z ostrym hiszpańskim sosem. Próbowałam przyrządzić spaghetti, ale mi nie wychodzi. On robi je dla mnie. Mama go nauczyła. Musisz umieć poprawnie ukształtować klopsiki i przyrumienić je, inaczej nie smakują dobrze. (Wykonała ruch ręką, jak gdyby kulała klopsiki.)

J: Czy to cały sekret?

A: Jeden z nich. Musi być ich więcej, ponieważ próbowałam i nie mogę się tego nauczyć.

J: Co lubisz jeść?

A: Cóż, posiekaną wątróbkę. Jest bardzo smaczna. Wydaje mi się, że dodają do niej cebulę. Moja kucharka bardzo dobrze gotuje. Jest tu z nami, od kiedy mamy ten dom. Jest już stara; gotuje od wielu, wielu lat.

J: Masz swoje miejsce na zewnątrz, gdzie możesz usiąść na tarasie i zjeść, prawda?

A: O tak! To miłe. Często tam jadam. Al też to lubi.

J: Od której strony jest twój taras? Zachodniej czy wschodniej?

A: Cóż, widok jest w kierunku wody. Przypuszczam, że to od strony wschodniej. Nie wiem. Tak myślę, że od wschodu ... tak, z rana jest słonecznie, bardzo wcześnie. Zostawiam zaciągnięte zasłony. Nie jadam na zewnątrz śniadań. Nie lubię, kiedy słońce świeci zbyt jasno. To sprawia, że ... no wiesz, widać wszelkie niedoskonałości na mojej twarzy. Przywiesiłam trzy różne zestawy firanek na tym oknie. Bardzo cienkie; zwiewne; i nad nimi są te grube, ciężkie. Mogę mieć jasno lub ciemno, tak jak chcę.

J: Masz na myśli trzy zasłony jedna na drugiej? W takim razie muszą naprawdę ograniczać dostęp światła w pokoju.

A: Najgorszy jest ten świetlik. Popołudniu przepuszcza strasznie dużo słońca. I niewiele można z tym zrobić. To jedyna rzecz, jaką zmieniłam. Sama zrobiłam wzór i umieściłam tam witraże.

J: Jak w kościele, tak?

A: O nie, nie! Nic w tym rodzaju. Są tam małe kwiatki i listki. I kiedy świeci przez nie słońce, kwiaty odbijają się na podłodze. Wygląda to ładnie - przyjemny pokój.

J: Wyobrażam sobie, że czasami robi się chłodno. Posiadasz jakieś zimowe płaszcze?

A: O tak! Wszelkiego rodzaju. Jaki byś chciał? Chciałbyś któregoś użyć?

J: Nie, zastanawiałem się tylko czy masz płaszcz z norek?

A: Mam kilka futer – z bobra i z gronostaja. Lubię ten z gronostaja, bo jest biały. Sprawia, że moje włosy wydają się ciemniejsze niż zawsze. I moje niebieskie oczy też pięknie wyglądają.

J: Masz samochód?

A: Mam swojego kierowcę, wozi mnie, gdzie chcę, samochodem, który kupił dla mnie Al. Ma czarny kolor i lśni. To Packard, bardzo duży. Najlepszy w swoim rodzaju.

J: Najwygodniejszy?

A: Nie wiem czy najwygodniejszy. Nigdy nie siedziałam w żadnym innym samochodzie, oprócz tego, ale Al mówi, że ten jest najdroższy, więc musi być najlepszy. Takie kupuje. Podoba mi się.

J: A kierowca poleruje go cały czas?
A: Nie ma sensu posiadać samochód, jeśli o niego nie dbasz.
J: Ale ty nie potrafisz jeździć?
A: Potrafię, jeśli muszę, ale wolę siedzieć z tyłu i pozwolić jemu
   prowadzić. Za to ma płacone. Tym sposobem Al wie, gdzie
   jestem. Są miejsca, w które nie powinnam chodzić.
J: Dokąd na przykład?
A: Do śródmieścia. Nie chodzę tam, gdzie on pracuje.
J: Gdzie pracuje Al?
A: Nigdy mi nie mówi. (Stonowała.) Czymś się zajmuje, ale jak
   go o to pytam, wścieka się. Mówi wtedy, żebym przyjęła
   swój łatwy zysk i po prostu zamknęła się. Nie lubię, kiedy
   tak do mnie mówi, więc za dużo nie pytam.
J: Czy są inne miejsca, w których nie powinnaś się pokazywać?
A: Cóż, mam unikać miejsc, w których są tłumy ludzi, tam,
   gdzie wszyscy chodzą, jadają obiady i tego typu miejsca. Są
   tam restauracje i miejsca w hotelu – takie jak 'the Barlett
   House' i tam, gdzie chodzą na pokazy mody.
J: I Al nie chce, żebyś tam chodziła?
A: Nie, ponieważ uważa, że za dużo wiem i mogłabym coś
   wygadać.
J: No cóż, Chicago jest duże.
A: Rozwija się szybko. Al mówi, że nie przestało, od czasu
   pożaru.

44

J: Jakiego pożaru?
A: Dawno temu wybuchł ogromny pożar i prawie wszystko spłonęło, bloki i domy. O tego czasu, codziennie powstają nowe.

Miała na myśli wielki pożar w Chicago z 1871 roku, który zniszczył większą część miasta.

J: Czy widzisz teraz wiele nowych budynków?
A: Kiedy jestem w śródmieściu, tak. Jest blok pełen sklepów, różnego rodzaju sklepów.
J: Przy jakiej ulicy?
A: Nie pamiętam. Tuż obok urzędu, za rogiem. Kiedyś nie było tam ulicy, ale teraz jest pięknie.
J: Wychodzisz czasem do parku?
A: Och, chodzimy na piknik nad jezioro i jest tam mnóstwo parków. Al nie bardzo lubi takie wyjścia. Mogę wybrać się na przejażdżkę i wtedy jadę i jadę na długie wyprawy.
J: Czyli potrafisz prowadzić samochód, choć masz szofera.
A: Prowadzę, jeśli muszę. Kiedy go dostałam, miałam powiedziane, że powinnam się nauczyć. Kierowca mnie nauczył.
J: Czy twój samochód ma biegi na podłodze?
A: Tak, nie cierpię tego. Zapominam je i mylą mi się. Wtedy coś się w nich psuje i naprawa kosztuje.
J: Jak go odpalasz?

Johnny myślał, że niektóre samochody z tego okresu musiały być nakręcane na korbę.

A: Po prostu dzwonię do Al'a i mówię mu, że potrzebuje samochód i będę prowadzić, wtedy podstawiają mi go pod drzwi. Nie pamiętam, żebym kiedykolwiek go odpalała. Stoi zaraz tu w garażu... nigdy nie muszę go uruchamiać.
J: (Próbował wymyślić więcej pytań.) Wiesz co to jest samolot?

A: Słyszałam jak o tym rozmawiano, ale nie wydaje mi się, żebym kiedykolwiek to widziała. Mówią, że mają powstać samoloty, które będą robić fantastyczne rzeczy. Możesz do nich wsiąść i polecieć gdziekolwiek chcesz na świecie, tak mówią. Mnie nikt nie przekona, żebym do nich wsiadła. Boję się takich rzeczy. Nie wydaje mi się to odpowiednie, żeby być tam na górze.

To było dziwne stwierdzenie, jak na kogoś, kto miał męża obecnie stacjonującego w bazie dla odrzutowców.

J: Cóż, June, policzę do pięciu i przeniesiesz się do 1910 roku. Jest 1910 rok, co teraz robisz?

A: To dzień przeprowadzki. Wynoszę się z tego cholernego hotelu.

J: Jakiego hotelu?

A: Mieszkałam w Gibsonie.

J: Przy jakiej ulicy?

A: Na głównej ulicy, tutaj w mieście.

J: Dokąd się wyprowadzasz?

A: Do domu, który budowaliśmy. Wydaje się jakby trwało to wieczność. Ale już dziś możemy się tam przenieść.

J: Masz dużo rzeczy tutaj w hotelu, które musisz ze sobą tam zabrać?

A: Nie, ale wybraliśmy już meble, które trzeba tam przenieść.

J: Co masz dzisiaj na sobie?

A: Moją długą zieloną suknię. Uszytą specjalnie dla mnie, z guzikami i szerokimi rękawami - takie 'pufiaste'.

Nazywali je 'bufiaste' rękawy, jak sądzę.

J: Masz odsłonięte kolana?

Pytanie to było podstępne, co za poczucie humoru.

A: (Zdziwiona) Och nie! Nie proszę Pana!

J: Jakie masz buty?
A: Dlaczego pytasz? Oczywiście mają guziki.
J: Jak myślisz? Czy nadejdzie kiedyś dzień, w którym nie będziemy zapinać butów?
A: Nie umiem sobie tego wyobrazić. Ludzie widzieliby twoje kostki! Muszę uważać, wsiadając do wozu, żeby ich nie było widać. Mężczyźni zawsze próbują zobaczyć twoje kostki!

Wszystko zmieniło się w ciągu zaledwie 16-stu lat. Porównania pomiędzy tymi okresami były nie do wiary i bardzo zabawne. Johnny miał niezły ubaw.

J: Jakie masz włosy?
A: Bardzo długie, ale upinam je do góry, dość wysoko. Od dawna ich nie podcinałam. Nie cierpię ich myć i szczotkować. Praktycznie zajmuje to cały dzień, żeby je umyć.
J: Czy kiedykolwiek pomyślałaś o tym, żeby je obciąć?
A: Cóż, gdyby inni też to zrobili, pewnie byłabym pierwsza, żeby spróbować. Powiedziałam Al'owi, że chciałabym je skrócić z tyłu, tak po męsku, jak on ma. Ale odrzekł, że jego nie wyglądają dobrze i nie byłoby tak ładnie, więc nie mam ich ścinać!
J: (Zaśmiał się z jej żartu.) Nosisz makijaż na twarzy?
A: Troszeczkę ryżowego pudru. Twarz wgląda gładko i przyjemnie.
J: Co powiesz na róż?
A: (Znowu zszokowana) Och, nie! Szczypiesz się w policzki raz na jakiś czas lub dość mocno przygryzasz usta i robią się czerwone.
J: Czy to boli?
A: Cóż, tak, ale jeśli chcesz ładnie wyglądać. Ja używam owsianki na moją twarz – to pomaga. Wkładam płatki owsiane w woreczek i wklepuje w twarz, kiedy ją myję. (Pokazała ruch ręką jakby wklepywała coś na twarz.) To likwiduje zmarszczki.

47

J: Czy to są surowe płatki owsiane czy ugotowane?

A: (Śmiech) Głuptas! Nie mógłbyś wsadzić do woreczka ugotowanej owsianki! Jesteś zabawny! Nie za bardzo znasz się na kobietach, prawda?

J: Nie, nie bardzo.

A: Mówisz tak, jakbyś pochodził ze Springfield. Tam nic nie wiedzą.

J: Ty stamtąd pochodzisz, prawda?

A: Z okolic. Nie urodziłam się mieście, tylko na farmie.

J: Jak daleko od miasta była ta farma?

A: Mniej więcej dzień drogi wozem. Kierujesz się na południe, tak myślę.

J: Nie było wtedy samochodów, jak teraz, prawda?

A: Są już jakieś samochody, wiesz? Jest 1910 rok! Ale mój tatuś nigdy nie będzie go miał, bo go nie stać.

J: A ty masz samochód?

A: Al ma.

J: Ty nie masz swojego?

A: Nie jest mój. Nie potrzebuję samochodu. Jeżdżę wszędzie z Al'em, jeśli chce.

J: Nie wychodzisz nigdzie, kiedy jego nie ma z tobą?

A: Na początku bałam się i on drażnił się ze mną, że jestem małą wiejską dziewczynką. Mówi, że teraz kiedy mam buty na nogach, mogę spacerować po betonie.

J: (Śmiech) Jaki samochód ma Al?

A: Parowiec Stanley'a.

Pamiętam jego zdjęcie, które znaleźliśmy w encyklopedii.

J: Czy ma dach?

A: Jeździmy z otwartym.

J: Można go odczepiać?

A: Nie wydaje mi się, tylko się składa. Czuć wiatr we włosach, rozwiewa je.

J: A co się dzieje, kiedy pada deszcz?

A: Wydaje mi się, że jesteś na tyle rozsądny, że nie wychodzisz w deszczu.

J: *(Śmiech) Czy ten samochód robi dużo hałasu? (Czytaliśmy, że są to bardzo ciche samochody.)*

A: Nie, nie.

J: *Jak szybko może jechać?*

A: Jest dość brawurowy. Czasami jedzie do ... 15 mil na godzinę albo i więcej. Na początku wydawało mi się, jakby mi miały wyskoczyć gałki oczne, on na to, że nie mam się martwić i dopiero teraz mi pokaże! Byłam przerażona.

W tym momencie, Johnny przeniósł ją do innych scen, które będą opisane w kolejnym rozdziale. Pozostawiliśmy tę część nienaruszoną, aby pokazać różnice pomiędzy tymi dwoma okresami. W ciągu zaledwie dekady, nastąpiło tak wiele zmian w stylu życia. Nawet jeśli Anity umysł fantazjował, wydawało się to bardzo trudne, aby zachować różnice między tymi czasami i aby nie pomieszały się między sobą. Godne uwagi jest to, że potrafiła je oddzielić od siebie i zachować osobowość odnoszącą się do każdego z nich. June/Carol ukazała się jako prawdziwa osoba z wyjątkowym poczuciem humoru. Zdecydowanie nie była wymyślona czy ślepo posłuszna poleceniom.

Rozdział 4
Życie June/Carol

Faktów i materiałów z życia June/Carol, mieliśmy więcej niż innych osobowości, które napotkaliśmy. Nawiązywały do jej niedawnego życia, a więc informacje wypływały na powierzchnię. Sesje prowadziliśmy przez kilka miesięcy i za każdym razem, kiedy Anita została cofnięta w czasie, pierwszym charakterem, który się pojawiał, była June lub Carol, chyba że została inaczej poinstruowana.

Tak więc, postanowiłam ułożyć kawałki i urywki z jej życia w kolejności chronologicznej, aby czytelnikowi, łatwiej było śledzić jej losy, bez poczucia dezorientacji, kiedy przeskakiwała w czasie tam i z powrotem. Chociaż zdarzenia ukazywały się nam stopniowo i zajęło to długi okres czasu, niemniej jednak, zadziwiające jest jak bardzo do siebie pasowały. Interesujące jest także to, że żadna ilość zadanych pytań nie była w stanie jej zmylić, choć my sami często czuliśmy się zbici z tropu. Ona zawsze dokładnie wiedziała kim jest i gdzie jest. Nie było sposobu, aby pominąć te wydarzenia i nadal pokazać osobę, która wydawała nam się taka prawdziwa, dlatego z pewnością musiała istnieć, oddychać i kochać. To nie mogło być wymysłem jej wyobraźni. My wszyscy pokochaliśmy ją i jej cudowne poczucie humoru, nie mogąc się doczekać kolejnych rozmów. Być może nigdy nie znajdziemy dowodu na to, że faktycznie żyła, ale dla nas to było oczywiste w trakcie tych kilku miesięcy 1968 roku.

Kalkulując, Carol urodziła się około 1880 roku, więc Johnny cofnął ją do 1881 i zapytał, gdzie akurat była.

A: Siedzę na podłodze.
J: Bawisz się czymś?
A: Szpulami. Żebym siedziała cicho.
J: Robiłaś hałas?

A: Dużo hałasu!

J: Ile masz lat?

A: Nie za bardzo wiem.

J: Jaka duża jesteś?

A: Za mała, żeby nosić buty. Potrafię już chodzić i powiedzieć niektóre wyrazy.

J: Jakie na przykład?

A: Wykrzykuję 'Mama' i 'Tata' i wydaję jakieś dźwięki, jak niektóre zwierzęta.

J: Czy są tam jakieś zwierzęta wokół?

A: Cóż, to jest farma.

J: To miło. Teraz policzę do trzech i przeniesiesz się do 1885 roku. Jeden, dwa, trzy, jest 1885. Co robisz?

A: Jestem na podwórzu i bawię się z niemowlakiem - chłopcem. Próbuję się nim zająć, żeby nie płakał. To ten w kołysce.

J: Chodzisz do szkoły?

A: Mam zacząć od przyszłego roku.

J: Ile masz lat?

A: Pięć. Będę miała sześć, w czerwcu ... pierwszego.

To zgadzało się z tym, co mówiła już wcześniej. Al nazwał ją June (czyli czerwiec), ponieważ jej urodziny są w czerwcu i była piękna jak czerwcowy dzień.

J: Jak daleko jeszcze do twoich urodzin?

A: Nie umiem powiedzieć. Mama mi powie.

J: Myślisz, że będziesz mieć urodzinowy tort?

A: Cóż, mama czasami piecze. Czasami.

J: A więc, pewnie upiecze jeden na twoje urodziny, prawda?

A: A powinna?

J: Cóż, niektórzy mają tort na swoje urodziny, a także i w inne dni.

A: My jemy ciasta w niedziele. Kiedy tylko możemy, jemy je.

J: To dobrze. Powiedz mi coś o swoim domu. Jaki jest duży?

A: Ma trzy ogromne pokoje i poddasze.

J: Gdzie ty śpisz?

51

A: Na strychu. Mama zrobiła dla mnie materac ze słomy. Jest jak wygodne, miękkie łóżko. Możesz się w nie wtulić. Kiedy będę bogata, kupię sobie materac z pierzem. Mama ma taki na swoim łóżku. Mówi, że kiedy dorosnę, też mogę taki mieć.

J: *To miłe. Teraz zajrzyjmy w przyszłość i zobaczmy, jak mają się sprawy w 1890. (Anita została poinstruowana, aby przenieść się w przyszłość) Co robisz w tej chwili?*

A: Pomagam mamie. Podgrzewamy wodę na podwórzu, do prania. Pierzemy mnóstwo pieluch. Wydaje się, jakby każdego roku, rodziło się kolejne dziecko!

J: *Jakiego mydła używacie?*

A: Mama je robi.

J: *Dopiera pieluchy?*

A: Och, chłopie! Tak długo je szorujesz, aż są czyste.

J: *Używasz tarki do prania?*

A: Czasami. A czasami pocierasz jedną o drugą. (Anita wykonała ruchy rękoma.) W ten sposób stają się czyste. Wcierasz w nie mydło.

J: *Wygląda na to, że sporo przy tym pracy.*

A: Pracujesz cały dzień przy praniu. Masz szczęście, jeśli robisz to w wietrzny dzień. Rzeczy wysychają.

J: *Gdzie są rozwieszone sznurki na pranie?*

A: Od samego domu, do tego dużego drzewa tam.

J: *Powiedz mi Carol, ile masz lat?*

A: Dziewięć. Mama mówi, prawie dziesięć.

J: *Chodzisz do szkoły?*

A: Nie. Chodziłam przez jakiś czas, ale mama mnie potrzebowała. Bardzo jej pomagam w domu.

J: *Czyli krótko chodziłaś do szkoły?*

A: Przez parę lat.

J: *Gdzie jest szkoła?*

A: Och, jest daleko stąd, idziesz drogą w dół.

J: *Chodzisz do szkoły pieszo?*

A: Codziennie. Nie idę tylko wtedy, jak napada dużo śniegu.

J: *Potrafisz napisać swoje imię?*

A: Potrafię, drukowanymi całkiem nieźle. Ćwiczę pisanie patykiem po ziemi.

Niespodziewanie, Johnny wpadł na pomysł, aby sprawdzić, czy Carol podpisałaby się dla nas. Nie wiedzieliśmy, czy było to możliwe, ale warto było spróbować. W tamtym czasie, byliśmy bardzo otwarci na różne pomysły.

J: Tutaj masz ołówek i kartkę. Podpiszesz się dla mnie?
A: A nie masz rysików?

Johnny poprosił Anitę, żeby otworzyła oczy. To było bardzo trudne i wpatrywała się w kartkę szklanymi oczami. Później podał jej ołówek, kiedy ja przytrzymywałam kartkę. Patrzyliśmy, jak podpisuje się wielkimi, drukowanymi literami, bardzo powoli, "Carolyn Lambert." Wyglądało to krzywo i dziecinnie.

A: Nauczyłam się tego w zeszłym roku. Ale nadal muszę ćwiczyć, bo nie jestem w tym zbyt dobra. Mama mówi, że kiedy się uczymy, nikt nam nie może tego zabrać. Pokazałam jej jak to robić, ale nie za bardzo wiedziała jak. Chciała, żebym ją nauczyła, jak się podpisać.
J: Twoja mama nie chodziła do szkoły?
A: Nie sądzę.

Przy dwóch kolejnych razach, kiedy dla orientacji została przeniesiona do 1890 roku, Anita znalazła się w tej samej sytuacji, robiąc dokładnie to samo. Tylko raz powiedziała, że właśnie zbiera pomidory. "Zbieraj tak długo, aż zapełnisz koszyk."

J: Co zamierzasz zrobić z tyloma pomidorami?
A: Ugotuję je. Zaprawię w słoiki. Zrobię sos pomidorowy. (Głęboko westchnęła.)
J: Co się stało?

A: Jest strasznie gorąco. Chciałabym, żeby popadało. Kurzy się, od dawna nie padało. Gorąco!

J: Ile masz lat, Carol?

A: Nie jestem pewna. Mama mówi, że to nieważne, nie robi żadnej różnicy, ale ja bardzo chciałabym wiedzieć. Nie chodzę już więcej do szkoły.

J: Jak długo chodziłaś?

A: Prawie dwa lata.

J: Czego się nauczyłaś?

A: Piszę ... znam liczby i litery. Potrafię policzyć do dziesięciu i dwudziestu ... odejmujesz jeden i ... wtedy się mylę, kiedy liczę powyżej nastu. Nauczyciel mówi, że to łatwe. Ojciec powiedział, że nie mam głowy do liczb. A ja ćwiczę.

W trakcie odkrywania tej części życia Carol, została zapytana o innych członków rodziny. Miała co najmniej siedmioro braci i sióstr. Interesujące, że wspomniała o jednym bracie, Carl'u (Karolu), który dostał imię po przyjacielu jej ojca. Bez wątpienia, był to ten sam Carl, którego później poślubiła.

W kolejnej sesji, została cofnięta do 1900 roku i zapytana co się działo.

A: Gotuję duży posiłek, pieczone uszka, dla robotników. Wiele osób do wyżywienia. Robią się głodni. Dużo jedzą.

J: Gdzie jesteś?

A: Na farmie.

J: Jakiej farmie?

A: Mojego męża.

J: Jak się nazywa twój mąż?

A: Steiner. Carl Steiner.

J: Gdzie dokładnie jest ta farma?

A: Kawałek za Springfield.

J: W którą to stronę?

A: Cóż, kiedy z rana jedziemy do miasta, słońce świeci mi w twarz.

J: *Czy to daleka droga?*
A: Nie, przed obiadem jesteśmy na miejscu. Kilka godzin.
J: *Czym podróżujecie?*
A: Zaprzężonym wozem.
J: *Lubisz to?*
A: Za bardzo rzuca.
J: *Ile masz teraz lat?*
A: Teraz? (Pauza) Zbliżam się do 20.
J: *Od jak dawna jesteś mężatką?*
A: Jesteśmy małżeństwem od około ... wydaje się czterech, może pięciu lat? Czas szybko leci.
J: *Jesteś szczęśliwa?*
A: Nie! Któż byłby szczęśliwy tutaj? Dzień w dzień praca, siedem dni w tygodniu.
J: *Ale raz na jakiś czas musisz jechać do miasta.*
A: Och! Jak mam szczęście, muszę tam jechać dwa, trzy razy do roku.
J: *Ile osób pracuje u ciebie na farmie?*
A: Około pięciu mężczyzn pracujących w polu i przy innych rzeczach.
J: *Co uprawiacie na farmie?*
A: To, co jest potrzebne dla bydła - dużo kukurydzy. Jemy to, co uprawiamy. Zboża i to, co dla krów.
J: *Ile macie krów?*
A: Och, około 40, 50, jak przypuszczam.
J: *Świnie też?*
A: Nie, nie wydaje mi się.
J: *Ile macie kurczaków?*
A: Och! Ja muszę zajmować się tymi przeklętymi kurczakami. Muszę sama czyścić kurnik. Wykładać go wapnem i kreozotem.

Późniejsze badania ujawniły, że była to powszechnie stosowana praktyka na farmach w tym okresie. Anita pochodziła z miasta i miała niewielką wiedzę na temat kur i prac rolnych.

J: *Dlaczego nie zajmują się tym ludzie zatrudnieni do pomocy?*

A: Bo to kobiecy obowiązek.

J: *Jak duża jest wasza farma?*

A: On nazywa ją obszarami. Powiedział, że pewnego dnia będą moje, jeśli kiedykolwiek będę miała syna.

J: *Ale ty jesteś przecież jego żoną! Czy to nie wystarczy, żeby połowa była twoja?*

A: Tak mówi.

J: *Zamierzasz mieć syna?*

A: Nie! On chce mnie tylko przekupić.

J: *Ile lat ma twój mąż?*

A: Prawie 60. Jest starym człowiekiem.

J: *A ty masz 20. Jest trochę starszy od ciebie.*

A: O wiele starszy. To nie jest w porządku.

J: *Nie chcesz mieć dzieci?*

A: Nie chcę, żeby on się do mnie zbliżał.

J: *Och. Ma swój pokój?*

A: Ja mam!

J: *A gdzie Carl śpi?*

A: On też śpi na piętrze. Czuje się zażenowany tym, że inni mężczyźni wiedzą. Śmieją się, bo nie mamy dzieci.

J: *Jakie masz ubrania?*

A: Nie mam prawie żadnych.

J: *Naprawdę? A Carl nie mógłby ci przywieźć jakiś sukienek z miasta?*

A: Powtarza, że to zrobi, jeśli go wpuszczę do swojej sypialni. Ale powiedziałam mu, że nie chcę ich, aż tak bardzo. Pewnego razu pocięłam prześcieradło i zrobiłam sobie z niego sukienkę.

J: *Jakie masz buty?*

A: Chodzę boso. Miałam jedną parę butów, kiedy wychodziłam za mąż, ale już się zużyły. Większość czasu jestem na bosaka.

J: *A co robisz, kiedy jest zimno na dworze?*

A: Cóż, poprosiłam go o buty, to dał mi jedną ze swoich starych par.

Podczas kolejnej sesji, Anita znowu została przeniesiona w ten sam okres i jak zawsze, natychmiast powróciła do tej samej osobowości. Jej niesamowita zdolność odnalezienia się w danym miejscu i czasie, nigdy nie przestała nas zadziwiać. Tym razem, ponownie znalazła się na znienawidzonej farmie. Johnny zapytał co robi.

A: Nic nie robię.

J: Gdzie jesteś?

A: W swoim pokoju. Mam wyczyścić podłogi, ale jeszcze tego nie zrobiłam. Niedługo się tym zajmę.

J: Ile masz lat?

A: Zgaduję, że około 20.

J: Gdzie jest Carl?

A: W polu. To czas zasiewu.

J: Co zamierza zasiać?

A: Więcej tego, co zawsze. Kukurydzy, pszenicy, to samo. Wkrótce będę mieć swój ogród.

J: Co uprawiasz w swoim ogrodzie?

A: Rzeczy do jedzenia przez całą zimę. Jeśli nie chcesz głodować, musisz sadzić. Mam swoje ziemniaki. W zeszłym roku miałam spore plony. W tym roku też dużo zasadziłam.

J: Robisz dużo zapraw?

A: Pewnie! Chcę mieć co jeść, prawda?

J: Cóż, myślałem bardziej o tym, że ludzie składują większość swoich zimowych zapasów w piwnicach.

A: Nie możesz tego zrobić z każdym jedzeniem. Jak myślisz, co stałoby się z pieczonymi uszkami, gdybyś je schował do piwnicy?

J: Zestarzały by się.

A: Nadawały by się tylko na popcorn.

J: Nie robisz zakupów w sklepie?

A: (Śmiech) Nic, co możesz uprawiać samemu.

J: A co z cukrem i mąką?

A: Mąkę mam po zmieleniu pszenicy. Kupuję cukier.

J: A co z kawą? Pijesz kawę?
A: Nie, nie pijam kawy. Raz na jakiś czas kupuję herbatę. Lubię herbatę.

Następnym razem, kiedy spotkaliśmy się z Carol, była wciąż na farmie w 1905 roku.

J: Co robisz?
A: Och! Jestem taka zmęczona. Ciężki dzień. Żadnego wytchnienia.
J: Co dzisiaj zrobiłaś?
A: Pracowałam w ogródku.
J: Zasiewałaś?
A: Nie, już dawno temu wyrosło. Ale musisz zająć się chwastami. Wypielić z motyką. Jedyna rzecz, którą trzeba zrobić, pozbyć się ich stamtąd!
J: Gdzie jest twój mąż?
A: Nie wiem. Nie ma go jeszcze w domu. Właśnie wróciłam, żeby trochę odpocząć przed kolacją.
J: Jak długo jesteś już mężatką?
A: Och, Boże! Wydaje się całe życie!
J: Opowiedz mi o swoim ogrodzie. Co teraz uprawiasz?
A: Cóż, nasza kukurydza już wyrosła. Próbuję wypielić motyką chwasty wokół. Zarastają tak wysoko. Mam już pierwsze pomidory. Miałam też zielone pomidory, podsmażane.
J: Lubisz je?
A: Tak, są całkiem dobre. Lubię dojrzałe, są lepsze. Choć, nie cierpię ich zaprawiać. Nienawidzę tego, gorącej pary. Chciałabym, żeby był sposób na dojrzewanie pomidorów zimą.
J: Co jeszcze uprawiasz?
A: Och, okrę, dynię i w tym roku zasadziłam ogórki. Ziemniaki też dobrze wyglądają. Mam nawet arbuzy, muszą dojrzeć. Jak przypuszczam, mam większość tego, co chciałoby się zjeść ... fasolkę, groszek.
J: Z pewnością nie będziesz głodować.

A: Nie dopuszczam do tego! Jeśli muszę się napracować, żeby to posadzić, wyhodować i zaprawić, będę mieć to, co lubię jeść.

J: To mam sens.

A: Mamy jedną lub nawet dwie mleczne krowy. Mamy plany, aby zabrać je do rzeźnika. Tam w Springfield. Jeden mężczyzna zajmuje się ubojem na swoim gospodarstwie. Robi to dla ludzi taniej niż jakbyś miał zatrudnić do tego innych. Czasami sprzedajemy z tego małą część, choć zazwyczaj, to co ubijemy, zatrzymujemy dla siebie.

J: W jaki sposób zabezpieczasz to przed zepsuciem?

A: Och, rozwieszamy tutaj w wędzarni.

J: Czy kiedyś ci się coś zepsuło?

A: Nie, nigdy, od kiedy uwieszam to w wędzarni. Niektóre wysoko. Gotuję to, konserwuję, dokładnie tak samo jak robię to z warzywami i są całkiem smaczne tym sposobem.

J: Tak samo smakuje?

A: Nie. Jest dość żylaste, ale w porządku. Możesz to zaprawić razem z kluskami, zasolić. Może nie smakuje bardzo dobrze, ale tym sposobem można to przechować. Wiesz, czasami, kiedy kończy ci się mięso, możesz też ubić zimą. Zawsze wyobrażałam sobie, że to byłby najlepszy na to czas, ale zazwyczaj tak nie robią. To ma związek z cielakami i tym wszystkim. Ale dokładnie nie wiem, dlaczego. Gotuję z tego, co mam. Lubię pieczonego kurczaka. Jeśli chcesz go zaprawić, nadaje się do tego. Smakuje jak świeży.

J: Ale nie lubisz czyścić kurnika.

A: Nie, nie lubię.

J: Sama zabijasz kurczaki?

A: Ukręcam im kark.

Opowiadanie o tej całej harówce w gospodarstwie, może brzmieć powtarzalnie, choć definitywnie ukazuje, że nie był to czyjś fantazyjny wymysł na temat życia.

Na późniejszej taśmie, Carol właśnie dotarła do Chicago i była bardzo podekscytowana dużym miastem. Powiedziała,

"Nigdy nawet nie marzyłam o czymś takim, jak Chicago! Nigdy nie opuszczę tego miasta!" W tym momencie Johnny postanowić zdobyć więcej informacji na temat jej życia na farmie.

J: Ok, policzę do trzech i powrócisz do roku 1905. Powracasz jeden, dwa ...
A: (Przerwała, prawie szlochając) Nie chcę tam wracać!

Johnny nie zdawał sobie sprawy z powagi tego, co się działo i kontynuował odliczanie.

J: Właśnie wracamy ... trzy! Jest rok 1905. Co robisz?
A: (Ponuro) Nie lubię tu wracać.
J: Dlaczego?
A: (W gniewie) Niczego tu nie lubię! Niczego w gospodarstwie! Nienawidzę tego miejsca!
J: Jak się nazywasz?
A: (Pstrykając) Carol!
J: Od jak dawna tutaj mieszkasz?
A: Nie pamiętam żebym mieszkała gdziekolwiek indziej, oprócz farmy!
J: Co tutaj robisz, Carol?
A: Głupi dureń! A na co to wygląda?
J: Jesteś mężatką?
A: Można to tak nazwać.
J: Co robi twój mąż?
A: Nie wiem i nie obchodzi mnie to!
J: Masz dzieci?
A: (Wrzeszcząc) NIE!!
J: Ok! Ok! Policzę do trzech i przeniesiemy się ...

Johnny nie wiedział jak wymowna była jej reakcja podczas tej regresji, dopóki nie odsłuchaliśmy nagrania. Obydwoje byliśmy głęboko poruszeni tym, jak desperacko broniła się przed powrotem na farmę, już po odkryciu cudownego Chicago.

Oczywiście, bała się podświadomie, że już nigdy nie będzie się mogła stamtąd wyrwać, opierała się przed powrotem, ale nie udało się, więc jedyne co mogła zrobić, to wrzeszczeć i protestować z frustracji. Do tego momentu, życie Carol wydawało się nieszczęśliwe i monotonne. Najpierw harówka w gospodarstwie rodziców, potem życie w nędzy z mężczyzną, którym gardziła. To niewątpliwie przyczyniło się do tego, że desperacko chciała stamtąd uciec. Prawdopodobnie, kiedy pojawił się Al, wydawał się być niczym rycerz w lśniącej zbroi, wysłany na ratunek, aby ją uwolnić. To było ponad jej najśmielsze wyobrażenia, kiedy nagle pojawił się on i zaproponował ucieczkę do odległego Chicago, w którym wszystko o czym marzyła, mogło się spełnić.

J: Co robisz?
A: Jestem w hotelu.
J: Od jak dawna tam jesteś?
A: Myślę, że od trzech dni. Byłam taka zajęta.
J: Co myślisz na temat tego miejsca?
A: Nigdy nie widziałam czegoś tak dużego.
J: Miasto rozciąga się tak daleko, dokąd wzrok sięga, prawda?
A: Tak! Cudowne sklepy, mnóstwo w nich towarów. Mają rzeczy, o których istnieniu nie wiedziałam.
J: W którym hotelu się zatrzymałaś, June?
A: Nie wiem. (Pauza) Chcesz, żebym się dowiedziała?
J: A możesz?
A: Jak tylko Al wróci. Powie mi.
J: Tak, zapytaj, jak się nazywa to miejsce. Podoba ci się twój pokój?
A: Tak. Miękkie łóżko. Kiedy tylko je ujrzałam, weszłam na nie i zaczęłam skakać w górę i w dół. Nigdy takiego nie widziałam.
J: Naprawdę wygodne.
A: (Po chwili) Tak. Z pewnością lepsze niż słoma.
J: Masz tam swoją łazienkę w pokoju?

61

A: Tak! Właśnie z niej skorzystałam i pociągnęłam za łańcuszek. Jak tylko napłynie tam woda, znowu za niego pociągam. Uwielbiam to obserwować.

J: *Woda po prostu leci i leci, co? Bez pompowania.*

A: Tak! Nie mam pojęcia jak ona dostaje się tam na górę. Al mówi, że są tam rury, nie mam się tym martwić. Teraz o nic już nie muszę się martwić, tak mówi. Po prostu bierz co tam jest i ciesz się tym. O nic nie pytaj; nie przejmuj się.

J: *Jak tutaj dotarliście?*

A: Ala samochodem.

J: *Czy to była długa podróż?*

A: Zajęło nam to chwilę. Zatrzymaliśmy się w interesach, tu i ówdzie.

J: *Widziałaś sporo terenów wiejskich?*

A: Podejrzewam, że wsi widziałam wystarczająco na całe moje życie. Nigdy nie marzyłam o czymś takim, jak Chicago.

J: *Naprawdę ci się tu podoba, co?*

A: Nigdy nie zamierzam opuścić tego miasta!

J: *Myślisz, że będziesz tutaj mieszkać przez resztę swojego życia?*

A: Tak, tak zamierzam!

Śliczna, zadowolona Alicja w Krainie Czarów. Wiemy, że mieszkała w hotelu Gibson, podczas gdy Ala dom, był budowany przy ulicy Jeziornej. Nasze badania dzisiejszych map, nie wykazały żadnej ulicy o takiej nazwie. Może obecnie nazywa się zupełnie inaczej. Jednakże, odkryłam, że około roku 1900, ogromne posiadłości dla bogaczy, zaczęto budować poza miastem, wzdłuż północnego brzegu jeziora Michigan i znane były jako: Złote Wybrzeże. Zaprzestano budowy podczas Pierwszej Wojny Światowej. Pasuje to do okresu, w którym jak twierdziła, jej dom był budowany. Innym powodem, dla którego myślę, że to ten sam przedział czasowy, jest moje znalezisko w archiwach gazet z tamtego okresu. Policja odkryła krematorium używane do palenia ciał, przez rywalizujących między sobą gangsterów. Było ukryte w jednej z posiadłości Złotego Wybrzeża, po stronie północnej.

Nawet po tym, jak Al i June wprowadzili się już do swojego domu, sprawy nie zawsze układały się pomyślnie, co pokazuje kolejne zdarzenie.

Została cofnięta do roku 1918.

J: Co robisz?
A: Och, niewiele. Próbuję czytać tę książkę, ale jest mi ciężko.
J: Dlaczego?
A: Cóż, nie czytam zbyt dobrze.
J: Och, próbujesz je polepszyć?
A: Nie chcę, aby ktokolwiek mówił, że nie potrafię czytać.
J: Jak się nazywa ta książka?
A: Biblia.
J: Och, chodzisz do kościoła, June?
A: (Z obrzydzeniem) Nie!
J: Cóż, to jest ... Biblia. Czytasz ją?
A: Pamiętam, jak czytano Biblię, kiedy byłam małą dziewczynką. Nie chcę nikogo prosić o książkę, a ta była pod ręką.
J: Gdzie jesteś?
A: W swoim pokoju.
J: W hotelu?
A: Nie, w domu. Tutaj była ta Biblia.
J: Czyj to jest dom?
A: To jeden z domów Ala.
J: (Pauza) Który fragment Biblii czytasz? Wybierasz sobie i od tego momentu czytasz? Czy całość, od początku do końca?
A: Cóż, kiedy tu usiadłam, pomyślałam, że pierwsza strona byłaby łatwiejsza od ostatniej. Ale żadna z nich nie ma sensu, więc je pomijam. Ci ludzie są z pewnością zabawni ... wszyscy w tej książce. Gdziekolwiek ją otworzę, zawiera różne postacie. Dziwna książka.
J: Czy trudno ją zrozumieć?

A: Nie, od razu ją rozpracowałam. Cholerni głupcy, byli szaleni.

J: (Śmiech) i to na tyle?

To na pewno wydawało się dziwnym poglądem, ponieważ Anita wychowywana była w wierze katolickiej, a jej dzieci uczęszczały do katolickiej szkoły. W jej obecnym życiu, z pewnością znała Biblię. Ponieważ 1918 rok był w trakcie Pierwszej Wojny Światowej, Johnny pomyślał, że zada jej kilka pytań odnośnie tego, żeby sprawdzić, czy wiedziała cokolwiek na ten temat. Jednak jej odpowiedzi sugerowały, że wojna nie miała żadnego wpływu na jej życie. Wspomniała coś o paradzie w mieście, ale zupełnie nie kojarzyła tego z wojną.

J: Często chodzisz do miasta?
A: Ja nie wychodzę za dużo. Al tak. Razem pływamy łódką po jeziorze.
J: Czy to jego łódź?
A: Och, ma ogromną łódź.
J: Lubisz żeglować?
A: Jeśli to nie jest za daleko. Lubię, kiedy mogę nadal widzieć stały ląd. Nie jestem rybą. Nie lubię wypływać, gdzie nie widać lądu.
J: Potrafisz pływać?
A: Nie, ale mogę utrzymać się na powierzchni.
J: Cóż, na tych dużych łodziach, są też małe łódki. W razie, gdyby coś się stało, możesz zawsze do nich wsiąść i dotrzeć na ląd.
A: Tak, wiem. Dokładnie to mi powiedział, ale wolę widzieć ląd, zanim wysiądę. Nie chcę oddalać się zbyt daleko. (Pauza) Och! (Potrząsnęła głową.)
J: O co chodzi?
A: Nie rozumiem niektórych z tych słów.
J: Nie potrafisz ich wymówić, co?
A: Cóż, to nie robi różnicy jak je wymawiasz, nie wiem co one znaczą.
J: Masz gdzieś słownik?

A: Co takiego?

J: *Słownik.*

A: Nie wiem. Co to takiego?

J: *Och, to książka, w której są zawarte wszystkie te słowa i wyjaśnione ich znaczenie.*

A: (Zdziwiona) Tak? Nigdy takiego nie widziałam.

J: *Sprawdźmy. Widziałaś w mieście bibliotekę? (Bez odpowiedzi.) Księgarnię?*

A: Widziałam okno wystawowe z samymi książkami, niczym więcej. To musiała być księgarnia.

J: *Tam prawdopodobnie mają jedną z tych książek, którą nazywamy słownikiem. W środku znajdziesz strony z wyrazami i opisane ich znaczenie.*

A: Ha! Zobaczę!

J: *I kiedy czytasz i natkniesz się na wyraz, którego nie znasz, otwierasz słownik, wyszukujesz go i sprawdzasz, co ono oznacza. Lub, co znaczą czyjeś wypowiedziane słowa.*

A: Acha! Wydaje mi się, że potrzebuję jeden z tych słowników. (Wypowiedziane: słow-nik) Jednak niektóre z tych słów, nie rozumiem.

J: *Przeczytaj mi kolejny akapit, na którym teraz jesteś.*

A: (Czytając jakby powoli i mozolnie.) On ... każe mi ... położyć się ... na zielonych ... pastwiskach. Teraz widzisz? To nie ma sensu. Nie chcę iść położyć się na pastwiskach. Wiesz co tam jest?

J: *Robaki?*

A: Żuki, patyczaki. Nie chcę tam iść. Próbuję, ale nie widzę nic szczególnego w tej książce. Nie wiem, dlaczego nazywają ją dobrą książką.

J: *Czy tak właśnie ją nazywają - Dobrą książką?*

A: Dorastając, nigdy nie słyszałam, żeby nazywano ją inaczej.

J: *Czy każdy miał jedną z nich?*

A: Tak, nawet my jedną mieliśmy.

J: *Och, wracając do czasów, kiedy byłaś małą dziewczynką? Czy kiedykolwiek próbowałaś ją czytać?*

A: Nie. Mój tatuś potrafił ją czytać. Zawsze znalazł w niej odniesienia, do wszystkiego, co chciał dowieść. Lubiłam ten 'zamknij się' wiersz.

J: *Wiersz 'Zamknij się'? Co to?*

A: Cóż, gdybyś zapytał go o coś i się nie uciszył, otworzyłby tą książkę i przeczytał, 'Czcij ojca swego i matkę swoją.' Potem zatrzasnąłby ją i powiedział, 'Wiesz co to znaczy? To znaczy, zamknij się!'

J: *(Ogromny śmiech) Och, często tak mówił, co?*

A: Tak, mówił tak praktycznie codziennie. Twierdząc, że często czyta Biblię. Ha!

J: *Gdzie jest ten dom, w którym teraz jesteś - w pobliżu miasta? Czy całkiem w śródmieściu?*

A: Cóż, ten dom nie jest aż tak bardzo na uboczu, ale policja zaczęła często pojawiać się w pobliżu i przeprowadziliśmy się tutaj na jakiś czas, dopóki sprawy nie przycichną.

J: *Czy policja często cię niepokoi?*

A: Często przychodzą i zadają mnóstwo pytań, działają sprytnie, straszą mnie. Ja się ich nie boję.

J: *O co pytali?*

A: Chcą wiedzieć wszystko na temat Ala. Dokąd chodzimy i z kim się spotykamy. Nie mogę nic, nikomu mówić. Al powiedział mi, żeby trzymać język za zębami na temat wszystkiego i tak robię. Nie powiedziałam im nic, kiedy mnie zapytali. Przyszli do mojego domu. Pytali o paczkę.

J: *Jaką paczkę?*

A: (Stanowczo) Nie powiesz policji, prawda?

J: *Nie*

A: Wrzuciłam ją do jeziora.

J: *Dobrze zrobiłaś. Nie znajdą jej tam. Co było w tej paczce?*

A: W środku była broń. Owinęliśmy ją taśmą, ręcznikiem i dołożyliśmy cegieł, to była spora paczka. Później wypłynęłam łódką i wyrzuciłam to.

J: *Jaką łódką wypłynęłaś?*

A: To była łódź turystyczna, widokowa.

J: *Czy wiesz, dlaczego policja chciała tą broń?*

A: Oni nie powiedzieliby mi nawet, że chodzi im o broń. Zapytali tylko czy mam paczkę. Twierdzili, że widzieli, jak Al wręczał mi ją. A ja powiedziałam, że nie mam pojęcia, o czym oni mówią. Nie powiem im. Al dobrze mnie traktuje i nic nie powiem.

J: Oczywiście.

A: Nie muszę gotować. Nic nie muszę robić.

Po przebudzeniu z tej sesji, podczas rozmowy, Anita wyznała, że sprawa z bronią miała na nią ogromny wpływ. Przez lata miała powtarzający się sen o wypływaniu łódką i wyrzucaniu czegoś za burtę. Założyła, że sen ten może dotyczyć przyszłości, bo był kompletnie bez sensu. Zapamiętała też inny, bardzo osobliwy incydent, który wydarzył się, gdy mieszkała w pobliżu Nowego Jorku. W trakcie wycieczki promem, z grupką innych kobiet, Anita poczuła niepokój. Stojąc cały czas przy barierkach i gapiąc się w wodę, poczuła nieodpartą potrzebę wrzucenia czegoś do wody. Niespodziewanie i w wielkim gniewie powiedziała do jednej z kobiet: 'Nie mam paczki. Daj mi swoją torebkę. Wrzucę ją!' Nie muszę chyba mówić, że nie pozwolili jej tego zrobić, ale nigdy nie mogła zrozumieć powodów swojego dziwnego zachowania.

Dlaczego miałoby to dręczyć ją w kolejnym wcieleniu? Czy może raczej fakt, że uczestniczyła w czymś nielegalnym po raz pierwszy, chociaż otaczali ją inni, zaangażowani w przestępstwa. Mogła odwrócić głowę i udawać, że tego nie ma, ale martwiło ją, kiedy sama brała w tym udział.

W dalszym biegu wydarzeń wkraczamy w okres 'ryczącej dwudziestki'.

J: Co porabiasz?
A: Dochodzę do siebie.
J: Byłaś chora?
A: Och, niezupełnie chora. Myślę, że to było coś co zjadłam lub wypiłam.

67

J: *Brzmi jakbyś była wczoraj na przyjęciu. Co piłaś?*

A: (Chwyciła się za głowę.) Nie wiem, co to było, ale smakowało okropnie!

J: *Gdzie odbyło się to przyjęcie?*

A: W hotelu. (Stękając) Nadal kręci mi się w głowie!

J: *Który to był hotel?*

A: Gibson. Mają tam ogromną jadalnię, przyjemne miejsce na imprezy.

J: *Mieszkasz w hotelu Gibson w tej chwili?*

A: Nie, mam własny dom.

J: *Gdzie?*

A: Dlaczego pytasz, to tutaj! Gdzie teraz jestem!

J: *Do czego zmierzam – jaki jest tutaj adres?*

A: Ulica Jeziorna.

J: *Czy masz numer domu?*

A: Nie, tylko ulica Jeziorna.

J: *Masz na myśli, że jeśli wysłałbym do ciebie kartkę, z życzeniami powrotu do zdrowia na ulicę Jeziorną, ty byś ją dostała?*

A: Hej! To by było miłe! Nigdy wcześniej nie dostałam niczego podobnego. Nigdy nie odbieram żadnej poczty!

J: *A ty wysyłasz?*

A: Nie. Do kogo miałabym napisać?

J: *Och, znasz wiele osób.*

A: Widzę ich każdego dnia. Po prostu, nie dostaję żadnych listów.

J: *Czy myślisz czasami o tym, żeby napisać do rodziny?*

A: Nie! Mogą chcieć mnie tam z powrotem. Nie chcę tego robić. Wolałabym zostać tutaj. Mam bardzo udane życie. Nie chcę tego teraz zepsuć.

J: *Ile masz lat, June?*

A: Chciałabym żebyś mnie o to nie pytał! Po prostu nie lubię o tym mówić!

J: *W porządku. Czy Al się ostatnio pojawił?*

A: Ubiegłej nocy, zabrał mnie na przyjęcie.

J: *Mam na myśli dziś rano. Wpadł zobaczyć, jak się czujesz?*

A: Jeszcze nie wstałam. Wydaje mi się, że jest w swoim pokoju. Może w ogóle dzisiaj nie będę wychodzić z łóżka.

J: Tak. *Może faktycznie powinnaś dzisiaj na spokojnie. Poznałaś wczoraj kogoś nowego?*

A: Cóż, paru mężczyzn, którzy tam byli. Byli też policjanci.

J: *Policjanci na twojej imprezie?*

A: Tak. To był jeden z powodów, dla których odbyła się ta impreza. Obserwują każdego i później wiedzą kogo nie ruszać. Jeszcze za dużo nie wiedzą. Ale lepiej, żeby mnie za nic nie zatrzymywali! Nie martwię się nimi!

J: *Czy ktoś was sobie przedstawił?*

A: Nie. Och, Al wskazał im na mnie. To zawsze sprawia, że czuję się zakłopotana. Rozmawiałam z nimi przez chwilę, ale nigdy nie zostałam im przedstawiona. Al powiedział, że nie musiałam z nimi rozmawiać. Mieli tylko wiedzieć kim jestem, żeby nigdy mnie nie nachodzili.

Czasy zdecydowanie zmieniły się od poprzedniego razu, kiedy to gnębieni przez policję, musieli wyprowadzić się ze swojego domu, do momentu, aż wszystko ucichło. Prohibicja stała się prawem w 1920 roku i wyglądało to, jakby policja za wszelką cenę próbowała to prawo egzekwować. Później dopiero, kiedy gangi przejęły większą kontrolę nad miastem, wszystko się pozmieniało. Często krążyły plotki o burmistrzu Chicago, wielkim Billu Tompsonie, który rzekomo w tych niespokojnych latach, opłacany był przez gangsterów. Wydaje się to zbieżne z tym, co powiedziała wcześniej June, na temat przyjęcia w domu burmistrza. W 1930 roku, kiedy zaczęto rozprawiać się z gangami, te powiązania okazały się prawdziwe. Nazywano go wówczas 'potrójnym sojuszem' pomiędzy gangami, policją, sędziami i politykami wysokiej rangi.

Przy innej okazji, kiedy rozmawialiśmy z June, też wróciła z imprezy i spała. Tym razem nie współpracowała z nami i nie chciała rozmawiać. Chciała, żebyśmy zostawili ją w spokoju i żeby sobie odespała. Kiedy ukazały się te dziwne okoliczności, pokazało nam to, że nigdy nie wiesz, dokąd uda się dana osoba podczas sesji regresyjnej. Dało to więcej dowodów na to, że rozmawialiśmy z żywą istotą ludzką i pokazało nam, jak bardzo Anita identyfikowała się ze swoją drugą osobowością. Tak więc Johnny, przeszedł do kolejnego okresu lat dwudziestych.

To zdarzenie zawiera opis tego, w jaki sposób działały gangi. Pokazuje też pierwsze oznaki, że zachorowała.

A: Nic dzisiaj nie robię. (Nonszalancko) Nie, nie sądzę, abym cokolwiek zrobiła. Po prostu mam ochotę na spokój.

J: Co wczoraj robiłaś?

A: Byłam za zakupach.

J: Co kupiłaś?

A: Och, kupiłam kapelusze i buty. To są srebrne buty.

J: Srebrne? Masz pasującą do nich sukienkę?

A: Robią ją dla mnie.

J: Założę się, że kosztowały dużo pieniędzy.

A: Lepiej w to uwierz. Zapłaciłam za nie dziewięć dolarów.

J: Nieźle! Powinny ci starczyć na długo.

A: Nie, one nie starczą na długo. Zużyję je tańcząc. Teraz, kiedy za długo tańczę, z trudem łapię oddech. Choć tak bardzo lubię tańczyć.

J: Co planujesz robić jutro, June?

A: Nie wiem. Jeszcze nie ma jutra. Może wyjdę gdzieś dziś wieczorem. Jutro będę odpoczywać. Nigdy nie wiem, czy będę gdzieś wychodzić czy nie. Wieczorami zostaję w domu i czekam na Ala. Jeśli przychodzi, wtedy idziemy gdzieś, jeśli on chce. Czasami spędzamy wieczory tutaj.

J: Był tu ostatnio?

A: Był tu poprzedniej nocy.

J: Podobały mu się buty i kapelusze które kupiłaś? Pokazałaś mu je?

A: Nie za dużo mu pokazuję. Po prostu to zakładam. Kiedyś pokazywałam mu wszystko, co kupiłam, jak małe dziecko. Teraz mówię mu, kiedy coś potrzebuję, albo po prostu idę i to kupuję. Jeśli mu się nie podoba, mówi mi o tym.

70

J: Och, ale nie wie o butach za dziewięć dolarów.
A: Ach, nie obchodzi go to. Pewnego razu kupił mi takie za $30. Powiedział, że robią nawet droższe od tych i że powinnam mieć, co chcę.
J: Za parę butów? $30 wydaje się być wystarczająco na zakup wielu par butów.
A: Cóż, śmiał się; powiedział, że niektórzy biedni frajerzy, nie mają tyle na jedzenie na cały miesiąc.
J: Tak, przypuszczam, że niektórzy z tych ludzi, pracują długie godziny za $30.
A: Nie ja! Nie ja!
J: Byłaś ostatnio na jakimś przyjęciu?
A: Cóż, zbliża się jedno w przyszłym miesiącu, ma być tam dziadek ich wszystkich. Mam dostać mnóstwo dodatkowej pomocy.
J: Zamierzasz wyprawić je tutaj u siebie?
A: Tak. Nie robię już tego zbyt często, ale wydaje mi się, że akurat będzie dobry czas na to.
J: Jaki to będzie rodzaj przyjęcia?
A: Cóż, moglibyśmy nazwać je Świętem Niepodległości, ale nie o to tak naprawdę chodzi. Będą petardy i wiele innych rzeczy, ale to są tylko przykrywki.
J: Przykrywki? O co chodzi tak naprawdę?
A: Zamierzają zabić dwóch mężczyzn. Przy garażu.
J: Al ci tak powiedział?
A: Nie, nie powiedział. Choć słyszałam, jak to mówił.
J: Co? Dwóch jego znajomych czy...
A: Cóż, dla mnie wydaje się to śmieszne zabić swoich przyjaciół, ale mówię ci, ja wierzę, że Al zabiłby własną matkę, gdyby tak mu pasowało. Nie możesz grać na dwa fronty.
J: Są to ludzie, z którymi pracuje i będą na przyjęciu?
A: Tak. Powiedział, pozwól temu ucichnąć na chwilę; niech myślą, że są wyjątkowo bezpieczni i że uszło im to na sucho.
J: Co oni takiego zrobili?

71

A: Cóż, nie jestem zbyt pewna. Miało to związek z jakimiś pieniędzmi i dziewczyną.

J: Och, myślisz, że ukradli mu pieniądze?

A: Tak myślę. Wydaje mi się, że pogrywali na dwa fronty. Pozwolili tej dziewczynie chodzić w miejsca, które nie powinna.

J: Myślisz, że to Al jest tym... który ma ich zabić?

A: Cóż ... już to zrobił na początku. Przypuszczam, że zrobił swoje i teraz już nie musi tego robić. Nie ryzykuje.

J: Ma kogoś, kto to dla niego wykona?

A: Wszystko, co musi zrobić to powiedzieć, 'Znasz taką osobę?' mężczyzna odpowiedziałby 'Tak.' A on na to, 'Słyszałem, że już za długo z nami nie zostaniesz.' Usłyszałam jego rozmowę z mężczyzną i rzekł, 'Wiem, że wychodzą na przyjęcie z okazji 4-ego lipca i słyszałem, że ma się wydarzyć wypadek.' zaśmiał się i powiedział, 'Tak, te skurwysyny już nie wrócą do domu.'

J: Jaki twoim zdaniem wypadek im się przytrafi?

A: Cóż, pomyślałam, że być może wszystkie te petardy mają zagłuszyć inny hałas. Być może, zamierzają ich zastrzelić.

J: Będą musieli coś z nimi zrobić, po tym jak ich zamordują.

A: Och, to nie jest żaden problem. Z łatwością można pozbyć się ciała.

J: Jak to robią?

A: Och, po prostu wrzucasz je do szybu z wapnem, tak żeby je całe przykrył i pozwalasz mu działać przez jakiś czas. To nie trwa długo.

To była niespodzianka. Moje pierwsze założenie było takie, że wrzucą ciało do jeziora, ponieważ są tak blisko wody. Najwyraźniej mieli lepsze sposoby.

J: To rozpuszcza ciało?

A: Och, mówią, że zżera wszystko doszczętnie.

J: Już to wcześniej robili?

72

A: Słyszałam, jak o tym rozmawiali. Kiedy mój mały pies ugryzł Ala, powiedział, że wrzuci go do jednego z tych szybów i nie zamierza okazać mu łaski, poprzez uprzednie oddanie strzału. Jednak tego nie zrobił.

J: Jakiego masz psa?

A: Cóż, około roku temu musiał zostać uśpiony, ale był przesłodkim małym psiakiem. Znalazłam go na ulicy i zabrałam ze sobą do domu. Al nigdy nie lubił tego psa. Przez cały czas szczekał i warczał na niego. Doszło do tego, że kiedy Al był w domu, musiałam trzymać psa z dala od niego, w garażu czy gdziekolwiek indziej. Któregoś dnia, wpadł do mnie przelotem, a pies był akurat ze mną w pokoju i chciał go rozszarpać. Wtedy właśnie zagroził, że się go pozbędzie.

J: To był mały piesek?

A: Och, wydaje mi się, że był średniej wielkości psem; nie za duży, nie za mały. Nie podobają mi się te psy, co wyglądają jak szczury.

J: Nazwałaś jakoś tego psa?

A: Cóż ... miał imię. Nazwałam go Piotr. Nie mam pojęcia, dlaczego, wydawało się być dobrym imieniem dla niego. Al powiedział, że to zwyczajnie wulgarne, ale nie miałam tego na myśli. Był przemiłym małym pieskiem. Tak czy inaczej, tak go nazywałam. Lubiłam tego psa. Wiesz, ten pies nigdy, nikomu, nie pozwolił mnie dotknąć. Siedział i płakał przez cały ten czas, kiedy był w garażu.

J: Powiedziałaś, że znalazłaś go na ulicy?

A: Tak. Jechaliśmy samochodem, a on leżał z boku drogi, skomląc. Pomyślałam, że może został potrącony. Chciałam się zatrzymać i zabrać go do lekarza. Kiedy go podniosłam, zobaczyłam, że był tylko głodny. Wyglądał, jakby kości miał w całości; gubił sierść. Al powiedział, że to najbrzydsza rzecz, jaką widział. Pies zaczął od razu na niego warczeć. Powiedziałam mu, co mój tata powtarzał: że pies odróżnia dobrych ludzi, od złych.

J: Co na to Al?

A: Dlaczego pytasz, powiedział mi, że skoro warczał tylko na złych ludzi, byłam tak samo zła jak on. Tylko się zaśmiałam. Ja wiem lepiej. Czasami było z tego powodu zamieszanie, ale zatrzymałam tego psa i w krótkim czasie, biegał dookoła swawolnie. Sierść odrosła ładna i gładka.

J: *Dużo jej stracił?*

A: Tak. Nie wypadała miejscowo, jak to bywa ze starości, ale sierść była przerzedzona, wysuszona i łamliwa. Kąpałam go w wannie i prawie codziennie karmiłam mlekiem i jajkami. Mieliłam mięso dla niego. Al powiedział, że traktuję tego psa lepiej, niż jego.

J: *Mówisz, że musiałaś go uśpić?*

A: Cóż, wybiegł kiedyś na zewnątrz i został potrącony na podjeździe, jego łapka została zmiażdżona. Był stary, a kiedy lekarz go obejrzał, stwierdził, że już nigdy nie będzie taki sam. Nie mogłam znieść widoku mojego małego, cierpiącego towarzysza. Wiem, jak to jest, jak tak bardzo uwielbiasz wychodzić. Kiedy ja nie mogę się podnieść i wyjść, boli mnie to; i płaczę. Nie mogłabym mu tego zrobić - czasami chciałabym, żeby i mnie ktoś uśpił.

J: *Dlaczego, June?*

A: Och, w niektóre dni czuję się naprawdę dobrze. Mam dni, kiedy ciężko mi oddychać. Zaczynam kaszleć i kaszleć do utraty tchu.

J: *Czy kiedykolwiek kasłałaś razem z krwią?*

A: Tak, czasami. Od czasu do czasu, tylko małe plamki.

J: *Co na ten temat mówi lekarz?*

A: Mówił, że to dlatego, że kaszlę tak mocno i podrażniam gardło. Ale to klatka piersiowa mnie boli.

J: *Od dawna masz ten kaszel?*

A: Cóż, zaczęło się od przeziębienia parę lat temu i kaszel nie przechodził. Zaczyna być coraz gorzej, a ja nie cierpię tego. To sprawia, że czuję się słaba.

J: *Może powinnaś położyć się do łóżka i odpocząć przez kilka dni?*

A: Cóż, w tej chwili nie mogę dniami leżeć w łóżku. Mam odleżyny na plecach od tego, ile mi każą leżeć. Więcej odpoczywam, to wszystko. Po chwili już czuję się dobrze. Głos staje się czasami głęboki.

J: *Och, to także wpływa na twój głos?*

A: Na to wygląda, czasami jest mi trudno rozmawiać. Już nie rozmawiam tyle, co kiedyś, jak byłam młodsza. (Głośniej) To znaczy, nie żebym była stara!

J: *Och, nie! Dlaczego, nie wyglądasz na więcej niż ... 35.*

A: Tak? Dzięki!

J: *A masz więcej niż 35?*

A: A wyglądam?

J: *Nie.*

A: No to nie mam! Mężczyzna jest tak stary, na ile się czuje, a kobieta jest tak stara, na ile wygląda!

J: *(Pauza) W jaki sposób zamierzasz się przygotować do przyjęcia z okazji Dnia Niepodległości?*

A: No wiesz, będą fajerwerki, kupię coś o picia, jak sądzę. Przyjdą też ludzie, którzy będą grać muzykę.

J: *Kapela?*

A: Tak, przypuszczam, że tak się ich nazywa – cztery lub pięć osób. Będę mieć dwóch dodatkowych kucharzy.

J: *Co planujesz zaserwować?*

A: Dlaczego pytasz, pomyślałam, że wystawiłabym pieczoną szynkę, krojoną w plastry. Do tego wszystko, co do niej pasuje.

J: *Dobre. Prawie każdy lubi szynkę. Zastanawiam się jak bardzo lubi ją dwóch mężczyzn, którzy nie wyjdą z imprezy żywi?*

A: Al zapytał ich, co lubią jeść. Oni myślą, że będą bardzo ważnymi gośćmi. Al powiedział im, że nie będzie tam nikogo, komu zrobiłby to, co im tamtej nocy.

J: *(Śmiech) Ale nie powiedział, co zamierza zrobić z nimi, prawda?*

A: Nie, nadęli klatki piersiowe i można było stwierdzić, co sobie pomyśleli, że dostaną awans. Al powiedział, że gdyby postąpili, jak należy, mogli się wybić o wiele wyżej.

Ci podwójni uczestnicy byli bardzo zabawni, ale głos Anity stał się napięty i gasnący. Jęknęła, 'Och ... moja klatka piersiowa boli.' Później jej głos zaczął brzmieć ochryple.

J: Czy twój kaszel jest gorszy latem czy zimą?
A: (Jej głos brzmiał poważnie) Cóż, jest o wiele gorzej zimą, jak sądzę. Och ... (brzmiała, jak gdyby ją bolało).
J: Być może siedzenie na zewnątrz w słońcu, choć trochę pomoże?
A: (Próbowała oczyścić swoje gardło.) Tak sądzę, mówią, że...

Jej głos stał się tak ochrypły, że trudno ją było usłyszeć. Potem zaczęła kaszleć.

J: Wydaję się, że lekarze mieliby jakieś lekarstwo, które się tym zajmie.
A: Nie, niezbyt działa. Czasami tak, czasami nie. (Brzmiała słabo.)

Johnny przesunął ją do przodu w czasie, aby zmniejszyć dyskomfort. Jak tylko skończył odliczanie, jej głos był w porządku.

J: Policzę do trzech i przejdziemy do 1930 roku. (Policzył) Jest 1930 rok; co teraz robisz?
A: Nic nie widzę.
J: Nie? ... Ile masz lat?
A: (Rzeczowo) Nie wydaje mi się, żebym była czymkolwiek.

Do tego momentu, była tak konsekwentna, że jedynym wyjaśnieniem, do którego mogliśmy dojść, było to, że nie była już wcieleniem June/Carol. To oznaczało, że musiała umrzeć przed rokiem 1930, ale kiedy i jak? To także, poruszyło interesującą kwestię. Jeśli Anita jedynie zmyślała historie, aby zadowolić hipnotyzera (jak sugerowano), dlaczego nie kontynuowała? Dlaczego nagle nic nie widziała, kiedy Johnny przeniósł ją do 1930 roku? Jeśli faktycznie zmarła wcześniej, musiałby ją cofnąć, aby dowiedzieć się o okolicznościach jej śmierci. Jednakże, trzeba by to zrobić ostrożnie, aby nie zaszczepiać pomysłów w jej głowie. Bez ujawniania tego, co myśli na temat tej sytuacji, cofnął ją znowu do roku 1927.

J: Jest 1927 rok. Co teraz robisz?
A: Jadę swoim samochodem. (Najwyraźniej powróciła do swojego życia jako June.)
J: Dokąd jedziesz?
A: Po prostu jadę, najszybciej jak się da ... Jestem wściekła. (Brzmiała tak.)
J: Dlaczego jesteś wściekła?
A: Nie widziałam Ala. Nie odbiera telefonu. Już od trzech dni. Powiedział, że był zajęty pracą.
J: Być może musiał wyjechać z miasta?
A: (Sarkastycznie) Często słyszę tą historyjkę.
J: Dokąd jedziesz?
A: Po prostu drogą przed siebie, poza miasto.
J: Jak szybko jedziesz?
A: Och, dość szybko – prawie 30.
J: Ile masz teraz lat? Jest 1927? Masz około 50?
A: Blisko. Bliżej niż bym to przyznała. Nawet farbując się, nie zakryjesz zmarszczek. Zafarbujesz włosy, ale zmarszczki widać. (Wydawała się być bardzo przygnębiona.)
J: Dlaczego? Zaczęłaś dostawać zmarszczek?
A: Tak. Już nie jestem ładna. Byłam piękna, ale nie teraz. Stara i pomarszczona. Nie za dobrze. Nic, nigdy nie było dobre. (Brzmiała bardzo smutnie.)
J: Cóż, miałaś szczęście, żyłaś naprawdę, pełnią życia.
A: Tak. Ale nic nie osiągnęłam. Nie zrobiłam nic dla innych. Mogłam wysłać pieniądze swojej matce. Mogła z nich skorzystać ... a wydałam je na siebie.
J: Nadal jedziesz samochodem?

A: (Przygnębiona) Nie, zatrzymałam się nad jeziorem. Jest prawie ciemno, choć niezupełnie. Jakoś inaczej dzisiaj.

J: Jak inaczej?

A: (Bardzo smutna) Chcę wskoczyć do wody, ale się boję ... Stoję blisko wody. Patrzę na nią.

Wiedzieliśmy, że musiała umrzeć, jakoś w późnych latach dwudziestych. Czy popełniła samobójstwo? Johnny wiedział, że nie może jej tak po prostu zapytać, aby nic jej nie zasugerować. Postanowił więc, nie przerywać rozmowy i pozwolić jej opowiedzieć własną historię, bez żadnego wpływu z naszej strony.

J: Jaka jest pora roku?

A: Późna wiosna. Widzę bzy i krzewy dookoła. (Długa pauza) Chcę iść do domu, ale nikogo tam nie ma. ... Jestem zupełnie sama. ... Ala widuję tylko czasami.

J: Założę się, że jeśli pojedziesz z powrotem do domu i zadzwonisz do niego, przyjedzie tam.

A: (Szeptem) Nie sądzę. Po prostu jest miły, ponieważ nie chce, żebym mówiła. On wie, że nie będę. Wie, że go kocham.

Wyglądało na to, że nie zamierzała powiedzieć nam, co się stało. Johnny nie chciał nic wymuszać, więc musiał kontynuować, żeby dowiedzieć się, co się wydarzyło. Z kolejnych sesji jasno wynikało, że nie zabiła się tamtej ciemnej nocy, choć musiała być wyjątkowo przygnębiona, aby o tym pomyśleć.

W kolejnym biegu wydarzeń, odnosi się do podróży, którą odbyła. Przy dwóch różnych okazjach, w odstępie kilku miesięcy, wspomniała o tej samej podróży, tak więc połączyłam je razem, jako że, w zasadzie, zawierały te same fakty. June oczywiście była chora i wyglądało na to, że zbliżała się do końca swojego życia.

Johnny cofnął ją do późnych lat dwudziestych i ledwo skończył odliczanie, kiedy zaczęła mocno kaszleć, bez ustanku. Kontynuował, gdy przestała.

J: Jak się czujesz, June?

A: (Z wahaniem) Czuję się słabo. Próbuję poczuć się lepiej.

J: Co ci dolega?

A: Złapałam małe przeziębienie, jak sądzę. Nie mogę oddychać. Jestem chora ... od ponad tygodnia. Około tygodnia temu. Nie myślałam, że kiedykolwiek tutaj wrócę.

J: Gdzie byłaś?

A: Och, pojechałam w podróż z Alem. Mieliśmy jechać do Nowego Jorku, ale nie dotarliśmy. Zatrzymaliśmy się w Detroit.

Najwyraźniej June zachorowała w drodze i dlatego, nigdy nie dojechali.

J: Detroit? To kawał drogi stąd.

A: Przysięgam. Nie jest tak fajne, jak Chicago ani trochę. Nie jak u nas! To miasto lubię bardziej.

J: Nie jest też tak duże, prawda?

A: Nie wiem. Wygląda na duże, ale nie ma w sobie tej klasy, co ma Chicago. Nigdy nie chcę stąd wyjeżdżać. My pojechaliśmy w sprawach służbowych, choć był to udany czas i kupiłam mnóstwo rzeczy.

J: Kto z wami pojechał?

A: Och, ta dziewczyna z mężem i Al. To miała być biznesowa podróż, ale żeby nie wyglądało to, jak dwóch mężczyzn samotnie podróżujących, pojechałyśmy z nimi. I wzięliśmy ze sobą tej dziewczyny ... wydaje mi się, że to była jej kuzynka lub siostrzenica ... mała dziewczynka z nami. Al stwierdził, że wyglądamy jak duża, szczęśliwa rodzina.

Odkryłam, że w tym czasie w Detroit, istniał gang zwany 'Purpurowy Gang'. Czy to był powód, dla którego nie chcieli ujawniać 'służbowej' wycieczki?

J: To długa wycieczka do Detroit, prawda?

A: Tak długa... zajmuje sporo czasu. Jechać tak daleko cały dzień, może cię zmęczyć.

J: Czy ta druga kobieta jest twoją bliską przyjaciółką, czy dopiero co się poznałyście przed wyjazdem?

A: Cóż, znam ją. Przychodzą do nas do domu. Ona nie jest tak naprawdę przyjaciółką. Bywają tu często w sprawach biznesowych.

J: Masz tu wielu przyjaciół?

A: Cóż, Al nie chce, żebym zaprzyjaźniała się z pewnymi osobami. Widuję ludzi. On często ich tu przyprowadza. Ale nie zbliżam się, do nikogo.

J: Masz na myśli, że są to głównie biznesowi przyjaciele Ala?

A: Tak i ich dziewczyny. Uważaj co mówisz, nawet do nich.

Znowu zaczęła gwałtownie kaszleć.

A: To przeziębienie, wydaje się nie przechodzić. Myślę, że moje płuca są słabe. Czasami trudno mi oddychać.

J: Cóż, wydaje mi się, że światło słoneczne prawdopodobnie bardzo pomoże. To jest tak samo dobre, jak przyjmowanie leków.

A: Myślę, że nawet lepsze. Lekarstwa czasami powodują senność. Naturalne jest lepsze, po prostu odpoczynek.

J: Czy lekarz przyszedł cię zbadać?

A: Och, było ich tu dwóch lub trzech, od kiedy zachorowałam.

J: Co mówią, jest nie tak z tobą?

A: Nigdy, nic mi nie mówią. Tylko podają zastrzyki i lekarstwa. To sprawia, że dużo śpię.

J: Jak się nazywa twój lekarz? Masz swojego lekarza, który cię prowadzi?

A: Nie widuję go. On poprosił innego lekarza, żeby mnie zbadał i stwierdził co mi jest. Tamten, zna się na tym lepiej.

J: *Och, różni lekarze, pracują w różnych dziedzinach. Jeden doktor, może wiedzieć więcej na temat chorób, a drugi, złamanych kości.*

A: Ten akurat nie jest zbyt mądry.

J: *Nie?*

A: Nie, nie jest! On myśli, że ja wyjadę z Chicago. On w ogóle nie jest mądry. Nie ruszam się stąd. Tak on mówił, o gorącym, suchym klimacie. A ja mu powiedziałam, że mieszkałam na suchej, gorącej farmie. I nie dało mi to nic dobrego! Tutaj mi się podoba.

J: *Jak się nazywa ten doktor?*

A: Cóż, wydaje mi się, że Brownlee.

J: *Dopilnuję, żeby się u niego nie leczyć.*

A: I dobrze! On chce każdego wysyłać do Arizony.

J: *Arizony? Gdzie to jest?*

A: Bóg wie. Na samym końcu ziemi, jak sądzę. Od razu go zapytałam, czy to w Chicago? A on się zaśmiał i odpowiedział, że nie. Na co Al odrzekł, zapomnij o tym, ona nie pojedzie.

J: *Gorący, suchy klimat. Co na to twój lekarz pierwszego kontaktu?*

A: Cóż, powiedział mi, że powinnam zrobić cokolwiek ten człowiek mi każe. A ja go zapytałam, czy są w zmowie. Że na pewno chodzi o sprzedaż ziemi w Arizonie. Ta dziewczyna zostaje w Chicago. Podoba mi się.

J: *Jak się nazywa twój lekarz pierwszego kontaktu?*

A: Och, to Lipscomb.

Później napisałam do amerykańskiego stowarzyszenia medycznego, z zapytaniem, czy któreś z owych nazwisk, pojawiło się wśród praktykujących lekarzy w Chicago, w latach dwudziestych. Odpisali następująco: 'James W. Lipscomb, M.D (lekarz), zmarł 25 kwietnia 1936 roku w Chicago.' Nie mogli zidentyfikować Brownlee. Data śmierci Lipscomba wskazywała na to, że prawdopodobnie prowadził praktykę lekarską w danym czasie, a jego nazwisko nie było powszechne. To, że nie zidentyfikowano Brownlee, nie było dziwne, dlatego, że jako specjalista, mógł przyjechać skądkolwiek. Także, nie była ona do końca pewna jego nazwiska. Kiedy podejmujesz się tego trudnego zadania, aby zweryfikować podobne informacje, każdy drobiazg, który się sprawdza, jest niczym znalezienie diamentu w piasku. Zapytaj każdego, kto próbował odtworzyć drzewo genealogiczne swojej rodziny.

J: Czy Lipscomb jest dobrym lekarzem?
A: Cóż, tak myślałam do czasu, kiedy przyprowadził tego drugiego tutaj. Żadnemu z nich nie wierzę. On powiedział, że zimna pogoda mi szkodzi. A ja lubię zimno.
J: Masz problemy z gardłem?
A: Po prostu nie mogę dobrze oddychać i dużo kaszlę.
J: Ale twierdzisz, że boli cię cała klatka piersiowa?
A: Kiedy kaszlę, wtedy boli.
J: Czy na zewnątrz jest zimno i wilgotno?
A: Cóż, mieszkając nad jeziorem, jak sądzę, jest na wciąż wilgotno; tak mówią. Mi to nie przeszkadza. Lubię to.
J: Jaki jest miesiąc?
A: Grudzień.
J: Leży śnieg?
A: Kilka płatków.
J: To pewnie nie pomaga na ten kaszel i oddychanie.
A: Nigdy nie szkodziło. ... (Stała się podejrzliwa.) Nie jesteś lekarzem, prawda?
J: Nie. ... Ale zapamiętam nazwisko tego człowieka, który próbował sprzedać ziemię w Arizonie.
A: Głupiec!

Rozdział 5
Śmierć June/Carol

To było oczywiste, że zdrowie June znacznie się pogorszyło, choć do końca zachowała swoje poczucie humoru. Kolejne dwa, krótkie epizody, potwierdziły, że chora przeleżała w łóżku cały lipiec 1927 roku. Zawierały one, zasadniczo te same dane, co podane tutaj.

J: Jest 27-ego lipca, 1927 roku, co teraz robisz?
A: (Jej głos brzmiał jakby mówiła szeptem.) Leżę w łóżku.
J: Jak się czujesz? Złapałaś przeziębienie?
A: Nie, Po prostu jestem chora ... zmęczona. Bardzo słaba.
J: Czy lekarz był cię przebadać?
A: Przychodzi codziennie. Daje mi zastrzyki.
J: Kiedy według lekarza poczujesz się lepiej?
A: Mówi mi, że w każdej chwili ... ale ja, czuję się słabiej każdego dnia.
J: Czy on wie, co ci dolega?
A: Nie, nie wie. Ale ... mówi, że to mój wiek. Wyobrażasz to sobie! Powiedziałam mu, że mam 40 lat, a on tylko się zaśmiał. Wie lepiej. Al przychodzi do mnie każdego dnia, przynosi kwiaty. Powiedział, że jest mu przykro, że się nigdy nie pobraliśmy.
J: Nadal jest ze swoją żoną?
A: Tak. Nigdy nie mógłby się z nią rozwieść i odejść. Nie mógł tego zrobić. Chciał, ale po prostu, nie mógł.

Johnny przesunął ją o kolejny dzień do przodu, na 28-ego lipca i bardzo się zdziwił jej reakcją.

J: Jest 28-ego lipca, 1927 roku. Co robisz?
A: Jestem znów wolna!
J: Wolna? Gdzie jesteś?

83

A: Unoszę się w powietrzu i czekam. Jestem w domu.

J: *Co widzisz w tym domu?*

A: Wszystko, Ala. On płacze.

J: *Czy ty też tam jesteś?*

A: Jestem w łóżku. Patrzę na siebie.

J: *Och? Jak wyglądasz?*

A: (Rzeczowo) Przypuszczam, że wyglądam, jak każde inne zwłoki.

J: *(Zszokowany) Masz na myśli ... jesteś martwa?*

A: Tak.

Tego się nie spodziewaliśmy. Naprawdę nie wiem, na co liczyliśmy i co według nas mogło się wydarzyć, gdyby została cofnięta do momentu swojej śmierci. Jednakże, rozmawiała z nami w ten sam sposób, jak wtedy, kiedy żyła jako June/Carol. Jej osobowość pozostała nietknięta, jakby nie było żadnej różnicy. Johnny miał trudności z konstruowaniem odpowiednich pytań. W końcu, w jaki sposób rozmawiać z nieboszczykiem?

J: *Od czego umarłaś?*

A: Moje serce ... i krew. Zakrztusiłam się krwią. Pamiętam, jak rozmawiałam i nie przestawałam się dusić. Al się rozpłakał. A lekarz zrobił wszystko, co mógł, ale ja zmarłam. I widzę siebie.

Tak bardzo zaniepokoiło to Johnnego, że postanowił przejść do kolejnej sceny. Nie był w stanie zachować obiektywnego podejścia, do momentu przyswojenia tak wstrząsających informacji. I za każdym razem, kiedy zabierał ją do czasu późnych lat dwudziestych, powracała do tego samego stanu, w którym była albo martwa, albo unoszącą się duszą. Ostatecznie, nauczyliśmy się z tym radzić i zadawać obiektywne pytania. O co pytamy ludzi po ich śmierci? Kiedy minął szok, otworzyło to przed nami bogactwo możliwych informacji. Należy pamiętać, że nasz eksperyment z reinkarnacją, odbył się długo przed pojawieniem się jakichkolwiek książek, które pomogły by nam uporać się z daną sytuacją. Jak sądzę, mogliśmy przestraszyć się takiego obrotu spraw i przestać pracować z Anitą, aczkolwiek nasza ciekawość była ogromna.

Z innej sesji:

A: Jestem na cmentarzu. Nie, to nie cmentarz. Jest ze mną tutaj kilka osób - to grób rodzinny. Widzę siebie, ale jestem już pochowana.

J: Widzisz tych ludzi?

A: Nie, ale wiem, że tutaj są. Z niektórymi z nich rozmawiam. Mówiliśmy o żonie Ala. Ona nie chciała, żeby mnie tu pochowano. Powiedziała, że z tego wszystkiego, ja na ich rodzinnym cmentarzu, to największa zniewaga.

J: Z kim rozmawiasz?

A: Cóż, to matka Ala. Tak myślę, że to jego matka. Nie żyje dłużej niż ja. Powiedziała mi, że nie ma się czego bać. Ten cmentarz ... leży na jej ziemi. Dom został sprzedany, ale zachowano kawałek gruntu, specjalnie pod ten cmentarz. Nie chcieli być niepokojeni, przez nikogo.

J: Czy to jest w samym Chicago?

A: Och, nie. Kawałek drogi poza miastem, na terenach wiejskich. Kilkanaście mil. To było takie zabawne, ponieważ myślałam, że będę musiała tutaj zostać i na początku byłam przerażona. Wtedy jego matka zaczęła ze mną rozmawiać, tłumaczyć mi wszystko, żebym się nie bała.

J: Pamiętasz co się stało?

A: Cóż, pamiętam, że byłam bardzo chora i nie mogłam oddychać. I nagle już nic nie czułam. A wszyscy, co stali przy moim łóżku, zaczęli płakać. I przeraziło mnie to, że widziałam siebie tam leżącą. Na początku, to było dziwne. Potem nadal byłam w tamtym ciele. Myślałam, że muszę. Nie wiedziałam, że mogłam je opuścić.

J: Czy wtedy właśnie, zobaczyłaś Ala matkę po raz pierwszy?

A: Tak. Zobaczyłam ją na cmentarzu. Bałam się, że będę musiała zostać w tamtym ciele i nie chciałam być pochowana. Byłam okropnie przerażona. Ale już nie jestem. Ona powiedziała mi, że nie muszę zostać na cmentarzu. Że mogę iść, gdzie chcę. Robić, co tylko chcę. Mówią, że są rzeczy, które będę musiała później wykonać, ale póki co, nic nie kazano mi robić.

J: *Ona ci tak powiedziała?*

A: Tak. Ona mi o tym mówiła. Długo rozmawiałyśmy.

J: *Czy ona teraz tam jest?*

A: Nie, poszła gdzieś. Zapytałam ją, dokąd idzie, a ona próbowała mi wyjaśnić, ale nic nie rozumiem.

J: *Co powiedziała?*

A: Że czasami każą nam coś zrobić, wtedy idziesz i to robisz. Właśnie ją zapytałam, co by było, gdybym nie chciała tego zrobić. A ona zaśmiała się i powiedziała, że na pewno bym chciała. Nikt nigdy nie powiedział mi, że muszę coś zrobić. Nic na ten temat nie wiem.

J: *Twierdzisz, że jesteś teraz na cmentarzu. Czy możesz zobaczyć, gdzie jesteś pochowana?*

A: Tak. Mam krzyż.

J: *Czy jest tam coś napisane na krzyżu?*

A: Moje imię. I jest napisane, 'Tutaj spoczywa moja ukochana.' I jeszcze, 28 lipca, 1927 roku.'

J: *Jeszcze coś?*

A: Tylko to. I moje imię: June ... Gagiliano.

J: *Gagiliano? Myślałem, że nigdy się nie pobraliście!*

A: On mnie kochał, choć nie mógł mnie poślubić.

J: *Ale podarował ci swoje nazwisko po śmierci.*

A: Tak ... Zanim umarłam, powiedział, że to zrobi. Powiedział, że to jego ostatni prezent.

Nic dziwnego, że Ala żona była wściekła. Nie dosyć, że pochował ją na rodzinnym cmentarzu, to jeszcze dał jej swoje nazwisko.

Podczas innej sesji:

J: Co robisz, June?

A: Siedzę w ogrodzie. To był mój dom.

J: Ten dom był twój?

A: Tak. Chciałabym tu zostać.

J: A nie możesz?

A: Nie. Muszę pójść w pewne miejsca. Mogłabym tu zostać, tylko wtedy, gdyby mi pozwolili. Ten dom był moim pałacem.

J: Czy ktoś ci powiedział, że musisz go opuścić?

A: Nie wolno pozostać w domu i straszyć ludzi.

J: Kto tak powiedział?

A: Ala matka.

J: Co się teraz dzieje z twoim domem?

A: Pakują moje rzeczy.

J: Kto?

A: Al, nikomu nie pozwoli dotknąć moich rzeczy.

J: Co zamierza z tym zrobić?

A: Nie wiem. Podejrzewam, że je odda. Myślę, że niektóre z nich zachowa na zawsze. Wkłada wszystko do pudeł i bagażnika.

J: Być może, zabiera to do siebie do domu.

A: Nie wiem. On nie przestaje mówić. Nie wie, że ja go słyszę. Powtarza, że mnie kochał, że nikt nigdy tyle dla niego nie znaczył. Chce, żebym wróciła. Chociaż ja, tak naprawdę, nie chcę wracać.

J: Nie? Myślałem, że lubiłaś swoje życie.

A: Lubiłam. Lepiej nie martwić się, że tu jestem. Pewnego dnia, on też tutaj będzie. Każdy tu przychodzi.

J: Mówisz, o przychodzeniu tutaj. Gdzie jest tutaj? Jesteś w ogrodzie.

A: Przechodzenie na ten świat. Każdy umiera, ale dusza jest znowu wolna. Jeszcze nie wiem wszystkiego. Muszę więcej się uczyć. Ale to miłe uczucie tutaj być.

J: A skąd ty przychodzisz?

A: Znikąd. Przemieszczam się to tu, to tam.

J: Jak jest w świecie, w którym teraz jesteś? Gorąco?

A: Och nie.

J: Jest zimno?

A: Nie, jest w sam raz.

J: A jak się poruszasz? Unosisz się w powietrzu, czy...

A: Po prostu decyduję się, gdzie chcę być i tam jestem. Wydaje się, jakbyś poruszał się pod wpływem czarów. Nie rozumiem tego; Po prostu, to się dzieje. Ale mówią, że zrozumiem.

J: Szybko się poruszasz?

A: Och, tak lub jeśli chcesz, możesz wolno.

Z innej sesji:

J: Co robisz?

A: Czekam, aż Al tu przyjdzie.

J: Gdzie jesteś?

A: Siedzę tutaj na cmentarzu, czekam.

J: Czy Al tu zaraz będzie?

A: Nie powinno to zająć długo. Myślę, że za niedługo.

J: W jaki sposób określasz czas?

A: Po prostu to wiesz. To nie tak, jak było, kiedy musiałeś robić wszystko wedle harmonogramu.

J: A więc według ciebie, niebawem będzie tutaj?

A: Zanim skończy się ten rok.

J: Skąd wiesz, że niedługo tu się znajdzie?

A: Jego matka mi powiedziała. A kiedy poszłam go zobaczyć, można to było stwierdzić.

J: Skąd to wiedziałaś?

A: Po prostu spojrzałam na niego i już wiedziałam.

J: To znaczy, popatrzyłaś na niego i to wystarczyło, żeby stwierdzić, że będzie tu razem z tobą już wkrótce?

A: Tak. Mogłam to wyczuć.

J: Czy możesz opisać to uczucie lub w jaki sposób na ciebie wpływa?

A: Nie wiem, jak sprawić abyś zrozumiał. Po prostu patrzysz na kogoś i czujesz to, tak samo jak znasz jego imię i wszystko, co można o tej osobie wiedzieć. Nawet o wiele więcej niż tylko to. To tak, jakbyś wiedział, ile ma wzrostu, jakiego koloru są jego włosy i po prostu wiesz, że będzie tam razem z tobą. Możesz opowiedzieć o przeszłości i ... o wszystkim.

J: Twierdzisz, że możesz zobaczyć jego przeszłość?

A: Czasami tak. Mogłabym wiele powiedzieć o Alu, więcej niż kiedykolwiek wiedziałam o nim, w ciągu tych wszystkich lat bycia razem. Ponieważ wcześniej, kiedy coś mi mówił, musiałam albo w to uwierzyć i wątpić, albo pomyśleć, że to nieprawda i nadal się nad tym zastanawiać. Teraz tylko na niego popatrzę i już wiem.

J: Powiedz mi, czego dowiedziałaś się o Alu, czego nie wiedziałaś wcześniej?

A: Cóż, wcześniej zawsze mi mówił, jak bardzo mnie kocha, ale czasami był taki nienawistny. Nigdy nie wiedziałam tak naprawdę, czy kochał mnie, czy nie. Teraz wiem, że zawsze, bardzo mnie kochał. A ja martwiłam się, kiedy go nie widziałam, zastanawiałam się, gdzie przebywał i czy miał inną dziewczynę. I kiedy spojrzałam na niego, po prostu wiedziałam. Nigdy nie kochał nikogo innego, prócz mnie.

J: Ale on był żonaty i miał dzieci.

A: Tak, tak. Ale nie był z nią szczęśliwy. Nie jestem już o nią zazdrosna. Byłam. Chciałam, żeby mnie poślubił, ale teraz wiem ...

J: Czy możesz spojrzeć na Ala i zobaczyć czym się zajmował?

A: Tak. Mogłabym zobaczyć. (Smutno) Och, zajmuję się złymi rzeczami, wszelkiego rodzaju. Zawsze mi mówił, żeby go o nic nie pytać. Coś tam wiedziałam, ale nie chciałam wiedzieć o niczym złym. (Prawie szlochając) Tak więc, po prostu o tym nie myślałam. A kiedy się dowiedziałam, byłam bardzo zraniona. Nie wydaje mi się, żeby się od tego uwolnił. Zabiją go, zanim to się skończy.

J: Czym się zajmuje?

A: Cóż, wytwarza rzeczy, których nie powinien. Odpowiada za wiele spraw, które nie są w porządku. Transportuje kobiety tam i z powrotem.

J: Dokąd?

A: Różne miasta, stany. Nazywają to 'białym niewolnikiem.'

J: A czym są rzeczy, które wytwarza?

A: Kupują ten biały proszek. Widziałam, jak właśnie teraz to robił. Mieszają to z cukrem, innymi rzeczami, pakują w małe koperty i sprzedają.

J: Wytwarza jeszcze coś innego?

A: Cóż, nabywają broń dla tych, którzy jej chcą. On nawet zamordował. Nie sądzę, żeby zrobił to zupełnie sam, ale zabijał.

J: Ma kogoś innego, kto to robi?

A: Och, wielu młodzieńców dla niego pracuje.

J: A on jest szefem?

A: On jest jednym z ważniejszych, gruba ryba. Nie ma wielu przed sobą.

J: Czy jest ktoś, kto jest jego szefem?

A: Są jeszcze dwaj, wyżej od niego.

J: Kim oni są?

A: Cóż, widziałam, jak rozmawiał z jednym. Rozmawiali na temat szefa, on odpowiada za inne terytorium. Jest tam jeden, tak wysoko postawiony, że nigdy go nie złapią. Nie wydaje mi się, aby kiedykolwiek dowiedzieli się kim jest i czy był w coś zaangażowany, czy nie.

J: Ale ty nie wiesz, kto to był?

A: Nie znam tego najważniejszego. Kiedy się o wszystkim dowiedziałam, byłam przerażona. Nie chciałam wiedzieć zbyt wiele. Nie cierpię wiedzieć takich rzeczy na jego temat, ale wiem, że pracował z Frank'iem.

J: Frank? Czy to ten szef?

A: Tak, to ten.

J: Czy to ten jest taki ważny, że go nigdy nie złapią?

A: Nie. Frank jest tylko … jeśli go zatrzymają, pomyślą, że złapali szefa.

J: Znasz jego pełne imię i nazwisko?
A: Cóż, w czasie, kiedy go znałam, nie miałam pojęcia, że to on był szefem. Ale kiedy wróciłam zobaczyć Ala, wtedy już wiedziałam, znałam jego imię. Wcześniej nie.

Johnny i ja dosłownie wstrzymaliśmy oddech. Czy mogliśmy dowiedzieć się czegoś, co mogło zostać zweryfikowane?

J: Jak się nazywa?
A: Nitti.
J: Nitti. Frank Nitti. Dobrze go znałaś?
A: Och, widziałam go mnóstwo razy. Nie wydawał się być zbyt mądry. Czyż to nie zabawne?
J: A tu proszę, jest ponad Alem.

A: Tak, myślałam, że to Al jest jego szefem. Nigdy do końca nie wiedział, co dokładnie robił Frank. Al zawsze powtarzał, że był groźny. Nie zadawaj żadnych pytań. Cokolwiek powie, przytaknij i tak rób. Nareszcie mieliśmy nazwisko prawdziwej postaci. Każdy, kto jest obeznany z opowieściami o latach dwudziestych i gangach Ala Capone i Franka Nitti'ego, słyszał o ich rozsławionej reputacji. Byli jednymi z najbardziej znaczących postaci, tej ekstrawaganckiej ery. Jednakże, spróbuj znaleźć jakąkolwiek informację na temat tego gangu! Lokalna gazeta 'Tribune' wraz z Departamentem Policji w Chicago, nie byli w stanie nam pomóc.

Gazeta 'Tribune' nie miała żadnych informacji o Franku Nitti, który jak wiemy, istniał. Odpisali, 'Jest nam przykro, że nie możemy odpowiedzieć na wasze pytania odnośnie wczesnej historii przestępczości w Chicago. Nasze artykuły są fragmentaryczne w odniesieniu do tamtego okresu i nie znaleźliśmy nic, na temat podmiotu waszego zapytania tj. Franka Nitti i jego gangu.'

Departament Policji w Chicago, też był ślepym zaułkiem. Nawet nie odpowiedzieli na mój list. Najlepszym źródłem informacji, okazała się być stara książka, którą znalazłam w bibliotece uniwersyteckiej w Arkansas. Wydana została w 1929 roku i jest rzadkością. Zatytułowana 'Organized Crime in Chicago' (tj 'Przestępczość Zorganizowana w Chicago'), autorstwa Johna Landesco. Frank Nitti, znany także jako 'egzekutor', w hierarchii był prawą ręką bossa i głównym zarządzającym konsorcjum Ala Capone. On obracał większością pieniędzy z haraczy. Niemożliwym było znaleźć informacje na temat ludzi, którzy mogli dla niego pracować. Landesco zaznaczył, że w tamtych czasach, system prowadzenia ewidencji, był bardzo prymitywny. Pobierano odciski palców, ale ich nie rejestrowano, tylko wyrzucano, jeśli dana osoba nie była notowana. Akta były niezmiernie wybrakowane, a o niektórych, bardzo istotnych przywódcach gangów, nie było żadnych zapisków lub niewiele. Ówczesna prasa (którą znalazłam na mikrofilmach), opowiedziała nam więcej o tym co się działo niż akta.

Choć nazwisko Gagilino wydawało się nam dziwne, było pospolitym nazwiskiem w Chicago. Tak więc, przeszukiwanie policyjnych akt w nadziei na znalezienie czegoś, byłoby kwestią żmudnej selekcji i niezwykle czasochłonnej. Na dodatek, June wspomniała, że Al nie chciał, żeby ktokolwiek znał jego prawdziwe imię. Aby chronić swoją rodzinę, mógł posługiwać się innym imieniem i nazwiskiem.

W takich okolicznościach, wszelkie badania danego okresu były niezmiernie trudne. Z pozoru nie wydawały się takie, ponieważ wydarzenia miały miejsce w niedalekiej przeszłości. I gdy zaczęły pojawiać się te przeszkody, było to rozczarowujące.

Podczas innej sesji, zapytano Anitę, gdzie była.

A: Po prostu bywam w różnych miejscach. Robię, co mi każą … uczę się. Czasami wracam do swojego starego domu, ale już nie jest taki ładny, teraz mieszka tam ktoś inny. Nie dbali o niego. Zabrudzili moje białe ściany. Przydałaby się farba.

Nie lubię na to patrzeć. Przestawiają moje meble, nie podoba mi się to, więc nie chodzę tam często.

J: *Gdzie przebywasz większość czasu?*

A: Jestem z Alem. W jego domu.

J: *Myślisz, że cię widzi?*

A: Mówię do niego, ale on mnie nie słyszy. Dużo płacze. On też się starzeje. Nie kocham go jak dawniej, ale czuję bliskość.

J: *Nie kochasz go?*

A: Nie tak jak kiedyś. Czuję znaczącą bliskość.

J: *Myślisz, że zaczekasz tutaj, aż umrze?*

A: Nie. Wiem, jak umrze. Nie chcę tego oglądać.

J: *Skąd wiesz?*

A: Widzę to. (Zaniepokojona) Widzę to. Kiedy się skoncentrujesz, możesz to zobaczyć.

J: *Jak umrze Al?*

A: Zabiją go. Policja go zastrzeli. Obserwowali go od dłuższego czasu. I w końcu go zabiją.

J: *W którym roku to się stanie?*

A: Niedługo. Przed końcem tego roku.

J: *Możesz się skoncentrować i zobaczyć co będziesz robić w przyszłości?*

A: (Długa przerwa) Zostanę tutaj przez jakiś czas. Muszę porozmawiać z Alem. Powiedzieć mu, że wszystko to rozumiem. Potem, po prostu odejdę.

J: *Jak myślisz, dokąd?*

A: Nie wiem. Zawsze myślałam, że pójdę do piekła jak umrę, ale nie poszłam. Nie palę się!

J: *Widziałaś niebo?*

A: Nie. Rozmawiałam o nim z Ala matką. Ona też tam jeszcze nie była. Rozglądamy się i widzimy różne rzeczy.

J: *Widzisz budynki? Możesz zobaczyć rzeczy, jakimi były za życia?*

A: Tak. Mogę przechodzić przez ściany. Mogę mówić, krzyczeć, a i tak nikt mnie nie słyszy. Nikt. Każdy mógłby usłyszeć duchy, gdyby się skupił. Niektórzy boją się duchów, ale duchy tylko próbują cię ostrzec, nie skrzywdzą cię. Ja rozmawiam z Alem i mówię do niego, 'Nie idź tam dzisiaj wieczorem! Nie idź; Nie idź! Policja cię obserwuje.'

J: Dokąd on idzie?

A: Idzie w miejsce, w którym wytwarzają te rzeczy.

J: Whiskey?

A: Wszelkiego rodzaju rzeczy. On to nadzoruje. Mówi im, gdzie to zabrać. Policja obserwuje go od dłuższego czasu. Naprawdę zamierzają to rozbić.

Według starych gazet, obławy rozpoczęto w 1929 roku, gdy w ciągu jednego dnia aresztowano aż 3000 osób. Trwało to do 1930 roku, kiedy gazety podawały nazwiska policjantów i liczbę gangsterów, których każdy z nich zabił. Powiedziano komisarzowi, że otrzyma wszelką pomoc, jakiej będą potrzebowały jego oddziały 'zabójczych policjantów.' Nazwiska zabitych czy aresztowanych gangsterów nie zostały ujawnione, było ich po prostu zbyt wiele. Logiczne było założenie, że Al zginął właśnie w tym czasie.

J: Nie zamierzasz tu zostać i przyglądać się jak umiera?

A: Nie chcę widzieć, jak umiera.

J: Ale mówiłaś przecież, że chcesz z nim porozmawiać.

A: Jak już go pochowają, wtedy porozmawiamy. Nie pójdę tam, gdzie to się stanie. Zostanę tu, gdzie jestem i poczekam sobie na niego.

J: Pochowają go w rodzinnym grobowcu?

A: Tak. Tam go pochowają. Jego żona jest wściekła. Nie chce, żeby leżał w pobliżu mnie.

J: Czy widzisz, kiedy jego żona umrze?

A: Będzie jeszcze długo żyć. Dla swoich wnuków. Synowie już wszyscy są żonaci i doczekają się potomstwa.

J: Widzisz Ala po jego śmierci?

A: Widzę jego duszę. Rozmawiamy.

J: Czy jest tam też jego matka?

A: Rozmawiała z nami. Ona wie, że on mnie kochał za życia. Nasze dusze są sobie bliskie. Jednak nie możemy zbyt długo zostać razem. Wygląda na to, że będę musiała iść w inne miejsce.

J: Będziesz musiała?

A: Wzywają cię, kiedy cię potrzebują.

J: Kto cię wzywa?

A: Ten głos mnie woła.

J: I dokąd idziesz?

A: Nie wiem ... chodź za mną ... wezwano Ala. Czekałam na niego. Nadchodzi. Nadchodzi ... (Przerwa) Jest tam ta kobieta. Ona nieustannie modli się o pomoc.

J: Jaka kobieta?

A: Nie wiem. Idę tam, ale mi się to nie podoba. To w stanie Missouri. Ta kobieta przeprowadziła się z farmy. Jej też się tam nie podobało. Może właśnie dlatego ja mam jej pomóc. Ale ona jest głupia. Mówię do niej, ale ona nie słucha. Kiedy hałasuję, ona nasłuchuje. Nazywa to ostrzeżeniami.

J: I właśnie się modli?

A: Mówi, 'Boże, proszę, pomóż mi. Nie zniosę tego ponownie.' Ona pracuje okropnie ciężko. Ma dużo dzieci. (Przerwa) Och Boże, nie chciałabym musieć tu zostać ... tu jest jak wcześniej... Jej mąż jest dla niej podły. Próbuję jej powiedzieć, żeby odeszła, ale ona się boi. Ma gromadkę dzieci i się boi.

J: Czy po to wzywał cię głos, aby przyjść tu do niej?

A: Tak. Mam tutaj coś do zrobienia, ale nie wiem co. (Jej głos brzmiał żałośnie.) Oni mi powiedzą. Ktoś mi w końcu powie, co mam robić - Ten Głos! - Muszę wracać z powrotem i znowu będę *biedna*. (Była zdumiona) Będę musiała od nowa być kimś innym!

J: Kto ci tak powiedział?

A: Po prostu to wiem. To uczucie, które mnie ogarnia. Jestem wewnątrz tego ciała. Ta kobieta mnie nienawidzi, choć jeszcze się nie urodziłam. Zaczynają mi rosnąć ręce i nogi. Muszę znowu przez to przejść, od początku ... Tym razem nie będzie łatwo.

J: Czy będzie ciężej niż poprzednio?

A: Tak. Ona mnie nienawidzi. Modli się każdego dnia, żebym umarła. Nie cierpi mnie!

J: *Jaka jesteś teraz duża?*

A: Jestem prawie gotowa się urodzić. Jestem ogromna ... jak na dzidziusia, bardzo duża. (Pauza) Ona usiadła i płacze. Nie chce mnie. Ona nie wie, że właśnie jej pomogłam. Jej mąż chciał ją opuścić, ale kiedy zaszła w ciążę, nie zrobił tego. Nie mógł zostawić jej w ciąży.

J: *Ile ma dzieci?*

A: Ja będę jej ósmym, choć jedno zmarło. Rozmawiałam z nim. Powiedział mi co się stało. Ona powiedziała wszystkim, że on zmarł, ale to nieprawda. Urodził się przedwcześnie, kiedy była sama w domu i nie zawiązała pępowiny. Pozwoliła mu umrzeć. Zabiła go! Nienawidziła go. Nie chciała żadnych dzieci.

Okazało się, że Anita mówiła o jej przyjściu na świat, w obecnym życiu. Wspomniała później, że nie miała pojęcia o problemach pomiędzy jej matką i ojcem. Ojciec był dla niej zawsze miły i kochający, choć matka nigdy nie okazywała żadnych uczuć. Była bardzo zimną kobietą. Anita urodziła się, kiedy jej matka była już starsza i miała za sobą wielkie życiowe zmiany, przez co zawsze wydawała się gniewać na Anitę. W rezultacie, dorastała bez żadnych uczuć względem swojej matki, ale za to uwielbiała swojego ojca. Ma wiele sióstr i braci, wszystkich starszych od siebie. Najmłodsza dziewczyna była nastolatką, kiedy urodziła się Anita, więc bliskości z rodzeństwem też nie było. Rodzina zawsze mówiła, że było jeszcze jedno dziecko, chłopiec, który zmarł zanim pojawiła się Anita, ale to wszystko w tym temacie. Przypuszczam, że jej matka była jedyną osobą, która znała prawdę o tym, co się wydarzyło. Matka Anity zmarła mniej więcej w tym samym czasie, w którym rozpoczęliśmy nasz eksperyment, ale Anita jej nie opłakiwała. Tak czy inaczej, nie było to coś, o co można zapytać w odniesieniu do matki.

J: Czy już się urodziłaś?
A: Jest bardzo blisko. Jej ciało jest zmęczone. Nie prze wystarczająco mocno. Pomaga jej lekarz, naciska na nią, jej mięśnie. On naciska ... on popycha.

To było bardzo dramatyczne. Anita zaczęła dyszeć i z trudem łapać powietrze. Chwyciła za ramiona fotela i prawie wstała z niego, przekręcając głową z boku na bok, jakby walczyła o każdy oddech.

A: (Sapnęła.) Trudno mi oddychać ... ciężko mi oddychać. Lepiej się pospieszcie. Uduszę się.

To było wyjątkowo trudne do oglądania, zaczynało mnie martwić. Czy mogła sobie zrobić krzywdę? Ale później pomyślałam, ona dopiero się urodziła. Dotarła tutaj cała i zdrowa. Jeśli Johnny się denerwował, nie było tego po nim widać. Wydawał się trzymać kontrolę nad całą sytuacją.

J: Czy masz pępowinę owiniętą wokół szyi?
A: (Dyszała i dyszała) Nie. Nie mogę oddychać. Ona jest ciasna. Ciasno ... Nie mogę dobrze oddychać ... Dzięki Bogu jest tutaj lekarz, ona mnie nie zabije!

Odetchnęła z ulgą i opadła na fotel.

J: Czy teraz łatwiej ci oddychać?
A: Już się urodziłam. Główka jest na zewnątrz. To najtrudniejsza część. (Pauza) Leżę na stole. Moja ciocia mnie myje. Ciocia ... Lottie ma na imię.

Jej ciocia Lottie potwierdziła, że była z nią w domu, kiedy się urodziła.

J: Widzisz ją?
A: Jeśli zdejmie mi z twarzy tą zasłonę, to tak.

97

Według jednego z popularnych wierzeń ludowych, dziecko urodzone w czepku, będzie wykazywać zdolności jasnowidzenia.

A: Jestem ślicznym dzidziusiem, ale jestem czerwona.

J: *Cóż, za parę dni zniknie.*

A: Przejdę przez to wszystko jeszcze raz.

J: *Pamiętasz o... Carol?*

A: Gdzieś w przeszłości znałam ją. Zrobiła wiele złych rzeczy. Nieodpowiednich rzeczy. Tym razem, muszę być ostrożna. I nie robić tego. Jeśli wyjdę za mąż, pozostanę mężatką. Nigdy więcej nie ucieknę, bez względu na to jak bardzo bym chciała. Wydaje mi się, że właśnie dlatego, musiałam tutaj wrócić.

J: *Czy twoja matka wybrała już dla ciebie imię?*

A: Cóż, moja matka chce to zrobić, ale mój tatuś jej nie pozwoli. Powiedział, że nigdy mnie nie chciała, więc teraz nie ma prawa wybierać imienia.

J: *Czyli twój tato je nada?*

A: Myślę, że posłucha ciotki ... według niej Anita to ładne imię. Jest egzotyczne i może kiedyś będę sławna lub coś osiągnę z takim imieniem. A moja matka nie cierpi tego imienia. W tej chwili go nienawidzi ... ale mnie to nie obchodzi. Tata podał je lekarzowi i takie imię już jest... Nazwali mnie Jane. Anita Jane. (W tajemnicy) Jane jest taka sama jak Carol... Kiedyś też byłam Jane.

Powiedziała to tak, jakby była to tajemnica, którą znała tylko ona.

J: *Co masz na myśli mówiąc, że byłaś też Jane?*

A: Dawno temu byłam Jane ... i wiesz co jest najśmieszniejsze? Moja matka myśli, że wygrała spór, ale się myli. Powiedziała, że zostałam nazwana po jej matce. Ale ja byłam Jane. Tak czy inaczej, byłabym Jane.

Sesja, która obejmowała śmierć June i narodziny Anity, trwała pasjonujące dwie godziny. Byliśmy wyczerpani emocjonalnie. I teraz, gdy zaczęła mówić nam o tym, że jest więcej, że była jeszcze inna osobowość, która nazywała się Jane, byliśmy zmęczeni, gotowi zaprzestać i zrobić sobie przerwę. Cóż, mieliśmy dosyć, jak na jedną sesję. Najpierw musieliśmy przetrawić, to co usłyszeliśmy. Jane musiała poczekać do kolejnego razu.

Rozdział 6

Poznajemy Jane

Tajemnicze i intrygujące uwagi Anity pod koniec ostatniej sesji, dały nam do zrozumienia, że tuż poza naszym zasięgiem, czai się o wiele więcej. Wszystko wskazywało na to, że tylko powierzchownie liznęliśmy temat. Było to niczym zarzucenie przynęty na nic nie podejrzewającą rybę i my się na to złapaliśmy. Kim była Jane? Czy w ogóle istniał ktoś taki, jak Jane? W tej sesji spróbujemy się tego dowiedzieć, choć nadal, Johnny musiał być bardzo ostrożny formułując pytania, aby na nią nie wpływać. Robił tak, aby pozwolić Anicie opowiedzieć swoją historię własnymi słowami. Zabrał ją wstecz, do czasów sprzed życia Carol/June.

J: Policzę do pięciu i wracamy do roku 1870. (Odliczone) Co robisz?
A: Dryfuję.
J: Dryfujesz? Czy jest ciepło?
A: W sam raz.

Odkryliśmy, że za każdym razem, kiedy nie odczuwała ani gorąca, ani zimna, zazwyczaj była duchem, w stanie pośmiertnym. Zostanie to dodatkowo omówione w innym rozdziale.

J: Czy widzisz coś?
A: Widzę, gdzie zwykłam była mieszkać. W dużym domu, który spłonął. W Tennessee.
J: W jakim to mieście?
A: Memphis.
J: Jak spłonął tak wielki dom?
A: Żołnierze go podpalili.
J: Dlaczego to zrobili?

A: Nie wiem. Była wojna i … Mnie tam nie było, kiedy go podpalili. Przyglądałam się im.

Ponieważ była oczywiście duchem, Johnny postanowił ją cofnąć. Zabrał ją do 1860 roku i zapytał: 'Gdzie jesteś?'

A: Jestem w swoim domu.

J: Gdzie jest twój dom?

A: (Anity głos zmienił się na wyraźnie południowy akcent) Mój dom jest w Memphis.

J: Jak masz na imię?

A: Na imię mam Jane.

A więc to była Jane, o której wspomniała po swojej śmierci jako June/Carol.

J: Jak się nazywasz, Jane?

A: Nazywam się Rockford.

J: Ile masz lat?

A: Niedługo skończę 18.

J: Jesteś mężatką?

A: Jeszcze nie. Jestem zaręczona z synem naszego sąsiada. Nazywa się Gerald, Gerald Allbee (Allby?).

J: Lubisz Geralda?

A: Bardzo go kocham.

J: Kiedy zamierzacie się pobrać?

A: Latem, za rok.

J: Chodzisz do szkoły?

A: Och, nie. Już byłam w szkole. Chodziłam do szkoły przez kilka lat, żeby nauczyć się, jak być damą.

J: I … poszłaś na studia?

A: Nie, poszłam do żeńskiej szkoły. W pobliżu St. Louis.

J: Jak się nazywała ta szkoła?

Johnny szukał czegoś, co moglibyśmy sprawdzić.

A: To była ... to była ... Whitley? Whitley? Zabawne, że tego nie pamiętam. Minęło sporo czasu ... Bardzo tęskniłam za domem. Wiesz, tam jest znacznie chłodniej. I tęskniłam za mamą.

Później napisałam do Towarzystwa Historycznego w Missouri, żeby sprawdzić, czy mają jakiekolwiek informacje na temat szkoły o takiej nazwie. To była ich odpowiedź: 'W księdze adresowej miasta St. Louis z 1859 roku, w rubryce zatytułowanej *Szkoły i Seminaria, Prywatne,* znaleźliśmy nazwisko Elizabeth Whiting, zamieszkała pod numerem 4 i 5, przy ulicy Locust. Lokalna gazeta '*The Missouri Republican*' z dnia 1 września 1860 roku, zawierała na okładce ogłoszenie, które brzmiało: '3 września, po raz drugi, rozpocznie się kolejny rok zajęć, w Szkole Pani Jewett (następczyni Pani Whiting) ...'

Bez względu na to, czy to ta sama szkoła, do której chodziła Jane, czy nie, podobieństwo nazwisk i zgodność dat, wydają się wymowne. Do 1860 roku, w którym szkoła przeszła z rąk do rąk, Jane zdążyła ją ukończyć i powrócić do domu w Memphis.

Johnny próbował zdobyć trochę informacji historycznych, ponieważ wiedzieliśmy, że było to przed wojną secesyjną.

J: *Czy możesz mi powiedzieć, kto jest teraz prezydentem?*
A: Cóż, prowadzimy wielką debatę na temat tego, kto zostanie prezydentem. I Lincoln, jeśli się dostanie; nie zostanie prezydentem.
J: *Och, ale kto jest prezydentem w tej chwili?*
A: Nie znam go. [James Buchanan]
J: *Ale, ten Lincoln ma teraz zostać prezydentem, tak?*
A: Mój tatuś mówi, że nie może nim być. Nie możemy tego tolerować. To nie do zaakceptowania. On nie wie nic o naszym życiu na Południu i nie rozumie nas. Nie możemy na to pozwolić. Kłócą się i nie można tego nie słyszeć. Nie lubię tego słuchać. Rozmawiają o wojnie.
J: *Czy będzie wojna?*

A: Może być, jeśli zostanie wybrany. Nie będą go tolerować. On jest nie do zniesienia.

J: A ... ty masz 18 lat?

A: Tak, proszę pana.

J: A twój dom jest w Memphis, w stanie Tennessee? Jak duży macie dom?

A: Och, można rzec, to duży dom, jak na te rejony. Wyobrażam sobie rozmiar pozostałych domów. Tam musi być ... och, z 14, może 15 pokoi, weranda, i...

J: Czy to jest w samym Memphis?

A: Cóż, na obrzeżasz miasta, na ulicy Gately (Gately Road.)

J: Masz jakieś siostry czy braci?

A: Mam starszą siostrę, która już wyszła za mąż. I młodszego brata, dokładnie o rok.

W tym momencie Johnny pomyślał, że byłoby interesujące sprawdzić, czy Jane mogłaby się podpisać. Poprzednio zadziałało, kiedy poprosił o to małą dziewczynkę Carolyn. Nakreśliła to dla nas. Tak więc, poprosił Anitę, żeby otworzyła oczy i dał jej kartkę i ołówek. W tego typu sytuacjach, kiedy jest się, jak gdyby w głębokim śnie, Anita zawsze miała trudności z otworzeniem oczu. Nawet jeśli to zrobiła, miały szklisty wygląd. Anita (Jane) płynnie napisała ładnym, ozdobnym pismem, 'Panna Jane Rockford.' Zupełnie niepodobne do jej [Anity] normalnego pisma.

J: Ładnie. Nauczyłaś się tego w szkole?

A: Trzeba ćwiczyć i ćwiczyć, żeby pisać wyraźnie.

W tym czasie, kiedy Johnny próbował wymyślić więcej pytań, poprosił ją o opis, 'Jakiego koloru są twoje włosy?' zapytał.

A: Blond

J: Jak wyglądasz? Jesteś szczupła?

A: Cóż, mam jakieś 45cm w talii. Oczywiście trochę zasznurowanej.

Dziwne stwierdzenie jak na osobę otyłą, która siedzi przed nami w fotelu.

J: Co masz na sobie?
A: Niebieską sukienkę.
J: Czy jest długa?
A: Och, mam na sobie obręcz.
J: Och, tak. Ile warstw halek?
A: Przez większość czasu noszę cztery.
J: Cztery?... Jakie masz buty?
A: Och, moje buty to sandały, z pasków w poprzek stopy.
J: Jakie masz włosy?
A: Cóż, moja mamka je układa. Zaczesuje je do tyłu w fale... sam zobacz te loki. (Anita odwróciła głowę na bok i dotknęła swoich włosów.)
J: Mamka? Masz wielu służących?
A: Och, mój ojciec ma wielu Murzynów.
J: Jak nazywa się twój ojciec?
A: Pan Rockford.
J: A twoja matka?
A: Jak ma na imię? Też Jane.

Tak więc, pojawiła się nasza druga osobowość, młoda piękność z Południa, różniła się od podlotki z Chicago, jak dzień od nocy. Te dwie, były także kompletnie inne od Anity. Dalsza część historii Jane Rockford pojawiła się w trakcie kolejnych kilku sesji, dlatego ponownie ułożę je w kolejności chronologicznej, dla ułatwienia czytania. Nasz najwcześniejszy kontakt z Jane, miał miejsce w 1850 roku.

J: Co robisz?

A: Bawię się swoimi lalkami. (Ponownie powiedziane z południowym akcentem.) Jest potwornie gorąco na zewnątrz.

J: *Musi być lato.*

A: Och, tak.

Johnny, aby upewnić się czy na pewno rozmawiamy z Jane, zapytał jeszcze raz o jej imię, nazwisko i miejsce zamieszkania.

A: Mieszkam w białym dużym domu na Gately Road.

J: *Ile masz lat, Jane?*

A: Osiem. Moje urodziny były wiosną.

J: *Miałaś urodzinowe przyjęcie?*

A: Tylko dla rodziny.

J: *Dostałaś dużo fajnych rzeczy?*

A: Zawsze dostaję prezenty. Dostałam prześliczny pierścionek i nowe ubrania. Dostałam też tą lalkę, którą się teraz bawię.

J: *Och, to bardzo ładne. Chodzisz do szkoły?*

A: Pani przychodzi do nas do domu.

J: *Och, masz guwernantkę?*

A: Kogo?

J: *Och, nie nazywają jej guwernantką? A jak ją nazywacie?*

A: (Niewinnie) Nazywam ją Panią White.

J: *Pani White. Czyli nie nazywasz jej 'nauczycielką' lub podobnie?*

A: Och, tak, ona jest moją nauczycielką.

Zawsze wydawało nam się to niesamowite, że Anita nie znała znaczenia niektórych wyrazów codziennego użytku, kiedy cofała się do swoich poprzednich żyć. Podświadomie, z pewnością je zna. To samo przydarzyło się przy wielu innych okazjach. Czasami jest to bardzo skomplikowane, kiedy musisz wyjaśnić znaczenie jakiegoś wyrazu. Powoduje to dziwne uczucie, jakbyśmy naprawdę mieli przed sobą kogoś z innej epoki. Rozmawialiśmy ponownie z Jane, kiedy miała 15 lat.

J: *Co widzisz?*
A: Dziedziniec. Wkrótce tu będzie zielono... jeszcze nie jest.
J: *Gdzie mieszkasz, Jane?*
A: W domu moich rodziców.
J: *Och, to ten wielki, biały dom?*
A: Jest ogromny.
J: *W jakim to mieście?*
A: Kawałek za Memphis.
J: *W jaki sposób jeździcie do miasta?*
A: Powozem.
J: *Czy to długa droga?*
A: Och, nie. Niezbyt daleko.
J: *Często tam jeździcie?*
A: Tylko, kiedy muszę.
J: *Ile masz lat, Jane?*
A: Powinieneś pytać?
J: *Tylko się zastanawiałem.*
A: Cóż, mam 15 lat.
J: *Chodzisz do szkoły?*
A: Pójdę. Na razie jestem w domu. Wyjeżdżam do szkoły w przyszłym roku, na trzy lata. Może nawet dłużej.
J: *Dokąd wyjeżdżasz?*
A: To bardzo blisko St. Louis.
J: *Och, to w górę na północ.*
A: Tak. Tatuś mnie tam zabierze. Popłyniemy statkiem. Pływają w tamtym kierunku cały czas. Możesz nawet płynąć dalej, jeśli chcesz.
J: *Czy kiedykolwiek wcześniej płynęłaś rzeką na takim statku?*
A: Zeszłam kiedyś do zatoki, pooglądać je.
J: *Ale nigdy nie pływałaś nimi?*
A: Nie. Nigdy.
J: *Założę się, że będzie fajnie.*
A: Ja się trochę boję, ale myślę, że to będzie zabawa.
J: *Och, nie ma się czego bać. Potrafisz pływać?*
A: Nie. (W obecnym życiu Anita jest instruktorką pływania.)
J: *Nigdy nie uczyłaś się pływać?*

A: Nie.

J: *Cóż, no wiesz, jak te ryby. Mają mnóstwo frajdy pływając we wodzie.*

A: Co miałabym zrobić z rękoma?

J: *Bo widzisz, kiedy pływasz musisz używać swoich rąk, tak samo jak ryby używają swoich płetw.*

A: Jak sądzę.

J: *Mówisz, że widziałaś już statek. Jaki on jest duży?*

A: Och, jest wysoki na trzy piętra, a tatuś mówi, że jeszcze są inne pomieszczenia pod pokładem. Zupełnie pod wodą.

J: *Jak nazywa się ten statek?*

A: Och, jest kilka, które przypływają i wypływają z miasta. Nie wiem, którym my popłyniemy.

J: *Myślałem, że już wszystko ustaliliście.*

A: Och, jeszcze trochę czasu, zanim zacznie się szkoła.

J: *Czy twój tatuś i matka jadą tam razem z tobą?*

A: Chyba tylko tatuś. On jest od tego typu spraw.

J: *Mówisz, że szkoła jest w pobliżu St. Louis, a nie w samym mieście?*

A: Och, nie. Nie w samym mieście; na obrzeżach. I uczą cię tam wielu różnych rzeczy, jeździectwo na przykład i tego typu.

J: *To mnóstwo dobrej zabawy.*

A: I czasami możemy iść do miasta po coś. To nie jest aż tak daleko, żebyśmy nie mogły tam pójść. Tatuś mówi, że to trochę dalej niż nasz rodzinny dom od miasta. Troszeczkę dalej.

J: *Czy masz własnego konia w domu, na którym jeździsz?*

A: Tak, czasami jeżdżę. Lubię to. Sprawia mi to radość, ale nie jestem w tym zbyt dobra.

J: *Przynajmniej już wiesz, jak jeździć konno. Założę się, że nie wszystkie dziewczęta, które zaczną szkołę, to potrafią.*

A: Mogą nie umieć, jeśli nie mieszkają na plantacji. Niektóre dziewczyny mieszkają w mieście, nie tak jak my. Chciałabym umieć jeździć jak mój tatuś.

J: *Jest w tym naprawdę dobry?*

A: Tak, siada w siodle inaczej niż my. Byłoby o wiele łatwiej i szybciej przerzucić jedną nogę i już.

J: Och, nie możesz tak siadać?

A: Nie, siodło... naprawdę czuję się... jakbym miała spaść. Ale tatuś mówi, że nikt nigdy nie spada. Możesz przełożyć swoją nogę na górę, poprzez to coś i to też pomaga utrzymać się w siodle. Trzymam się strasznie mocno, a tatuś mówi, że mam talent do zbytniego zaciągania wodzy. Kiedy to robisz, koń się denerwuje. Musisz być delikatny z koniem. Jeśli zaciągasz do tyłu, to rani jego pysk. W ten sposób psujesz dobrego konia.

Brzmiało to tak, jakby miała na myśli damskie siodło, w którym siedzimy bokiem. Pojawiła się nietypowa sytuacja, kiedy powróciliśmy ponownie do 1860 roku i zapytaliśmy Anity 'Co robi'?

A: (Pauza) Nic.

J: Czy jest gorąco?

Pomyślał, że być może jest w formie ducha, choć nie powinna być, zważywszy na rok.

A: Nie.

J: Czy jest zimno?

A: Nie.

J: W sam raz?

A: Komfortowo.

J: Co widzisz?

A: Cóż, jest tutaj mnóstwo gospodarstw wokół.

J: Gdzie jesteś?

A: Właśnie odpoczywam. Mam na to ochotę... Miło to zrobić... Wkrótce się obudzę. (A więc o to chodziło, ona spała.) Takie ładne miejsce.

J: Jest ładnie i zielono?

A: (Skinęła głową.) Jest tak przyjemnie tej wiosny. (Pauza) Słyszałam, że w innych miejscach, sprawy wyglądają inaczej, ale... Ja myślę, że to wszystko jest takie, jak tutaj. Chciałabym pojechać tam i zobaczyć, czy tak jest.

J: Co rozumiesz przez inne miejsca?

A: Och, mówią, że jeśli przekroczysz rzekę i pojedziesz w górę na północ, dotrzesz do gór i takich tam. Są tam prerie, naprawdę suche i zupełnie bez wody. Nie sadzą tam, tyle co my. I są też miejsca, gdzie temperatura jest prawie taka sama przez cały rok a ... czasami jedziesz tak daleko jak możesz na zachód i tak daleko jak możesz na północ i zimą jest zimno. Dlaczego, bo mówią, że na ziemi leży śnieg, niekiedy tyle, że sięga powyżej głowy człowieka. Nie mogę sobie tego wyobrazić. Myślę, że to wszystko to farmy, jak nasza. Tylko opowieści.

J: Czy wkrótce się obudzisz, Jane?

A: Cóż, powinnam robić sobie drzemki. Każdego popołudnia, mamy położyć się i odpocząć, jak robią to damy. Ale po prostu leżę tutaj, śnię na jawie i myślę o tym, jak wszystko wygląda. A czasami po prostu leżę tutaj, patrzę na glicynię i marzę.

J: Ile masz lat, Jane?

A: Och, 18.

J: I mieszkasz w Memphis. Przepływa tamtędy wielka rzeka, prawda?

A: Tak.

J: Mieszkasz w pobliżu rzeki?

A: Cóż, niezupełnie przy niej. Ludzie, którzy mieszkają blisko, bywają zalewani od czasu do czasu, a my wybudowaliśmy się na tyłach. Ten dom stoi tutaj od dawna. Mojego tatusia tata go zbudował. Właśnie tutaj go chciał.

J: Rozpracował, gdzie najlepiej go postawić, żeby powodzie go nie dotyczyły.

A: Nigdy nas nie dosięgają. Jesteśmy wysoko położeni. Bezpiecznie tutaj.

J: *Och, to miło. Czy jest tam wielu ludzi pracujących dla twojego tatusia?*

A: Białych, masz na myśli? Tylko nadzorca jest biały i pani, która szyje dla matki, jest biała. Mamy wielu niewolników.

J: *Czy wiesz ilu?*

A: Och, jest ich ponad 50 rodzin.

J: *To dość dużo.*

A: Cóż, tak, ale wiesz, jest dużo ziemi. To wymaga dużo pracy.

J: *Dużo bawełny do zebrania?*

A: Yhym... Uprawiamy dużo bawełny.

J: *Co jeszcze uprawiacie na plantacji?*

A: Cóż, tatusiowi podoba się to, że mamy ogród i mnóstwo świeżych rzeczy. Wiesz, przyrządzamy z tego wiele naszych posiłków.

J: *Masz swój własny ogródek?*

A: Jest ogród przy domu.

J: *Ale nie masz takiego, co jest tylko twój... czy wychodzisz pracować w ogrodzie?*

Pomyślał o biednej Carol pracującej w gospodarstwie.

A: (Zszokowana) Och, nie, miałabym piegi na całym ciele. Byłabym brązowa jak Murzyn. Nie wychodzę na słońce. Muszę nałożyć maślankę na swoje dłonie.

Z pewnością było to dalekie Carol.

J: *Dlaczego nakładasz maślankę na swoje dłonie?*

A: Och, to pomaga utrzymać ich biel. Nakładasz maślankę na twarz i dłonie i wiesz co, to powstrzymuje piegi od pojawiania się, kiedy wychodzisz na słońce. Dlaczego, Sukey zawsze pilnuje, żebym nosiła mój kapelusz i rękawiczki. Czasami jest tak gorąco, że chciałabym je zdjąć, ale to bardzo ważne dla damy, aby ładnie wyglądała. Musisz być biała i ładna.

J: *Kim jest Sukey?*

A: Och, to moja mamka.

J: *Gdzie mieszkają wszyscy niewolnicy?*

A: Cóż, mieszkają w swoich kwaterach. Sukey mieszka z nami w domu. Ona płacze i jęczy, kiedy próbują ją zmusić do pozostania na zewnątrz. Ma tam swoją małą chatkę, ale nie zostanie w niej. Chce być ze mną. Bo wiesz, ona była ze mną od urodzenia, moją opiekunką, mamką. Jest nieszczęśliwa, kiedy nie ma jej ze mną. A więc mój tatuś pozwala jej mieszkać w małym pokoiku, zaraz obok mojego.

J: *Dlatego jest blisko ciebie przez cały czas. - Masz kolegów?*

A: Paru.

J: *Myślisz, że niedługo wyjdziesz za mąż?*

A: Tak. Planuję wyjść za mąż.

J: *Kiedy?*

A: Za niedługo. Choć nadal chcę rozmawiać z innymi chłopcami też i tańczyć z nimi.

J: *Och, a więc kiedy już wyjdziesz za mąż, nie możesz rozmawiać z innymi chłopakami?*

A: Cóż, to nie w porządku... po prostu damie nie wypada zachowywać się w ten sposób. Muszę się wybawić, zanim wyjdę za mąż.

J: *Kogo według ciebie poślubisz?*

A: Poślubię Geralda. To zostało ustalone już dawno temu.

J: *Kiedy się na to umówiliście?*

A: Cóż, kiedy mieliśmy jakoś po 16 lat... po prostu zostało zadecydowane i już. Nigdy tego nie mówiłam, ale tak czy inaczej, chciałam właśnie jego.

J: *Mówisz tak, jakbyś naprawdę lubiła Geralda.*

A: Och, tak, lubię.

J: *Musi być miłym chłopakiem.*

A: Jest bardzo przystojny.

J: *Mieszka w pobliżu?*

A: Tak, zaraz obok nas. Zamierzamy wybudować nasz własny dom tutaj, zupełnie pomiędzy tymi dwoma domami. Pewnego dnia to będzie moje, a ziemia należeć będzie do niego i po prostu zbudujemy nasz dom pośrodku.

J: *Zebrać wszystkich razem do kupy?*

A: Tak, ale ja chcę mieć swój własny dom, lubię ten w którym teraz jestem, ale chcę swój własny.

J: *Myślisz, że Sukey będzie dalej mieszkać z tobą, kiedy już wyjdziesz za mąż?*

A: Och, będzie ze mną. Umarłaby z żalu. Mój tatuś mówił, żeby ją zabrać, a moja matka, żeby zabrać ze sobą Missy.

J: *Kim jest Missy?*

A: Jest wnuczką Sukey, mała drobinka. Będzie pomagać w domu. Niewolników nabędziemy od niego z domu. Będziemy ich potrzebować, gdybyśmy zaczęli jakąkolwiek plantację później. Ale póki co, wydaje mi się, że będzie pracował z ojcem przez jakiś czas.

J: *Czy jego rodzina też ma dużą plantację?*

A: Och, jest większa od naszej. Dobrych rozmiarów.

J: *I kiedy planujesz ślub?*

A: W przyszłym roku.

Johnny postanowił przesunąć ją w czasie o jeden rok, do chwili jej ślubu.

J: *Zamierzacie pobrać się w kościele?*

A: Wyjdę za mąż tutaj w naszym domu. I ćwiczę schodzenie po schodach.

J: *Będziesz mieć duże wesele?*

A: Och, wszyscy będą na moim weselu.

J: *Jaki mamy dzisiaj dzień?*

A: Jest pierwszy dzień sierpnia.

J: *Który rok?*

A: Jest 1861 rok.

J: *Kto jest naszym prezydentem?*

A: Abraham Lincoln.

J: *Od jak dawna jest już prezydentem?*

A: Od niedawna, ale mamy z tym tyle problemów. Zrobimy tak, aby Jefferson Davis był naszym prezydentem.

J: *Jefferson Davis? Byłby dobrym prezydentem?*

A: Jest miłym dżentelmenem z Południa.

J: *(Przerwa) Jak szybko zamierzacie się pobrać?*

A: Wkrótce, kiedy wróci Gerald. Pojechał do wojska, żeby się czegoś dowiedzieć. Być może tam wstąpi. Czekaliśmy, aż skończy szkołę i może teraz będzie w wojsku. Jutro wraca.

J: *Czy oni go wezwali?*

A: Dostał zawiadomienie. Wszyscy szanowani mężczyźni tam idą.

J: *Czy masz już wszystko gotowe na wesele? Dom przygotowany?*

A: Pieką i pieką. Będziemy mieć sporo ludzi tutaj w naszym domu. Przyjadą za dwa dni. Za dwa dni będziemy małżeństwem.

J: *A dzisiaj jest 1-ego sierpnia?*

A: Zgadza się.

J: *A więc wyjdziesz za mąż 3-ego? Kto poprowadzi ceremonię?*

A: Dlaczego pytasz, wielebny Jones.

J: *Jakiego jesteś wyznania?*

A: Protestanckiego. (Kościół episkopalny, anglikański.)

Johnny przesunął ją do 3-ego sierpnia, dnia ślubu.

A: Idę w dół schodami w moim domu.

J: *Czy gra jakaś muzyka?*

A: Piękna muzyka... Jestem taka szczęśliwa.

I ona *była* szczęśliwa. W jej głosie, można było wyczuć prawdziwe emocje.

A: I podekscytowana.

J: *Widzisz tam Geralda?*

A: Tak. On jest bardzo przystojny i blond. Jest w mundurze, ale powiedział mi, że to nie potrwa już długo.

J: *Jaki to rodzaj munduru?*

A: Jest szary, z mosiężnymi guzikami.

Szare mundury nosili Konfederaci.

J: *Dokąd pojedziecie w podróż poślubną?*
A: Nie wiem. Na wycieczkę płyniemy statkiem w dół rzeki.
J: *Dokąd?*
A: To niespodzianka od Geralda.
J: *Cóż, w dół rzeki to na południe?*
A: Och, tak. Nigdy nie pojechalibyśmy na północ do tych Jankesów.
J: *Przesuwamy się naprzód, Jane. Wyszłaś już za mąż, jest 4-ego sierpnia. Gdzie jesteś?*
A: Jestem na statku, wpatruję się w wodę. Płyniemy w dół, aż do samego Nowego Orleanu.
J: *Byłaś kiedyś w Nowym Orleanie?*
A: Nie.
J: *Myślę, że ci się spodoba.*
A: Mówią, że je pokocham.
J: *Jaki to rodzaj statku, na którym teraz jesteście?*
A: To taki sam statek, jaki oni mają, z jakimiś kołami. Taka... no wiesz...
J: *Statek o napędzie kołowym?*
A: Wydaje mi się, że tak się to nazywa.
J: *Jest wielu ludzi na pokładzie?*
A: Och, kilkoro.
J: *Poznałaś kogoś z nich?*
A: Nie, przeważnie jesteśmy razem, tylko we dwoje.

Oczywiście, w końcu byli w podróży poślubnej.

J: *Gdzie jest twój mąż?*
A: Rozmawia z kapitanem tego statku, bo otrzymał wiadomość, kiedy zatrzymaliśmy się dziś nad ranem.
J: *Powiedziałaś, że twój mąż jest w wojsku?*
A: Tak. Jest porucznikiem. Przyszła wiadomość do niego, kiedy zatrzymaliśmy się w mieście dziś rano, bardzo wcześnie.
J: *Czy Gerald ci powiedział, co to była za wiadomość?*

114

A: Powiedział, że nie mam się czym martwić, ale być może będziemy musieli wrócić wcześniej. Mogą go potrzebować.

J: *Ale nadal płyniecie do Nowego Orleanu?*

A: Tak bardzo chcę. Nie chcę teraz wracać.

J: *Ok, przesuniemy się do przodu do 6-ego sierpnia. Policzę do trzech i będzie sierpień 6-ego.*

Kiedy Johnny doliczył do trzech, całe ciało Anity zaczęło drżeć, jak gdyby płakała. Mówiąc dalej, zauważalnie szlochała.

J: *Gdzie jesteś, Jane?*

A: Jestem w domu.

J: *Co robisz w domu?*

A: Gerald wyjechał, będziemy mieć wojnę... poważną wojnę. Musiał wyjechać. Wyruszył z wojskiem do stolicy. (Brzmiała bardzo nieszczęśliwie.)

J: *Nie powiedział, kiedy wróci?*

A: Pokażą cholernym Jankesom, gdzie ich miejsce. On wróci.

Aby wyciągnąć ją z tej rozpaczliwej sytuacji, Johnny przeniósł ją do dnia 15-ego września i zapytał, 'Co robi?'

A: (Nadal bardzo przygnębiona.) Po prostu czekam... Cały czas czekam.

J: *Gerald się odzywał?*

A: Nie. Jest wojna. Otrzymujemy jakieś wiadomości, ale nie za wiele.

J: *Kiedy rozpoczęła się wojna?*

A: Zaczęła się w czerwcu.

J: *Och, zaczęła się zanim wyszłaś za mąż.*

Podczas sprawdzania w encyklopedii, kiedy dokładnie rozpoczęła się Wojna Secesyjna, znalazłam zaskakujące nieścisłości. Pierwsze stany dokonały secesji już w styczniu 1861 roku, a niektóre wielkie bitwy toczyły się około kwietnia tego roku. A więc wygląda na to, że mogła się mylić, mówiąc, że wojna rozpoczęła się w czerwcu. Ale czy na pewno? Postanowiłam poszukać dalej. Sprawdziłam historię Tennessee i okazało się, że Tennessee zagłosowało przeciwko secesji, czekając do samego końca, aż wojna była już na poważnie i toczyły się walki. Było ostatnim stanem, który dokonał secesji i w czerwcu 1861 roku, dołączył do pozostałych. Najwyraźniej, Jane miała rację, gdyż, z jej perspektywy, wojna zaczęła się w tym miesiącu. Ponadto, w czasach gorszej komunikacji niż dziś, widomości docierały znacznie wolniej i nie było to niczym niezwykłym. Gerald, najwidoczniej wiedział, że coś się działo, ale nie chciał niepokoić swojej żony, mówiąc o wojnie podczas ich miesiąca miodowego.

J: *Jaki jest dzisiaj dzień, Jane?*
A: Pada deszcz. (Przygnębiona) Deszcz i deszcz.
J: *Gdzie jesteś?*
A: Jestem ze swoją mamką.
J: *A twój ojciec też tam jest?*
A: Jest tutaj... Czeka i czeka. Tatuś mówi mi każdego dnia, że 'To nie potrwa już długo.'

Johnny pomyślał o jej relacji z rodzicami w życiu Carol/June, a obecnym życiu.

J: *Kochasz swoją matkę i ojca?*
A: Są dla mnie bardzo dobrzy, bardzo.
J: *Jane, policzę do pięciu i będzie 1-ego grudnia (Odliczył) Co robisz?*
A: Unoszę się w *powietrzu*.

To była niespodzianka. Zazwyczaj oznaczało to, że była w formie ducha.

J: *Dokąd dryfujesz?*
A: Na razie zostaję tutaj. Czekam, żeby zobaczyć, czy Gerald wraca. Nie ma go od dwóch lat.

J: *(Zaskoczony) Który to jest rok?*
A: Jest '63.

Jane najwyraźniej przeskoczyła do przodu w czasie, dalej niż jej kazał.

J: *Umarłaś?*
A: Mówią, że to było zapalenie płuc.
J: *Wszystko od tej deszczowej pogody?*
A: Nic nie jadłam.
J: *Kiedy umarłaś?*
A: Jakieś dwa, trzy miesiące temu. Czas nie ma żadnego znaczenia w tej chwili.

Szacując czas jej śmierci na wrzesień, Johnny powrócił do tego miesiąca.

J: *Co robisz?*
A: Unoszę się.
J: *I co widzisz?*
A: Widzę mnóstwo dusz. Pytam ich o Geralda, ale nikt go jeszcze nie widział. Musi gdzieś być. Wszędzie go szukam. Żadna z tych dusz go nie widziała.
J: *Cóż, prawdopodobnie, zobaczyliby go, gdyby umarł.*
A: Tak, musisz być martwy. Rozglądałam się i rozglądałam. Wydaje mi się, że jest więziony. Nie wiem. To tylko przeczucie.
J: *Wiesz może gdzie?*
A: Na północy. I chcę tam iść go poszukać.
J: *Dlaczego więc tam nie pójdziesz?*
A: Nie cierpię tam iść. Nie cierpię tych ludzi. Oni nie wiedzą, że się mylą, a ja nienawidzę ich za to, co robią.

Johnny ponownie cofnął ją o jeden miesiąc.

J: *Jest pierwszego sierpnia. Co robisz?*

A: (Jej głos obniżył się i był bardzo cichy.) Nie czuję się dobrze.

J: *Gdzie jesteś?*

A: W moim łóżku.

J: *Masz gorączkę?*

A: Tak mi się wydaje.

J: *Jadłaś coś?*

A: Nie mogę jeść. Wymiotuję, kiedy jem.

J: *Czy był u ciebie lekarz?*

A: Lekarze są teraz zajęci chorymi powracającymi z wojny. Przyszedł raz i dał mi lekarstwo. Sukey ze mną została.

J: *Sukey jest tam z tobą?*

A: Każdego dnia. I choć śpi obok mojego łóżka, dostaję gorączkę i jest mi zimno.

J: *Miałaś jakieś wiadomości od Geralda?*

A: Dostałam list w zeszłym miesiącu. Nie przychodzą często.

J: *Powiedział ci, gdzie był?*

A: Walczył. List przyszedł z północy. Dał go komuś, kto wracał w te strony. Przynieśli go do mnie.

J: *Walczy na północy?*

A: Na linii... Maryland, właśnie tam.

J: *To daleko stąd.*

A: Chciałabym, żeby już wrócił do domu.

J: *Jak tam twoja mama i tato?*

A: Mój tatuś zmarł.

J: *Och, na co zmarł?*

A: Nie wiem. Był chory przez tydzień, później zmarł.

J: *Jak się czuje twoja matka?*

A: Jest bardzo słaba i opłakuje ojca.

Johnny znów przesunął ją do 10-ego sierpnia i zapytał, co robiła.

A: Unoszę się i rozglądam.

J: *Co widzisz?*

A: Widzę mojego ojca.

J: *Gdzie jesteś?*

A: W pobliżu domu, na naszym cmentarzu. On powiedział, że matka będzie z nami już za niedługo. Naprawdę wkrótce.

J: *I zamierzasz poczekać na swoją matkę?*

A: Chcę ... ale chcę też zobaczyć Geralda. Mój tato mówi, żeby czekać. A ja nie chcę czekać, tatusiu.

J: *Wiesz od czego umrze twoja matka?*

A: W tej chwili też ma gorączkę.

To nie brzmiało jak zapalenie płuc. Bardziej jak coś zaraźliwego. Odkryłam, że w przeszłości odnotowano w tym czasie epidemię żółtej gorączki na Południu (febry). Nurtowało mnie jedno pytanie, dlaczego Sukey nigdy się nie rozchorowała, jeśli było to coś zaraźliwego? Była narażona na to, opiekując się Jane i prawdopodobnie też innymi członkami rodziny. Kiedy sprawdzałam objawy tej choroby, dowiedziałam się, że pochodzi ona z Afryki i dlatego Murzyni posiadają naturalną odporność i nie chorują tak poważnie, jak biali ludzie.

Sesja trwała dalej.

J: *Cóż, Jane, przeniesiemy się do 1878 roku. Co robisz?*

A: Przemieszczam się... tutaj jest pięknie! Nigdy zimno lub gorąco. Po prostu przyjemnie.

J: *Dokąd zmierzasz?*

A: Cóż, Byłam w Nowym Orleanie zobaczyć Dzielnicę Francuską. Nigdy jej nie widziałam, a bardzo chciałam.

J: *Powiedz mi, co widzisz, kiedy się przemieszczasz?*

A: Nie ma już naszego domu. Jankesi go podpalili. Spalili doszczętnie.

J: *Dlaczego to zrobili?*

A: Nie wiem.

J: *To był piękny dom.*

A: Piękny dom, a oni go spalili. Wydaje mi się, że była jakaś bitwa i po prostu spłonął.

J: *Czy nadal trwa wojna?*

A: Nie, już się skończyła.

J: Znalazłaś Geralda?
A: Raz z nim rozmawiałam. Z jego duchem.
J: Czy zmarł na wojnie?
A: Nigdy nie powrócił.
J: O czym rozmawialiście?
A: Rozmawialiśmy o czasie, w którym się pobraliśmy. To trwało tak krótko. Dwa dni. Powiedział mi, że zostanie w pobliżu i któregoś dnia znowu się spotkamy.
J: Co planujesz teraz robić?
A: Czekam, aż mi powiedzą, co mam robić.
J: Kto ma ci powiedzieć?
A: Ten głos mi mówi. Kiedy nie mam nic do robienia, mogę po prostu dryfować ... ale czasami muszę robić jakieś rzeczy.
J: Jakie na przykład?
A: Czasami, próbuję pomagać ludziom. Niekiedy słuchają, ale zazwyczaj nie. (Pauza) Byłam zobaczyć Sukey.
J: Nadal żyje?
A: Żyła, kiedy ją odwiedziłam.
J: Gdzie mieszkała?
A: Pozostała w pobliżu kwater z tyłu naszego domu. Nawet wtedy, gdy powiedzieli jej, że jest wolna, ona tam została i zasadziła sobie jedzenia. Kiedy mówiłam do niej, ona mnie nie słyszała. A więc ukazałam się jej... i to ją wystraszyło. Tak bardzo, że wyniosła się stamtąd. Nie chciałam jej wystraszyć. Chciałam jej podziękować. Wiem, że chciała pomóc.
J: W jaki sposób sprawiłaś, że Sukey cię zobaczyła?
A: Po prostu... potrafię to zrobić. Mogę sprawić, że będzie mnie widać, jeśli ma to w czymś pomóc, ale większość ludzi się boi. Czasami, kiedy widzą, to udają, że wcale nie ... albo mówią, że to był tylko sen. Nie chcą nawet myśleć o tym, że widzieli. Nie rozumiem tego, dlaczego każdy boi się umierania.
J: A widziałaś już Niebo?
A: Nie, jeszcze tam nie byłam.

J: Czy któraś z tych osób, które przyszły cię powitać, mówiła ci cokolwiek na ten temat?

A: Oni mówią, że tam jest pięknie.

J: Czy ktoś z nich tam był?

A: Myślę, że ta jedna dziewczyna tam była, ponieważ nie przestawała mi o tym opowiadać. Ale powiedziała, że zanim tam pójdziesz, musisz nauczyć się wielu rzeczy.

J: Masz na myśli pozytywnych rzeczy, dobrych uczynków ... czy ...

A: Musisz nauczyć się, jak być dobrym człowiekiem. I nie chodzi o to, aby być dobrym, tylko dlatego, że boisz się kary. Musisz być dobry, ponieważ *chcesz* taki być. (Pomyśl o tym przez chwilę.) I robić dobre rzeczy dla innych. Pomagać ludziom.

J: Czy ta dziewczyna powiedziała ci, jak tam wygląda?

A: Lśniące kolory. I wszystko jest przepiękne.

J: Czy są tam jakieś budynki?

A: Cóż, bo widzisz, wszystko tam to świat duchowy. I cokolwiek zechcesz, będzie tam. Jeśli chcesz być nad wodą, będziesz. A jeśli chcesz być w lesie, to też, będziesz, gdziekolwiek chciałbyś się znaleźć.

J: I tak jest w Niebie?

A: Tak ona mówiła.

J: A na przykład teraz, kiedy jesteś duchem i chciałabyś zobaczyć Nowy Jork, po prostu dryfujesz tam, aby to zobaczyć?

A: Tak, coś w tym rodzaju, dryfujesz kilka minut i już tam jesteś. To nie trwa długo.

J: No dobrze, będziesz dalej dryfować i powiedz mi proszę, co widzisz lub czujesz?

A: Cóż, mam powrócić. Znowu się urodzić. Rozmawiałam o tym z moim tatusiem.

J: Czy on wiedział, że masz zostać ponownie wezwana?

A: To on mi powiedział, że już wkrótce. Każdy jest wzywany, mnóstwo razy. Powiedział mi, żebym starała się nauczyć, co tylko mogę. I żeby spodziewać się zmian, bo za każdym razem będzie inaczej. Tym właśnie sposobem, uczymy się wszystkiego o życiu. Musimy stać się tym 'wszystkim', poznać to.

J: I twój tatuś powiedział ci, że niedługo ponownie się urodzisz?

A: Wkrótce. Powiedziałam mu o tym, kiedy to usłyszałam, a on odrzekł, że wiedział o tym, bo mnie obserwuje. I że pewnego dnia, znowu się spotkamy, może tu na ziemi, a może nie. Ale żeby się nie przejmować, tylko się uczyć. Mówił, że już niedługo ... Będę małą dziewczynką ... A ja byłam przerażona.

J: Czego się przestraszyłaś?

A: Tego, że znowu się urodzę. Nasz kraj jest rozdarty. (Pauza) Kiedy urodzi się to dziecko, będę nią.

J: Patrzysz teraz na dziecko, które ma się urodzić?

A: Tak. Nadal jest w brzuchu mamy. Już niedługo.

J: A kiedy ty wkroczysz ... staniesz się tym dzieckiem? Jeszcze nim nie jesteś?

A: Jeszcze nie. Ciągle się powstrzymuję. A głos mówi mi, żeby zrobić to *teraz!* A ja wtedy pytam, czy nie mogę jeszcze poczekać? Lecz z pierwszym jego oddechem, muszę być tym dzieckiem.

J: Kiedy dzidziuś łapie pierwszy oddech?

A: A ja nadal pytam, czy mogłabym dalej szukać Geralda? A on odpowiedział, że kiedy stanę się tym dzieckiem, nie będę nic więcej pamiętać. Będę po prostu tym dzieckiem. A kiedy znowu stanę się duchem, wtedy ponownie poszukam Geralda.

J: Czy są tam wokół jakieś złe duchy?

A: Nie widzę żadnych ... Czasami się złościmy.

J: Ale nie próbujesz nikogo skrzywdzić?

A: Och, nie, złościmy się, kiedy się śmieją.

J: Kto?

A: Ludzie. Nie wierzą ... a my próbujemy im powiedzieć i ich ostrzec. Nie słuchają.

J: Ale nie mogą cię przecież usłyszeć, prawda?

A: Nie, choć tak się staram.

J: Czy jest jakiś sposób na to, aby sprawić, że ludzie cię usłyszą?
A: Gdyby tylko słuchali; Gdyby myśleli i słuchali. Jeśli ktoś nas kochał, a my ich i skoncentrujesz się wystarczająco mocno, wtedy można nas usłyszeć.

J: A czy słyszałaś cokolwiek na temat piekła?
A: Być tu na ziemi, to dopiero piekło.

J: Kto ci tak powiedział?
A: Duchy, z którymi rozmawiałam. Ponieważ robisz rzeczy, które ranią ciebie i innych i nie możesz przestać. Kiedy jesteś człowiekiem, robisz podłe rzeczy, duchy tak nie postępują. W ten właśnie sposób uczysz się. Kiedy cierpisz, czegoś cię to uczy.

J: A to dziecko, którym masz być; nadal jest w brzuchu mamy?
A: Nie, ona ... właśnie się rodzi. Idę do niej.

J: Czy wzięła już pierwszy oddech?
A: Tak.

W tym momencie Anita stała się tępa i w pewnym stopniu bez reakcji.

J: Gdzie urodziło się to dziecko?
A: W tym domu ... Nie pamiętam ... Nie mogę myśleć ... Nie mogę myśleć. (Trwało to o wiele dłużej, zanim odpowiedziała.)

J: Czy wiesz w jakim mieście znajduje się ten dom?
A: (Bardzo powoli) Nie ... wiem.

J: Czy wiesz, jakie imię wybrano dla dziecka?
A: Nie ... wiem.

J: Nie nadali mu jeszcze imienia?
A: Nie.

To było oczywiste, że Anita nie odpowiadała, ponieważ ona *była* tym dzieckiem. Została przeniesiona do momentu w tym życiu, w którym miała 5 lat i znowu rozmawiała normalnie, będąc Carol na farmie.

Po przebudzeniu, Anita odniosła się do dziwnego zdarzenia, które miało miejsce w jej obecnym życiu. Nigdy nie potrafiła tego wyjaśnić, w żaden rozsądny sposób, a teraz zastanawiała się, czy to mogło być powiązane z życiem Jane.

Jak już wspomnieliśmy, ona jest żoną mężczyzny, z karierą w Marynarce Wojennej. W pierwszych dniach ich małżeństwa, on otrzymał swoje pierwsze rozkazy. Mieli zostać przeniesieni na Florydę i było już zadecydowane, że ona poczeka u rodziców w Missouri, podczas gdy on pojedzie pierwszy znaleźć dla nich miejsce do zamieszkania. Później miała do niego dołączyć. To byłaby ich pierwsza rozłąka. Byli u jej rodziców, a on miał wyjechać z samego rana. Anita powiedziała, że nie mogła spać tamtej nocy. Czuła się bardzo zaniepokojona i całą noc chodziła po domu myśląc, 'Jeśli on wyjedzie, nigdy więcej go nie zobaczę. Jeśli wyjedzie, nigdy już nie wróci.' Później skarciła się myśląc, 'Głupoty; co mogło się stać? To nie jest wojna! On tylko wyjeżdża na Florydę.' Przez całą noc czuła się nieszczęśliwie, bo to nie miało dla niej żadnego sensu. Do rana zdecydowała, że wolałaby jechać z nim, niż zostać i czekać.

Ten incydent od zawsze ją zastanawiał, dopóki zobaczyła analogię z Jane, Geraldem i Wojną Secesyjną.

Tak więc, przeprowadziliśmy Anitę przez dwa, odrębne życia, dwie śmierci, dwa porody, a każde z nich było inne. Co jeszcze mogło się kryć w niezbadanych głębiach jej podświadomości. Nie mogliśmy się doczekać kolejnych sesji!

Podczas przeczesywania bibliotek w próbie nabycia jakiś informacji na temat Memphis w czasie Wojny Secesyjnej, z nadzieją, że mogliśmy gdzieś znaleźć imię Geralda, natknęłam się na bardzo pouczającą książkę Johna Berrien Lindsley zatytułowaną, 'The Military Annals of Tennessee.' Została opublikowana w 1886 roku, tylko 20 lat po zakończeniu wojny i zawierała wiele informacji, strony nazwisk, a także zdjęcia zabitych podczas wojny. Ułożono je według pułku. Według autora, jest to najbardziej kompletny i opublikowany spis mężczyzn z Tennessee, którzy walczyli dla Konfederacji.

Zacytuję niektóre fakty z książki o Memphis, kiedy zaczęła się wojna: 'W oczekiwaniu na secesję, zorganizowano ochotników w kwietniu 1861 roku. Mniej więcej w tym samym czasie rozgrywały się walki w Forcie Sumter, (Pomiędzy 12-13 kwietnia, 1861 roku.) które oficjalnie zapoczątkowały wojnę. Wiele innych stanów odłączyło się jeszcze przed tym, ale Tennessee zagłosowało inaczej. Dopiero 8-ego czerwca, 1861 roku, również dokonało secesji!11-ego czerwca, gubernator wystosował swój pierwszy rozkaz, informując dowódców, aby rozpoczęli szkolenia i trzymali swoje wojsko w gotowości bojowej. Do 13-ego czerwca, Generał Pillow, na siedzibę główną wyznaczył Memphis, które stało się wielkim centrum wojskowym. 13-ego lipca, Główny Generał Polk, został przywódcą Oddziału 1 (w Memphis). W przeciągu kilku tygodni, żołnierze zostali zaciągnięci do służby, rozdzieleni na pułki i wysłani na obrzeża miasta, czy do Fortu Pillow.'

O dziwo, to wszystko rozgrywa się w pierwszej połowie sierpnia 1861 roku, co idealnie pasuje do opowieści Jane. Według książki, całe lato trwało formowanie pułków i wysyłanie mężczyzn na wojnę. Wiele oddziałów tworzono lokalnie, składało się z mężczyzn mieszkających na danym terenie. Było kilka z Memphis. W szczególności 'Fifth Confederate' (Piąty Pułk Konfederatów) został utworzony prawie w całości z Irlandczyków mieszkających w Memphis. '154th Tennessee Infantry' (154 Pułk Piechoty) i '15th Tennessee Cavalry' (15 Pułk Kawalerii) były także z Memphis. Wiele pułków miało ogromne straty w ludziach. Niektórzy zaczynali z około 1100 mężczyzn, a na koniec wojny zostawało ich 100.

Chociaż w książce pojawia się wiele nazwisk, są też notatki wskazujące na niekompletność dokumentu. Zapiski zostały zagubione podczas wojny, niektóre pomyłkowo zniszczone. W niektórych przypadkach, jedynym zapisem był czyjś pamiętnik. Większa część książki ze spisem, została utworzona z pamięci i wszelkie braki są wynikiem błędu ludzkiego. Mnóstwo razy pojawiało się oświadczenie, że poległo tyle osób, że podanie wszystkich nazwisk było niemożliwością. A książka została napisana tylko 20 lat po wojnie.

Tak więc czułam się rozczarowana, że nie znaleźliśmy nazwiska Geralda Allby, jednakże, w obliczu okoliczności, to byłby cud, gdybyśmy cokolwiek znaźli. Nadal, Anity wiedza na temat obydwóch, historii tamtego okresu i życia Carol/June, jest absolutnie zdumiewająca.

Pomysł na pozyskanie próbek pisma Anity, podczas gdy była w głębokim transie, był całkowicie spontaniczny. Ta myśl pojawiła się w głowie Johnnego, kiedy to mała Carol, ćwiczyła pisanie swojego nazwiska patykiem. Pod wpływem impulsu, chwycił ołówek i kartkę. Potem poprosił ją, aby zapisała dla nas swoje imię i nazwisko, nie mając pojęcia, czy w ogóle, byłaby w stanie to zrobić. I choć miała trudności z otworzeniem oczu, byliśmy zaskoczeni, kiedy ostrożnie i skrupulatnie wyprodukowała dziecięce bazgroły.

Później, kiedy już jako Jane, opowiadała o żeńskiej szkole w St. Louis, prośba o ponowny jej podpis, wydawała się czymś naturalnym. Ponieważ używała ołówka, bez większego nacisku na papier, podpis był jasny i mało wyraźny. Gdybym wtedy wiedziała, że kiedyś napiszę książkę na temat naszego eksperymentu, z pewnością, przygotowalibyśmy się z wyprzedzeniem, mając pod ręką długopis. Robiąc regresję, masz zawsze wgląd w sprawy i perspektywę. Jednakże, jak już wcześniej wspomniałam, nigdy nie wiesz, do jakiego okresu historycznego, czy kraju, przeniesie się dana osoba. Nie pomyśleliśmy o pozyskiwaniu pisma ręcznego wcześniej, głównie dlatego, że w przeszłości, niewiele kobiet potrafiło pisać. Nie uznawano ich, za godnych edukacji. Bez żadnych wskazówek czy przewodników, musieliśmy radzić sobie z naszym eksperymentem na wyczucie, dlatego też, wiele razy działaliśmy odruchowo.

Kiedy koncept napisania tej książki, wydawał się ziścić, pomyślałam, aby dodać do niej próbki ręcznego pisma. Ale były tak mało wyraźne (w szczególności podpis Jane), że nigdy nie mogłyby zostać odtworzone. Jednak, nie doceniłam najnowszych technik kopiowania.

Kiedy porównaliśmy nasze dwie próbki (ręczne pismo Jane, i normalne pismo Anity) w naszych oczach wyglądały zupełnie inaczej, ale my nie jesteśmy fachowcami. Zastanawiałam się, co by się stało, gdyby obejrzał je profesjonalny grafolog. Jest biegły w ocenie osobowości na podstawie pisma, czasami z zadziwiającą trafnością. Grafolog uważany jest za specjalistę w swojej dziedzinie, jest szanowany i często wykorzystywany do ekspertyz. Jest to rodzaj wiedzy, która wymaga lat nauki i dlatego jest bardzo poważana.

Zawsze istniała taka możliwość, że na przykład specjalista oceniłby, że dane próbki zostały stworzone przez tą samą osobę, próbującą ukryć swoje prawdziwe pismo. W sumie, to prawda; z jednej strony dwie próbki były napisane przez jedną tylko osobą, z drugiej strony nie była to jedna osoba, lecz dwie różne osobowości. Zależy jak na to spojrzeć. To była złożona sytuacja i nie wydaje mi się, żeby jakikolwiek hipnotyzer stawił temu czoła wcześniej. Nie mogę sobie przypomnieć jaka to była sprawa, ale już raz ktoś pobrał próbki pisma ręcznego od osoby poddanej regresji, a później sprawdził je u niezależnego grafologa. To był bardzo intrygujący pomysł i pomyśleliśmy, że warto by było spróbować.

Jednakże, gdzie miałam znaleźć takiego eksperta? Nie chciałam nikogo, kto zajmuje się tym dla zabawy i analizowanie pisma traktuje jako zwykłe hobby. Jeśli nasza opowieść miała brzmieć wiarygodnie, analiza musiała zostać wykonana przez profesjonalnego grafologa. Być może, w większym mieście nie byłoby problemu ze znalezieniem kogoś odpowiedniego, jednak na terenach wiejskich, gdzie teraz mieszkamy, to jak znalezienie specjalisty od nauk nuklearnych. A więc zostawiliśmy temat aż do roku 1980, kiedy skończyłam pisać książkę.

Potem, zupełnie przypadkowo, usłyszałam o kobiecie z miasteczka 'Little Rock' w stanie Arkansas, która rzekomo analizuje pismo. Po sprawdzeniu, okazało się, że była ekspertem w swojej dziedzinie, którego szukaliśmy. To była Sue Gleasen, absolwentka Międzynarodowego Towarzystwa Grafologicznego. Postanowiłam skontaktować się z nią. Zazwyczaj pracowała z kilkoma stronami pisma, czy była stanie dowiedzieć się czegokolwiek z naszej małej próbki? Wszystko, co mieliśmy, były podpisy, bez szans na uzyskanie czegoś więcej. Czy to wystarczy?

Wysłałam do niej trzy próbki pisma, poprosiłam o porównanie i czy mogłaby mi powiedzieć coś, na temat osób, które się podpisały. Nic jej nie mówiłam, na temat źródła próbek czy metod jakimi je pozyskaliśmy. Nie znając jej, obawiałam się, że weźmie nas za wariatów. Pomyślałam też, że byłoby lepiej, gdyby bezstronnie podzieliła się ze mną swoimi pierwszymi wrażeniami.

Oto, co stwierdziła:

Carolyn Lambert – Druk jest najtrudniejszą do analizy formą pisma. Brak ciągłości liter i odpowiedniej formy, a także sposób w jaki formułowane są litery, wskazują na niedojrzałość charakteru. To prowadzi do założenia, że napisała to młodsza osoba. Mimo, że dorośli też czasami piszą drukowanymi, ta próbka pisma wskazuje na mniej dojrzałą osobowość. Trudno takowe analizować, ponieważ charakter człowieka, kształtuje się z wiekiem.

Tak więc, wydawało się, że nie mogła nam za wiele powiedzieć na temat Carolyn, aczkolwiek, znaczące jest to, że nawet nie przypuszczała, iż próbka pochodziła od osoby dorosłej. Carolyn w regresji, rzeczywiście była dzieckiem w wieku 9 lat.

Panna Jane Rockford – To bardzo staromodny styl pisania, w szczególności zwrot 'Panna'. Jest tam sporo ekstrawagancji. Konstrukcja liter i ozdobniki, są zdecydowanie powrotem do przeszłości. Jest to typ artysty, choć pretensjonalny. Jest dość egoistyczna, może nie samolubna, ale zdecydowanie wygodna, introwertyczna. Typowa egocentryczna osoba. To ktoś przywiązany do tradycji i przeszłości. Prawdopodobnie wychowany według surowych zasad. Zdecydowanie nie jest typem buntownika, zna swoje miejsce w społeczeństwie. Wielkie litery w nazwisku, mówią o tym, kim jesteśmy, a tutaj, pierwsze

litery są większe, od reszty podpisu, szczególnie w nazwisku. Oznaczałoby to, że jest bardzo świadoma tego 'kim jest.' Jej rodowe nazwisko, jak i rodzinne tradycje, są dla niej niezwykle istotne. Jej status i pozycja społeczna, jest bardzo mocno podkreślona. Osobiste uczucia są drugorzędne, w stosunku do jej wizerunku publicznego. Widać tendencję do prezentowania określonego obrazu samego siebie.

Tradycja jest tak bardzo ważna w jej życiu, że przesłania wszelkie uczucia własne.

Więc sprawia pozory, nie pozwalając innym poznać swojego prawdziwego oblicza. Pani Gleason, podkreśliła pozycję rodzinną Jane tak bardzo, że zabrzmiała wręcz trochę snobistycznie!

Obecne pismo Anity, uzyskaliśmy z koperty z listem, który do mnie napisała. W związku z jej prośbą o zachowanie anonimowości, podpis ten, nie pojawi się w książce.

Jest bardzo sympatyczną osobą, otwartą i wrażliwą na uczucia innych. Martwi się o innych. Lubi grać pierwsze skrzypce, z łatwością się wypowiada, ekstrawertyczna. Ma otwarty umysł i pragnienie poznania i zrozumienia głębszych pokładów życia. Posiada świetne poczucie humoru, widząc jasne strony życia.

Później, kiedy powiedziałam Sue Gleason skąd mieliśmy podpisy i w jaki sposób je pozyskaliśmy, bardzo mi ulżyło, że nie uważała nas za szaleńców. To niesamowite, jak bardzo jej analiza była zbieżna z tym, co już wiedzieliśmy o Jane, wychowanej w przyzwoitej rodzinie na 'dawnym Południu.' Kiedy opowiedziałam Sue o Jane i jej edukacji w żeńskiej szkole, odpowiedziała, że to wiele wyjaśnia. Uczniowie uczęszczający do takiej szkoły, zazwyczaj pochodzili z zamożnych rodzin, a szkoły nauczały, aby pokazywać bardzo pozytywny wizerunek siebie. Duży nacisk kładziono na autoprezentację, z odzwierciedleniem tego w piśmie. Studenci, uczyli się pisać dokładnie i precyzyjnie, z naciskiem na wielkie litery. Jak mawiała Jane, 'Trzeba ćwiczyć i ćwiczyć, aby pisać wyraźnie.' Pani Gleason powiedziała, że jest wielu ludzi, którzy piszą w tym stylu, zwłaszcza wśród starszego pokolenia. Pismo Jane, świadczy o wyraźnym przywiązaniu do przeszłości i tradycji.

Pani Gleason była zdumiona, kiedy dowiedziała się, że wszystkie trzy podpisy, należały do tej samej osoby. Przyznała, że nigdy by tego nie podejrzewała. Gdyby została zapytana o to, czy ta sama osoba mogła być autorem trzech różnych podpisów, odpowiedziałaby, że to bardzo mało prawdopodobne. Pismo Jane i Anity należało, w jej opinii, do dwóch odrębnych osób, dwóch różnych osobowości. W rzeczywistości, osobowości te były tak odmienne, jak dwa przeciwieństwa. Jedna introwertyczna, druga ekstrawertyczna!Dla nas te osobowości były zawsze prawdziwe, a teraz mieliśmy jeszcze większe konkrety. W hipnozie, zmieniła się nie tylko osobowość Anity, jej głos, mimika i maniery, ale również charakter pisma! Jakby należał do zupełnie dwóch różnych osób.

To naprawdę niezwykłe, że niezależny, bezstronny ekspert mógł określić charaktery, tak dokładnie, jak my je widzieliśmy. Myślę, że nikłe są szanse to, że to wszystko było kwestią przypadku.

Rozdział 7
Sarah w Bostonie

Do momentu, w którym ukazała się nam trzecia już osobowość, popadliśmy w pewnego rodzaju rutynę. Zaczęliśmy traktować coś niezwykłego jak tzw. chleb powszedni, jeśli jest to w ogóle możliwe. Myśleliśmy, że wiemy czego się spodziewać, ponieważ przeszliśmy przez różne fazy życia jako Jane i June/Carol; a potem był czas pomiędzy życiami, bardzo fascynujący, na poziomie duchowym. Jednak, wciąż miała ukrytych kilka niespodzianek, którymi miała nas zaskoczyć.

Zaczynaliśmy się czuć, jakbyśmy odbywali podróż wehikułem czasu. To był specyficzny sposób nauki o historii. Właśnie wtedy, gdy zaczęliśmy się czuć swobodnie, rozmawiając z ludźmi z przeszłości, pojawiła się następująca postać, której relacja była oszałamiająca!

Podczas tej sesji, postanowiliśmy przeprowadzić ją przez jej przeszłe życia, aby sprawdzić, ile ich tak naprawdę było i jak daleko wstecz mogła się cofnąć. Później, mogliśmy je lepiej przebadać. Ostatecznie dostaliśmy więcej niż się tego spodziewaliśmy. To wszystko zaczęło się dość niewinnie. Johnny cofał ją przeskakując w czasie co 20 lub 30 lat. Właśnie przeszliśmy przez kolejny czas, kiedy była duchem, ale opiszę to w dalszej części. Po tym natrafiliśmy dosłownie na żyłę złota, kiedy zatrzymaliśmy się w roku 1770 i padło pytanie, 'Co robisz?'

A: Ubijam. (Śpiewa piosenkę) masło, maślanka.

J: Lubisz maślankę?

A: Szczerze? Nie znoszę jej. Rodzina uwielbia masło, więc robię je dla nich.

J: Jak się nazywasz?

A: Sarah … Sarah Breadwell (Fonetycznie)

J: Ile masz lat, Saro?

A: Około 60.

J: Jesteś mężatką?

A: Oczywiście! Od kiedy skończyłam 14 lat.

J: Gdzie mieszkasz, Saro?

A: Mieszkamy tutaj w naszym własnym domu. Sami go zbudowaliśmy.

J: Założę się, że to była ciężka praca.

A: Pamiętam, że pracowaliśmy nad tym cholernie ciężko. Mam teraz własną podłogę, nie ma brudu. Jest o wiele przyjemniej, było strasznie ciężko z brudną podłogą, kiedy dzieci były jeszcze małe.

J: Ile masz dzieci?

A: Cóż, urodziłam dziesięcioro, ale wychowałam dwójkę.

J: Mieszkasz w mieście?

A: Nie, poza miastem, na farmie. Najbliższe duże miasto jest w pobliżu Bostonu. Spory kawałek drogi.

J: Jak jest daleko od ciebie, do Bostonu?

A: Dwa dni, proszę Pana. Całe dwa dni.

J: A jak nazywa się ziemia, na której mieszkacie?

A: Nowa Anglia. Nowy kraj, ludzie różnie to nazywają. Niektórzy nie lubią nazywać to *Nową* Anglią. Oni twierdzą, że przyjechaliśmy tutaj, żeby być innymi, nie chcemy być żadną, Anglią coś tam.

J: Kiedy tutaj przyjechałaś, Saro?

A: Kilka lat temu ... więcej niż kilka. Przyjechałam tu, kiedy byłam małą dziewczynką. Urodziłam się w Anglii.

J: Przyjechałaś tu ze swoją matką i ojcem?

A: Tak, długa podróż! Zajęła prawie sto dni.

J: Jak nazywał się statek?

A: Och, pozwól mi się zastanowić ... minęło sporo czasu i ... w tym sporo spraw, o których się myśli. To był królewski statek.

J: Doświadczyliście jakiś trudności podczas podróży?

A: Nie, tylko jeden sztorm. Nadciągnęła burzowa pogoda.

J: Miałaś chorobę morską?

A: Jestem chyba jedyną, która jej nie miała. Matka mówi, że Bóg ustrzegł od tego dzieci.

J: *Acha. A więc, mamy rok 1770 a ty ubijasz maślankę ...*

A: (Przerwała) Nie ubijam, żeby mieć z tego maślankę. Ubijam, żeby uzyskać masło!

J: *(Myśląc o tym, kiedy rozpoczęła się Rewolucja Amerykańska.) W porządku, Saro, policzę do trzech a ty znajdziesz się w 1777 roku. Zaczynamy. Jeden, dwa, trzy ... jest 1777 rok. Co dzisiaj porabiasz, Saro?*

A: Bujam się i ceruję, ceruję i bujam się. Naprawiam skarpety.

J: *Jaki jest dzień?*

A: Cudownie słoneczny ... rześka jesień.

J: *Co dzieje się w kraju?*

A: Och, walczą, wieści szybko się rozchodzą. Najpierw jedna strona, potem druga prowadzi. Ciężko powiedzieć.

J: *Kto walczy?*

A: Walczymy z Anglią i jeszcze się ich pozbędziemy. Nie zamierzamy być Nową Anglią!

J: *A czym?*

A: Będziemy wolni! Stworzymy swój własny kraj, zasady i rząd! To jest sposób w jaki ludzie powinni żyć, żyć swobodnie. Niczym odwieczne prawo natury - być wolnym!

J: *I twój mąż walczy?*

A: Och, nie; on jest wiekiem zbliżony do mnie, nawet starszy. Nie ma go tutaj w tej chwili. Leczy i robi wszystko, co może, aby pomóc. Dość często kontaktuje się ze mną.

J: *Jest lekarzem?*

A: Tak.

J: *Dlaczego więc mieszkacie na farmie, jeśli jest lekarzem?*

A: Nie lubimy żyć w mieście. Tutaj nam się podoba. Mamy tu naszą małą społeczność i kiedykolwiek ktoś zachoruje, potrzebny jest lekarz. On pracuje też w gospodarstwie i żyjemy szczęśliwie.

J: *To miłe. Teraz policzę do trzech i będzie rok 1740. (Postanowił cofnąć się.) Co porabiasz dzisiaj, Saro?*

A: Sprzątam i wykonuję swoją pracę i ... można by rzec, niczym prawdziwa dama.

J: *Jaki jest dzień?*

A: Chłodno na zewnątrz; jest zima.

J: *Rozpaliłaś ogień, żeby ogrzać dom?*

A: Tak. Jest tu rodzina i jest miło.

J: *Jak duży jest twój dom?*

A: Cóż, mam sześć pokoi. To dobrej wielkości dom.

J: *(Sprawdzając, o czym wspomniała już wcześniej.) I zbudowaliście go sami, razem z mężem?*

A: Zaczęliśmy od jednego pomieszczenia i pojedynczo dodawaliśmy pokoje. To ciężka praca i zajmuje dużo czasu.

J: *Robi się powoli, ale gdy już skończysz, zostanie.*

A: Jest nasz.

J: *Wszystko twoje. (Johnny ponownie sprawdzał jej poprzednią wypowiedź.) Czym zajmuje się twój mąż, Saro?*

A: Jest lekarzem, farmerem i twierdzi, że jest tzw. 'złotą rączką'. Przeprowadził się tutaj, aby uciec od miejskiego życia. Ja mieszkałam z rodziną na farmie.

J: *Mieli gospodarstwo blisko miejsca, w którym teraz mieszkasz?*

A: Dość blisko. Byliśmy sąsiadami. Ale oczywiście, już ich tu nie ma.

J: *I jest rok 1740? Który miesiąc?*

A: Grudzień.

J: *Czym ogrzewasz dom?*

A: Drewnem.

J: *I jest w kominku?*

A: (Zirytowana) Oczywiście!

J: *Cóż, pomyślałem, że może masz piec.*

A: Nie, mamy trzy kominki w domu.

J: *Dobrze ogrzewają i trzymają ciepło?*

A: Tak, co prawda mamy lekki przeciąg w domu, ale tego można się było spodziewać. Piece są fajne i może kiedyś taki kupimy. Ale najpierw trzeba postawić budynek.

J: *Ile masz lat w tej chwili, Saro?*

A: Dwadzieścia dziewięć.

J: *(Ponownie sprawdzając ją) Jak długo jesteście małżeństwem?*

A: Od kiedy skończyłam 14 lat.

J: *Ile masz dzieci?*

A: W tej chwili jedno. Chłopca, ma 12 lat. Będę mieć kolejne już wkrótce.

J: *Czy on chodzi do szkoły?*

A: Nalegam na to. Chcę, aby był taki mądry, jak jego tatuś.

J: *Jak ma na imię twój mąż?*

A: Bruce.

J: *Jakie nazwisko?*

A: Breadwell. On też jest Anglikiem, ale on, urodził się tutaj.

J: *A więc jego rodzina przybyła tu, przed twoją?*

A: (Sarkastycznie) Musieli.

Na tym etapie, Johnny zabrał Sarę z powrotem, do 1720 roku.

J: *Co robisz w tej chwili?*

A: Piszę. Ćwiczę pisanie. To dla mnie strasznie trudne, żeby się tego nauczyć.

J: *To wymaga dużo praktyki.*

A: Nigdy, nie robię tego dobrze na próbniku.

J: *(Pauza) Jaka jest dzisiaj pogoda na zewnątrz?*

A: Podejdę tylko do okna i sprawdzę … Pojawiła się mgła.

J: *Gdzie mieszkasz?*

A: Z moją mamą i tatą. Mama jest tutaj ze mną w domu. Teraz jest w kuchni, szykuje kolację.

J: *I jak nazywa się miejsce, w którym teraz mieszkacie?*

A: Nazywa się Bostonia. Zmienili to, gdyż kiedy tu przybyliśmy, nazywało się inaczej. Kiedyś nazywało się 'Crossing on Post Road.' A tato mówił, że wkrótce znowu je zmienią ... tata, tatuś, jest teraz w polu.

J: *Czy twój dom znajduje się w mieście, czy poza?*

A: Mieszkamy w pobliżu miasta, mamy dużo ziemi uprawnych wokół. Nie sposób mieszkać, na nich wszystkich.

J: Trzeba się przemieszczać, żeby do nich dotrzeć?

A: Jeździć konno.

J: Ile masz lat, Saro?

A: Dziesięć.

Uwaga: To zgadza się z poprzednimi odniesieniami do jej wieku, w pozostałych latach. Notabene, jej głos i dykcja pasowały do każdego z nich, z zaskakującą naturalnością.

J: Dziesięć lat! Jesteś dużą dziewczyną!

A: Jestem mała jak na swój wiek. Dlaczego mówisz 'duża'?

J: Cóż, masz dziesięć lat, a tu proszę, uczysz się pisać ...

A: (Śmiejąc się) Każdy potrafi pisać!

J: Och, ale to wymaga sporo praktyki.

A: To prawda. To prawda.

J: Czy są jacyś Indianie w tej okolicy?

A: Kilku, kilku. Mieszkają w lesie. Tato mówi, że jeśli nie będziemy ich niepokoić, oni nie będą nas.

J: A więc, nigdy nie rozmawiałaś z żadnym z nich, ani nie próbowałaś się zaprzyjaźnić?

A: Widziałam ich, ale nie potrafię rozmawiać w ich języku. To brzmi jak ... (Wydała z siebie pomruk.) Niczego nie potrafię wymówić, co oni mówią. Czasami używają języka migowego. Kiedy przychodzą do nas, moja matka daje im jedzenie. Jedyną rzeczą, jaką kiedykolwiek usłyszałam oni powiedzieli w moim języku to, 'Dobra kobieta ... miła dama.' Dobrze mówią o mojej matce. Mama mówi, to dlatego, że pomogła jednemu, kiedy był chory. Gdy pojawił się u nas, nie mieliśmy żadnych lekarstw. Wtedy podała mu herbatę z sarsaparillii. (Sarsaparilla – *lek ziołowy, uzyskiwany z korzeni kolcorośli, pochodzących z Ameryki Środkowej i Południowej. Dawniej używany w leczeniu kiły.*) Pomogła zwalczyć gorączkę. Wtedy powrócili i przynieśli skóry dla Dobrej Kobiety, które złożyli pod drzwiami.

J: *To miłe z ich strony.*
A: Mój papa mówi, żeby zawsze być przyjacielskim i nie pokazywać strachu. Oni tego nie cierpią.
J: *Czy kiedykolwiek widziałaś, jak Indianie mieszkają?*
A: Och, nie! Mieszkają w lesie. Bałabym się. Nigdy nie oddaliłabym się tak bardzo od domu. Są znani z tego, że zabierają dzieci. Już tak robili; słyszałam o tym. Mój papa twierdzi, że jesteśmy z nimi przyjaciółmi, tak długo, jak oni będą tego chcieli, ale zawsze musisz uważać. Mogą się zmienić.
J: *Rozumiem. Od jak dawna już tutaj mieszkasz?*
A: Mieszkamy tutaj od dwóch lat. Czas tak szybko leci! Wszystko się zmienia. Mama już nie płacze za domem. To, co ze sobą przywieźliśmy, jest nasze, zachowamy to dla siebie. Stworzymy nasz dom tutaj. Już nigdy nie wrócimy.
J: *Dlaczego niektórzy ludzie rozważają powrót?*
A: Niektórzy by chcieli. My jesteśmy zbyt dumni na to, zostaniemy. Tato mówi, że kiedy nadchodzą trudne czasy, trzeba zaciągnąć pasa i pracować jeszcze ciężej.
J: *Cóż, ma rację. Saro, policzę do trzech i będzie 1707 rok. Co robisz?*
A: Nic.
J: *Nic? Gdzie jesteś?*
A: Nie jestem pewna.
J: *Co widzisz?*
A: Widzę dziwne rzeczy … mają miejsce nowe rzeczy … których nigdy wcześniej nie widziałam. To się wydarzy.
J: *Jakie rzeczy?*
A: Nowy kraj, w którym mieszkasz i rozwijasz się! Nowe pomysły … Ludzie zmienią się i nie będą się już bać nieznanego. Będą porzucać, to, czego nie mogą znieść.

Oczywiście była duchem, choć było to trochę niejasne i pogmatwane. Czy była świadkiem tworzenia się pierwszych amerykańskich kolonii? Johnny przesunął ją szybko do roku 1715, w którym to, powinna mieć 5 lat, jako Sarah.

J: *Jest 1715 rok, co robisz?*

A: Przyglądam się.

J: *Czemu?*

A: Rodzinom. Rodziny przygotowują się.

J: *Ile masz lat?*

A: Nie jestem w żadnym wieku. Za chwilę zrobię coś bardzo dziwnego!

J: *Co zamierzasz zrobić?*

A: Wejdę w ciało pewnej osoby, która w tej chwili żyje.

J: *(Zaskoczony) Że CO zamierzasz zrobić?*

A: Wstąpić w ciało osoby żyjącej. Dusza jest chora i musi odpocząć, ale dziecko ma dalej żyć.

Anita w tym momencie miała zupełnie inny sposób bycia i spokojny głos.

Johnny zaniemówił na chwilę. Potem zapytał, 'Ile lat ma to dziecko?'

A: Jest bardzo małe ... Przyglądam się ... Widzę ich ... będę dziewczynką ... będę małą dziewczynką.

J: *Czy ktoś ci nakazał to zrobić?*

A: Zawsze podążamy za tym, co czujemy. Głos nam podpowiada.

J: *Słyszysz ten głos, czy tylko go czujesz?*

A: Duchy nie mają uszu. Słyszymy, czując. Widzimy, czując.

Johnny postanowił podążyć, za tym dziwacznym odkryciem.

J: *A to dziecko ... czy jest chore, kiedy je przejmujesz?*

A: Ciało jest chore. Ale co ważniejsze, to jego dusza ... dusza musi teraz odpocząć.

J: *Och, czyli, że dusza opuszcza ciało i wtedy ty wkraczasz?*

A: W momencie, kiedy dusza opuści ciało, ja wejdę ... a dziecku natychmiast się polepszy. Gorączka ustanie ... a oni nie zauważą żadnej różnicy, że to ja jestem tym dzieckiem. Będę cicho uczyć się tego dziecka. Nikt nie zauważy większej różnicy. Jak gdybym była wyciszona na jakiś czas, odpoczywała po przebytej gorączce.

J: *I w ten sposób, pierwsza dusza, ma możliwość odpoczynku?*

A: Musi powrócić na spoczynek. Nie była gotowa, kiedy ją wezwano. Zdarza się to sporadycznie, choć z łatwością, można to sprostować.

J: *Tak. A jak ma na imię ta mała dziewczynka?*

A: Na imię ma Sarah.

J: *Sarah. A ile ma lat?*

A: Wydaje mi się, że ma pomiędzy 5 i 10 lat. Trudno powiedzieć, zanim się tam zbliżę. Wkrótce tam będę.

W tym momencie, Johnny postanowił przesunąć ją o trzy lata do przodu, w nadziei, na uzyskanie jaśniejszego obrazu, całej tej nietypowej sytuacji.

J: *Jest rok 1718. Co robisz?*

A: Pomagam mamie.

J: *Jaki jest dzisiaj dzień?*

A: Słoneczny.

J: *Słonecznie i przyjemnie. Jak masz a imię?*

A: Na imię mam Sarah.

J: *Ile masz lat, Saro?*

A: Siedem. Wkrótce będę miała osiem.

J: *Gdzie mieszkasz?*

A: Ja ... Nie mieszkam w tej chwili ze swoją prawdziwą rodziną. Przebywam tu, do czasu aż nie wyjedziemy. Razem z tymi ludźmi, oni też jadą. To trochę poplątane.

J: *Przebywasz z ... kim ... jakimiś przyjaciółmi?*

A: Tak, razem wyjedziemy ... przeprowadzimy się na wieś.

J: *Och. Czyli teraz mieszkacie w mieście?*

A: W mieście.

J: I przenosicie się na farmę?
A: Prawdopodobnie to będzie farma.
J: Płynęłaś kiedyś statkiem?
A: Tak, tak.
J: Wiesz, jak nazywa się to miejsce?
A: Nowa ... Nowa Anglia.
J: Och, a więc dopiero co dotarliście tutaj?
A: Już niedługo.
J: A ty zostałaś z przyjaciółmi. Czy twoja rodzina buduje w tym czasie dom, w którym zamieszkasz?
A: Nie powiedzieli mi ... mam być grzeczna. Niedługo po mnie wrócą. Mówią, że nie doszłam jeszcze do siebie. Nie jest dla mnie wskazane, zbyt często opuszczać dom ... dopóki nie poczuję się lepiej.
J: Byłaś chora?
A: Tak, jakiś czas temu. Bardzo chora. Wyzdrowiałam. Teraz jestem zdrowa - mój umysł błądzi. I mówię im rzeczy, w które mi nie wierzą.
J: Co takiego im mówisz, w co nie wierzą?
A: Mówię im o rzeczach, które widzę. Rzeczy, które wydarzą się w przyszłości. Ale oni twierdzą, że ja nie mogę tego zobaczyć. Moja matka powtarza, 'Cicho sza! To niebezpieczne tak mówić!'
J: Och ... cóż, ja wierzę w te rzeczy. Co takiego zobaczyłaś, co wkrótce się wydarzy?
A: Kiedy jechaliśmy do miasta, spojrzałam i nagle było to miasto ... olbrzymich rozmiarów. Mój wzrok nie ogarniał tej wielkości! Miasto rozciągało się wszędzie dookoła nas i budynki były inne niż teraz. A ludzie na ulicach, ubrani zupełnie inaczej. Ulice były utwardzone, nie z kostki brukowej, tylko gładkie, równe.
J: Mogłabyś powiedzieć, kiedy ma tak być?
A: Tylko tyle, że tak będzie w przyszłości, odległej przyszłości, ponieważ wiele zmian już zaszło. A to miasto, jak je widziałam - moja matka sprawdziła tylko moje czoło i

141

rzekła, 'Biedne dziecko, nigdy już nie była taka sama, od czasu tej gorączki.' I rozpłakała się.

J: Ale ty widziałaś, to naprawdę ogromne miasto?

A: Olbrzymie, gigantyczne.

J: Mnóstwo ludzi? Jak byli ubrani, Saro?

A: Być może, gdybym jej tego nie powiedziała wcześniej, uwierzyłaby mi. Nie była w stanie mi uwierzyć.

J: Powiedz mi!

A: A uwierzysz mi?

J: Uwierzę ci.

A: Cóż, sukienki, które noszą kobiety, nie sięgają już do ziemi ... są krótsze, bliżej kolan, gdzieś po środku. I noszą przejrzyste pończochy, przez które wszystko widać ... i wysokie obcasy, na których się chodzi. Muszą być bardzo inteligentnymi ludźmi, żeby się tak prezentować. Mężczyźni noszą dziwne kapelusze, a ich spodnie są ciaśniejsze, gładko układające się w dół do samej ziemi.

J: Czy widziałaś też inne rzeczy z przyszłości?

A: Och, widziałam, ale moja matka twierdzi, że nic się nie zgadza z tego co mówię i martwi się o mnie. Powtarza, że straciłam rozum.

J: Nie, nie uważam, że zwariowałaś. Według mnie po prostu widzisz z wyprzedzeniem, co ma się wydarzyć.

A: Wierzysz w to, że tak się właśnie stanie?

J: Wierzę, że tak. I chciałbym, żebyś opowiedziała mi, o tych innych rzeczach, które widziałaś.

A: Cóż, raz spojrzałam na moją matkę i zobaczyłam wokół niej chorobę. Powiedziałam jej o tym, a ona zaśmiała się tylko. Jednak dwa dni później, straciła dziecko, które w sobie nosiła. Była bardzo chora.

J: Czy wtedy ci uwierzyła?

A: Nie, nie, powiedziała, że jestem tylko dzieckiem i to co powiedziałam, nie mogło mieć wpływu na to. To mogło być cokolwiek. Wiele razy mówiłam jej o drobnych sprawach i rzeczach, które widzę. Teraz wiem, że nie mogę im mówić o dużych rzeczach, które widzę. Pomyślą, że mój umysł doszczętnie zwariował.

J: *Jakie wielkie rzeczy zobaczyłaś?*

A: Spojrzałam na port i powiedziałam im, że statki będą budowane z tych samych materiałów, z których teraz wyrabiane są lufy pistoletów. To będą masywne, potężne statki i przepływać będą ocean w kilka dni. Każdy w pobliżu roześmiał się. A matka dodała, 'Biedne dziecko, miała gorączkę, gorączkę mózgową.' Jestem zagadką dla tej kobiety.

J: *Myślę, że oni powinni cię posłuchać.*

A: Mogłabym powiedzieć im wiele rzeczy, tylko patrząc na nich. Jak widzę jakąś osobę, mogę dostrzec dobro i zło wokół nich, a czasami, mogę stwierdzić co się wydarzy. Patrzę na nich, a oni się zmieniają i wyglądają dokładnie tak, jak myślałam, że będą wyglądać w nadchodzących latach. Pewnego razu, zobaczyłam człowieka, a on … on zniknął na moich oczach i wtedy już wiedziałam, że wkrótce umrze.

J: *Twierdzisz, że kiedy popatrzysz na kogoś, to widzisz dobro lub zło wokół nich. Jak wygląda zło?*

A: Zło jest czarne. Zacienia. Czasami osoba jest częściowo zasłonięta, jak gdyby, stała w chmurach lub we mgle. I od razu wiesz, że ta osoba dopuściła się złych rzeczy, lub dopiero to zrobi, lub po prostu wydarzy się coś złego. Jeśli spojrzę na nią i pomyślę, mogę stwierdzić, w czym rzecz. Przyglądam się mocno i kiedy zamknę oczy, mogę powiedzieć, czy wydarzy się coś nieprzyjemnego. Nawet to, czy była choroba w przeszłości. Niekiedy, mogę zobaczyć, czy w przeszłości, zrobili coś wyjątkowo podłego.

J: *A jak wygląda dobro?*

A: Świeci jaskrawo, jak gdyby, ktoś stał w blasku światła słonecznego. Pięknie to wygląda.

J: *Czy są tam różne kolory?*

A: Wiele kolorów. Tyle, co tęcza albo i więcej. Cudowny widok.

J: *Wiesz może, czy te rozmaite kolory, mają różne znaczenia?*

A: Czasami oznaczają różne rzeczy, mogę dokładnie stwierdzić, co to będzie. Innym razem, nie jestem pewna, ale ciekawa, wtedy mogę przyglądać się i to dostrzec.

J: *Cóż, twoja matka i reszta tych kobiet, powinna cię posłuchać. Mogą nauczyć się czegoś.*

A: Oni wszyscy modlą się za mnie. Modlą się o zdjęcie ze mnie uroku.

J: *Ok, Saro, i to jest 1718 rok?*

A: Tak, 1718 rok.

J: *Policzę do trzech i wrócimy do roku 1700.*

Kiedy cofnięta została do tego roku, znowu była duchem. Te epizody, zostaną omówione w osobnym rozdziale. Ponownie, po krótce, zahaczył o rok 1770. Tą technikę, stosowano wiele razy, aby sprawdzić niespójności. Jednak każda osobowość, zawsze, ukazuje się bardzo wyraźnie. Anita od razu przemienia się z jednej postaci, w drugą, jak gdyby, nigdy nic, nawet po kilku tygodniach przerwy. Następny fragment jest z 1770 roku, zapytana, 'Co robi?'

A: Cóż … Spałam!

J: *Właśnie się obudziłaś?*

A: Musiałam ... dziwnie się czuję … dopiero co się obudziłam … To będzie udany dzień.

J: *Wzeszło już słońce?*

A: Tak, już jest. Ładnie to wygląda … Lubię poranki.

J: *Jaka jest pora roku?*

A: Wiosna. To będzie fajny, pogodny dzień. Zawsze ustawiam swoje łóżko od zachodu, żeby mieć widok z okna wschodniego.

J: *Jak masz na imię?*

A: Na imię mam Sarah.

J: *Jak się nazywasz, Saro?*

A: Breadwell. Sarah Breadwell.

J: *Ile masz lat, Saro?*

A: Och, coraz więcej, coraz więcej … chora.

J: *Jesteś mężatką, Saro?*

A: Tak, jestem.

J: *Gdzie jest twój mąż?*

A: Cóż, nie wrócił ostatniej nocy. Potrzebny był lekarz, więc pojechał.

J: *Ktoś zachorował?*

A: Rodzi dziecko. Ma trudności. Położna dotarła po nim. Zakładam, że spędził tam noc. Nie lubi wracać do domu w ciemnościach. Jego oczy, nie są już tak sprawne, jak kiedyś.

J: *Oczywiście, a koń mógłby się potknąć i upaść.*

A: Cóż, to prawda. Choć, do teraz, poznał te drogi bardzo dobrze, tak samo zresztą, jak jego koń.

J: *Jak długo już go nie ma?*

A: Och, wyruszył wczoraj około wieczora ... tuż przed zmrokiem. Siedzieliśmy tu na werandzie i rozmawialiśmy, kiedy pojawili się oni i poprosili o pomoc. Zawsze idzie, choć rzadko dostaje zapłatę w gotówce. Ale lubi pomagać ludziom. Czasami dają mu kukurydzę lub cokolwiek innego mają. Znaliśmy rodzinę tej młodej dziewczyny i wiem, że bardzo jej współczuje.

J: *Co będziesz dzisiaj robić?*

A: Myślę, że posiedzę dzisiaj na zewnątrz. Już niedługo powinnam być w stanie wstawać i lepiej się poruszać. Biodro, nie może powstrzymywać cię od tego, w nieskończoność.

J: *Uszkodziłaś sobie biodro?*

A: Cóż, tym razem, przewróciłam się, tam w piwnicy i je złamałam. Długo to trwało, zanim się zrosło. Muszę leżeć w łóżku. Można oszaleć od tego.

J: *Tak, to najtrudniejsza część choroby, leżenie w łóżku.*

A: Po tym, jak przestało tak bardzo boleć, chcę wstać, ale kiedy się ruszam, to znowu boli. Boję się, że zupełnie zesztywnieje. Chcę podnieść się i więcej się ruszać, nie pozwolić temu zastygnąć.

J: *Pewnie. Masz dzieci, Saro?*

A: Miałam, dwójkę.

J: *Gdzie oni są?*

A: Och, wyjechali, no wiesz, mają swoje rodziny, nie ma ich tutaj na stałe.

J: *Daleko mieszkają?*

A: Nie, niedaleko.

J: *Jak nazywa się to miasto, Saro?*

A: Wydaje mi się, że nazywają je Bostonia. Tak chyba chcą je nazywać.

J: *Jak je nazywaliście, kiedy przybyliście tutaj po raz pierwszy?*

A: Cóż, kiedy tutaj przyjechaliśmy, nie nazywaliśmy go w ten sposób. Na początku to było tylko przejście na Post Road (Trakt Pocztowy) przeciągając tą drogę w górę z ... i jak mówią, wierzę, że prowadzi aż do Nowego Jorku, gdzie mieszkają Holendrzy.

J: *Holendrzy?*

A: Tak, Niemcy, Holendrzy, mieszkają tam w Nowym Jorku. I prowadzą tą drogę w górę, panuje duży ruch i w ogóle. A dlaczego, czasami, kiedy wyjrzę przez okno na drogę, widzę czterech lub nawet pięciu nieznajomych dziennie. Wszystko się rozwija. Ta ulica ma się zaczynać w Filadelfii i prowadzić przez Nowy Jork w górę aż tutaj. Jak przypuszczam, jesteśmy na szarym końcu tej trasy. Nigdy nie słyszałam, aby prowadziła dalej na północ. Wydaje mi się, że będzie sięgać aż dotąd.

Kiedy próbowałam sprawdzić niektóre z tych faktów, znów, napotkałam problemy. Napisałam do paru Towarzystw Historycznych w Bostonie i za każdym razem otrzymałam w sumie tę samą odpowiedź. Że otrzymują zbyt wiele zapytań o informacje; dlatego też, nie są w stanie odpowiedzieć mailem. Ich kroniki, dostępne są do wglądu, tylko dla profesjonalnych genealogów, którym oczywiście trzeba zapłacić. Jedno Towarzystwo wspomniało, że zwrot 'Bostonia' zbliżony jest bardziej do łacińskiej pisowni wyrazu 'Boston' i że przez lata, istniała główna trasa (Trakt pocztowy) prowadząca na zachód, znana jako Boston Post Road.

Niektóre dane, pochodziły z zaskakujących źródeł: jak jedna z książek do historii, moich dzieci. Cytat pochodzi z *'Historia Naszych Stanów Zjednoczonych'*, rozdział 12 'Rozwiązywanie Problemów Transportowych': 'Szlaki, stają się drogami. We wczesnych latach kolonialnych, las wydawał się nie mieć końca. Osoba podróżująca po tych terenach, podążała szlakiem Indian. Stopniowo, oczyszczano niektóre z tych szlaków lub przecierano nowe, wystarczająco szerokie, aby można było jeździć po nich konno. Pod koniec okresu kolonialnego, niektóre z nich były wystarczająco szerokie, aby pomieścić na nich zaprzężony wóz czy wagon. Kiedy podróżnik dotarł do strumienia, musiał znaleźć miejsce, w którym woda była najpłytsza do przeprawy. W pobliżu miast, przedsiębiorczy ludzie, czasami obsługiwali prom. A także, budowane były drogi.

'Tak więc, w 1760 roku, jedyną długą trasą pomiędzy koloniami, po której mogły podróżować zaprzężone wozy czy dyliżanse, była ta łącząca Boston, Nowy Jork i Filadelfię. Latem, można było w tydzień przejechać trasę z Bostonu do Nowego Jorku i dotrzeć do Filadelfii, trzy dni później. Zimowa przeprawa, trwałaby dłużej.

'Chcąc podróżować na południe od Filadelfii, w 1760 roku pływał tamtędy przybrzeżny statek aż do Savannah czy Charleston. Chcąc podróżować lądem, trzeba było jechać konno, lecz w pewnym momencie trasa ta, stawała się nieprzejezdna.'

Sesja trwała dalej, Johnny zabrał Sarę do roku 1790 i zapytał 'Co widzisz?'

A: Rodzinę.
J: Co robisz?
A: (Szeptem) Leżę w łóżku.
J: Jesteś chora?
A: Bardzo chora.

Wygląda na to, że Sarah dożyła późnej starości, zmarła w wieku 80 lat, co było dość późno, jak na tamte czasy.

Przedziwne zdarzenie podczas przyjścia na świat i jej zdolność jasnowidzenia pozyskana w konsekwencji tego zajścia, najwyraźniej zanikła po kilku latach; oczywiście, to nie było pochwalane. W późniejszych latach, jej życie toczyło się zupełnie normalnie.

Czy to możliwe, że Sarah miała te zdolności, ze względu na to, że nie urodziła się normalnie, tylko weszła w ciało tego dziecka, jako świeża dusza, prosto zza światów? Okazuje się, że normalny poród otępia i tłumi pamięć o przeszłym życiu i świecie duchów. Ponieważ w rozwoju dziecka, skupiamy się na nauce obsługi naszego ciała, chodzeniu, mówieniu itp. ... Wspomnienia i pamięć stopniowo zanikają i w większości przypadków, nigdy nie powracają, chyba że, w hipnozie. Ten przypadek, jest wyjątkiem od reguły. Zobaczyliśmy świat duchów i to, że nasze fizyczne życie, jest o wiele bardziej skomplikowane niż możemy to sobie wyobrazić.

To było kilka lat temu (w 1970 roku) kiedy to Ruth Montgomery, wymyśliła termin 'wejścia', aby w swojej książce 'Strangers Among Us', opisać dokładnie ten sam incydent, którego my doświadczyliśmy. Termin ten, odnosił się do sytuacji, w której dwie dusze, z różnych powodów, wymieniają się miejscami. Jednak w czasie naszego eksperymentu, nikt nie słyszał o niczym podobnym i cały ten pomysł był szalony. 'Wejścia' (razem z odpowiadającą im koncepcją 'Wyobrażania'), są szerzej omówione w mojej książce 'Between Death and Life'. ('Pomiędzy Życiem, a Śmiercią').

Rozdział 8
Mary w Anglii

Do tej pory, Anita była niezwykle konsekwentna odnośnie czasu i dat, poprzez wszystkie jej życia jako: June/Carol, Jane i Sarah. Ale w jej kolejnych wcieleniach, zaczęła mieszać element czasu. Mogliśmy tylko przypuszczać, w jakiej epoce się znalazła, poprzez to, co nam opowiadała. Kiedy pojawiła się czwarta osobowość, przekroczyliśmy ocean i byliśmy teraz w Anglii. Wkroczyła na scenę jako stara kobieta, przemawiająca z uroczym, irlandzkim akcentem. Ustaliliśmy, że na imię miała Mary i mieszkała w pobliżu szkockiej granicy. Lecz ponownie, dla jasności, byłoby lepiej, zacząć od najwcześniejszych zapisków z jej życia.

Johnny cofnął ją do czasu, kiedy miała dziesięć lat. Jej głos i dykcja, natychmiast zmieniły się na bardziej dziecinne.

J: Co robisz, Mary?
A: Jadę powozem ... Przeglądam wykroje ... i zastanawiam się, gdzie wkrótce będziemy. To długa przejażdżka.
J: Dokąd jedziecie?
A: To miasto ... miasto ... tato! Ty mi mówiłeś jakie to miasto, ale już zapomniałam. (Pauza, jakby słuchała.) Aj? Tata powiedział, że to Loch. Będziemy tam mieszkać. Najpierw zabrano powozami nasze rzeczy, teraz my jedziemy.
J: Gdzie mieszkaliście do tej pory?
A: W małym miasteczku na wybrzeżu. Prawie nikogo tam nie ma, oprócz nas!
J: Czy to daleko od Loch?
A: Och, nie. Być może, jeśli pojechałbyś dłuższą trasą. Ja zawsze proszę tatę, czy możemy jechać drogą na około. Ale, jeśli jedziesz bezpośrednio tam, zajmuje to dwie godziny.
J: Jak nazywa się to miasteczko?

149

A: Crew.

Wiedziałam, że Loch było szkockie, od nazwy jeziora. Przejrzałam mapy, żeby sprawdzić, czy jest jakakolwiek wzmianka o miejscowości Crew. Wszystko, co znaleźliśmy, to miejscowość Crewe w środkowej Anglii, która powstała dopiero w 1800 roku, razem z koleją. Na nasze szczęście, w Beeville mieszkała żona marynarza, która była Szkotką i zapytałam ją, o Crew. Odpowiedziała, że było miasteczko o takiej nazwie, po szkockiej stronie, ale było tak małe, że prawdopodobnie nie pojawiało się na mapach. Powiedziała, że od zawsze była to mała miejscowość.

J: Czym zajmował się tato w Crew?
A: Obawiam się, że coś mu nie poszło. Ale teraz będzie miał swój własny interes.
J: Jaki to interes?
A: Szewc.
J: Był szewcem w Crew?
A: Pracował u szewca jako uczeń.
J: Chodziłaś do szkoły?
A: Nie. Moja matka, uczy mnie, co sama potrafi. 'To nie pasuje kobietom, żeby zbyt dużo wiedzieć.' Mój tato mówi, że stają się wtedy niezadowolone ze swojego losu, kiedy uczą się jak mężczyźni, używając rozumu. To wbrew naturze.

W tym momencie, Johnny wykazał się niespodziewaną dawką szowinizmu, mówiąc: (z pewnym zadowoleniem, pomyślałam sobie) 'Twój tato jest bardzo mądry!' Mary kontynuowała:

A: Tato nauczył się zawodu i wtedy poprosiłam go czy też mogłabym pójść do szkoły i nauczyć się zawodu, a on mnie wyśmiał. Powiedział, że zarobi wystarczająco dużo pieniędzy dla nas wszystkich. A ja, powinnam nauczyć się jak być damą i tego wszystkiego, co robią kobiety. Tak, i że nie mam próbować być mężczyzną. To psuje rozum i jest wbrew naturze. Mężczyźni powinni się uczyć, a kobiety powinny być w domu. Tak, jest wiele do nauki, jak gotować, szyć i tworzyć dom. Nie umieć tego, to grzech i wstyd.

Następnym razem, kiedy spotkaliśmy się z Mary, była starsza i zamężna.

J: Co robisz?
A: Czekam aż wzejdzie słońce.
J: Och, jeszcze nie wstało?
A: Nie.
J: Od dawna już nie śpisz?
A: Od niedawna. Lubię, kiedy tak jest, już nie jest ciemno, ale też, jeszcze nie jest jasno. Po prostu czekam.
J: Lubisz oglądać wschód słońca? To naprawdę piękne.
A: Tak, lubię.
J: Jak masz na imię?
A: Mary.
J: Jak masz na nazwisko?
A: (Śmiech) Riley.
J: Jesteś mężatką, Mary?
A: Tak.
J: Od jak dawna jesteście małżeństwem?
A: Od bardzo dawna ... wiele lat.
J: A co robi twój mąż?
A: Robi buty. Botki i kapcie.
J: Ile masz lat, Mary?
A: Mam ... chyba prawie 40 ... Myślę, że mam 40 lat.
J: Ile masz dzieci?
A: Jedno; córkę.
J: Jak ma na imię?
A: Nazwałam ją Mary.
J: Po sobie?
A: Po Świętej Maryji – niech Matka Dziewica zawsze ją ochrania.

J: Sprawdźmy, twój dom jest ... w jakim mieście?
A: Loch.
J: Od jak dawna mieszkasz w Loch?
A: Prawie całe moje życie. Przyjechaliśmy tutaj, kiedy byłam
małą dziewczynką.
*J: (Wiedział, że Loch oznacza Jezioro) Mieszkasz w pobliżu
wody?*
A: W miarę blisko. Widać ją z miasta. Miasto zbudowane jest w
pobliżu wody.
J: Och, a więc mieszkasz w mieście?
A: Jakby na obrzeżach, ale w mieście.
J: Sprawdźmy, jesteś w Anglii, tak?
A: Tak, w Anglii.
J: Kto jest królem?
A: Mamy królową.
J: Jak ma na imię?
A: Mary.

To była jedyna rzecz, jaką powiedziała, która potencjalnie
mogła przybliżyć nam datę. Badania ujawniły, że pomiędzy
latami 1553-1558, panowała Queen Mary I (Mary Tudor),
królowa Maria Tudor, zwana Bloody Mary. (Krwawą Mary)
Była córką Hanryka VIII; stąd była przybraną siostrą Elżbiety I.
Przezwisko 'krwawa' nadali jej Protestanci, po tym, jak
zaplanowała przywrócić w Anglii kościół rzymsko - katolicki,
jako instytucję państwową, nawet jeśli oznaczałoby to wojnę.
Około 300 Protestantów zginęło śmiercią 'męczeńską' w tym
okresie. W latach 1689-1694, panowali wspólnie William III i
Mary II. To również mógł być jeden z nich.

J: Czy widziałaś kiedyś królową Mary?
A: Nigdy tam nie byłam; to za daleko.
J: Gdzie ona mieszka?
A: Na południu kraju. Słyszałam, że czasami tu przyjeżdża - do
zamku w pobliżu. Ale nigdy jej nie widziałam.

Badania wykazały, że zamek Balmoral, położony w lasach hrabstwa Aberdeen, w szkockich górach, jest rezydencją brytyjskich monarchów. Czy to mógł być zamek, o którym wspomniała?

J: *Prawdopodobnie, przyjeżdża tutaj na letnie wakacje.*
A: Tak, tutaj jest o wiele lepiej niż tam. Ona lubi wodę.
J: *Gdzie jest dzisiaj twój mąż?*
A: Pracuje.
J: *Czy ma swój własny sklep?*
A: Tak ma. Musi ciężko pracować, zrobić specjalną parę botków. Musi być gotowa na dziś.
J: *Och, pracował całą noc, czy wstał o świcie, żeby zacząć pracę wcześniej?*
A: Wyszedł chwilę temu. Przygotowałam dla niego śniadanie.
J: *Co takiego zjedliście?*
A: Jego ulubione szkockie naleśniki, nazywa je słodkie bułeczki. Jeden je w domu, a drugi jest ekstra na lunch. Jesz je z masłem, miodem lub dżemem. Dobre na ciepło i na zimno. Bardzo słodkie ciasto. Dobra ze mnie kucharka, wiesz?
J: *Tak. Czy twoja córka nadal śpi?*
A: Tak. Wygląda jak aniołek. Jej włosy - są bardzo ciemne. Piękne dziecko. Piękne. (Była taka dumna.)
J: *Ile ma lat?*
A: Wkrótce dziewięć, już niedługo.

Znów, spotkaliśmy się z Mary w podobnym wieku, przy okazji innej sesji.

J: *Co robisz, Mary?*
A: Zamiatam, czyszczę i poleruję. Wyprawiam przyjęcie.

(Było słychać, że jest szczęśliwa i podekscytowana.)

J: *Z jakiej okazji?*

A: Urodzin mojej córki.

J: *Ile ma lat?*

A: Skończy dziesięć.

J: *Ile ty masz lat, Mary?*

A: Och … (Chichocząc) … 40. Prawie 40.

J: *Kto przyjdzie na przyjęcie?*

A: Wszyscy jej przyjaciele, jakich ma.

J: *Chodzi do szkoły?*

A: Chodzi do szkoły tutaj w mieście, małe miasteczko, szkoła jest niewielka. Uczy się dobrze. Jest pogodnym dzieckiem. Nie jak jej matka! Jasnooka.

J: *Jak nazywa się ta szkoła?*

A: (Śmiejąc się) Szkoła Loch. Nie ma innej nazwy. Choć, wiesz, ksiądz mówi, że owszem, czasami nazywamy ją od imienia kościoła. Dobrze ją tam uczą.

J: *Jak nazywa się kościół?*

A: Świętego Józefa. Nazwaliśmy go, od naszego Ojca świętego.

To było jedyne życie, w którym była katoliczką.

J: *Co przygotowałaś na przyjęcie?*

A: Vanities! (Ciastka nic! Chrust) Moja córka je uwielbia.

J: *(Zmieszany) Czym są ciastka nic?*

A: To jak ciasto francuskie. Wygląda lekko, puszyście i myślisz, że wewnątrz też jest takie, ale w środku jest prawie puste, z dziurą. Stąd nazwa ciastka nic, napompowane powietrzem.

Stare książki kucharskie, nie zawierały żadnego przepisu o takiej nazwie. Osobiście uważam, że opis pasował do tzw. Popovers (angielskich Yorkshire Puddings, czyli tradycyjnych 'bułeczek' z piekarnika, zrobionych z ciasta naleśnikowego.)

A: I rozleję dla nich herbatkę, jak to robią damy. Chciałaby, żeby to było typowo kobiece przyjęcie.

J: *Przypuszczam, że wszystkie małe dziewczynki lubią zabawę w damy.*

A: Och, tak. I będzie najpiękniejszą z dam. Urocza. Jeśli nie masz nic przeciwko, chciałabym kontynuować swoją pracę, żeby się nie spóźnić.

J: *Tak, kontynuuj. Zapamięta to przyjęcie do końca swojego życia.*

A: Aj, mam nadzieję. Tak długo na nią czekaliśmy!

J: *Co zamierzasz jej dać na urodziny?*

A: Ojciec zrobił dla niej najpiękniejsze buty, a ja uszyłam dla niej sukienkę ... z jedwabiu! Będzie taka dumna.

J: *Z pewnością.*

Ostatni raz, kiedy spotkaliśmy się z Mary, była starszą kobietą i akurat dziergała chustę.

J: *Robisz przepiękny szal.*

A: Aj, ma jasny odcień, ożywi mnie.

J: *Ładnie. Mary, nie powiedziałaś, jak się nazywasz.*

A: Aj! Jesteś uprzejmy i zainteresowany mną. Odwiedzisz mnie znów, za jakiś czas?

J: *Tak. Odwiedzę.*

A: To dobrze. To dobrze. Nazywam się Smythe – Riley. (Najwyraźniej, Smythe było jej nazwiskiem panieńskim.)

J: *Czujesz się tam samotnie?*

A: Ludzie przychodzą kupować moje robótki na drutach. Czasami wnuczki przychodzą.

J: *Dużo ich masz?*

A: Nie, tylko dwie. Słodkie. Dwa słodkie 'Brownies'. (Zuchy)

Mówi się, że angielska nazwa żeńskiej grupy skautów tzw. 'Brownies', wzięła się od tego, że stare irlandzkie babki, w ten sposób nazywały swoje wnuczki.

J: *Sprawdźmy. Powiedziałaś, że masz 70 lat?*

A: Aj. Jestem taka stara, ale miałam dobre życie. Czekam teraz. Moje zdrowie pogorszyło się. Jak za dużo się ruszam, bolą mnie nogi. Masuję palce u rąk. Nadal mogę sprawnie

155

dziergać. 'Dobrze jest, zrobić coś pożytecznego. Rozum, rozum starzeje się razem z nami.'

J: *Gdzie jest ta wieś, Mary? W jakim miejscu teraz jesteśmy?*

A: (Śmiejąc się) Dlaczego pytasz, jesteśmy w Anglii! Widać stąd szkockie wybrzeże.

J: *Jak nazywa się miejscowość?*

A: Mieszkamy na obrzeżach miasta; nazywa się Loch.

J: *Czy to duże miasto?*

A: Och … zależy co nazywasz dużym. Nie jest, jak Londyn. Słyszałam, że Londyn jest naprawdę duży.

J: *Byłaś kiedyś w Londynie?*

A: Nie, nigdy. Raz przekroczyłam wody i udałam się do Szkocji, raz do Irlandii, ale nigdy nie byłam w Londynie, ani żadnym innym dużym mieście. Jestem prostą dziewczyną, wiodę proste życie.

J: *Kim tak naprawdę jesteś, Angielką, Szkotką czy Irlandką?*

A: Tutaj się urodziłam. Mówię, jak mój mąż, po tylu latach życia razem. On był pół Irlandczykiem i pół Szkotem; Dobry człowiek. (To wyjaśniało irlandzki akcent.)

J: *Jaki zawód wykonywał twój mąż?*

A: Pracował tutaj w mieście; robił buty; był szewcem. Robił męskie i damskie obuwie też. Najlepsze. Zrobił te, które mam na sobie. Dbam o nie, to jest ostatnia para, którą dla mnie zrobił.

J: *Jak się nazywał twój mąż?*

A: Thomas. Thomas Riley. Dobry człowiek.

J: *Jak dawno temu umarł?*

A: 20 lat temu.

Musieli tworzyć w tamtych czasach, o wiele lepsze buty, skoro przetrwały 20 lat. Chociaż, była również starszą kobietą, mało aktywną.

J: *Ile miałaś dzieci, Mary?*

A: Tylko jedno, które przeżyło. To bardzo przytłoczyło biednego Thomasa; chciałby mieć większą rodzinę. Moje dzieci umarły, zanim się urodziły. Nigdy nie donosiłam dziecka, prócz jednego. Urodziła się w terminie. Nazwałam ją Mary.

Wygląda na to, że Mary wiodła długie i szczęśliwe życie w Anglii. Nie wydaje się, aby było jakkolwiek powiązane z jej obecnym życiem, oprócz tego, że jest katoliczką, a jej dzieci uczęszczały do lokalnej szkoły katolickiej.

Rozdział 9
Silna Gretchen

Założyłam, że skoro doszliśmy już tak daleko w regresji, nie było niczego więcej, co mogłoby nas zaskoczyć. Jednak każda sesja, zawierała w sobie coś świeżego i nowego, co pobudzało nasze umysły.

W następstwie kolejnych wydarzeń, Anita została poddana regresji do czasu, tuż przed narodzeniem się do życia w Anglii jako słodka i delikatna Mary. Naturalnie, akurat była duchem, lecz to, co powiedziała, było mylące. Opowiedziała o dziwnym, nowym miejscu, o którym nigdy wcześniej nie wspomniała, a wydawało się czymś zupełnie innym niż to, w którym zazwyczaj znajduje się jako dusza.

J: *Ok, Mary; jesteśmy tam z powrotem. Co widzisz?*
A: Jest czarno, ciemno. Wkrótce się rozjaśni.
J: *Co to takiego, noc?*
A: Już była, to świt.
J: *Co robisz?*
A: Przybyłam w to miejsce po raz pierwszy. Moja dusza odpoczęła - setki lat.
J: *Co to za miejsce?*
A: Myślę, że Anglia. I jestem już gotowy - zacząć swoją serię.
J: *Seria czego?*
A: Moje lekcje. Moja dusza musi zostać oczyszczona i muszę się uczyć. Krok po kroku, przejdę przez różne fazy nauki, jak podpowiada mi mój głos. I za każdym razem będę się uczyć czegoś innego i nowego. Tutaj zacznę; będę przyglądać się i obserwować.
J: *Gdzie byłaś do tej pory?*
A: Odpoczywałam, wiele lat ... setki, zdaje się. Wypoczywałam.

J: *Gdzie wypoczywasz?*

A: Ponad Ziemią, ponad wszystkim. Nie ma tam uczuć, wibracji czy kolorów. Kiedy odpoczywasz, jesteś całkowicie spokojny.

J: *Ale jesteś z dala od Ziemi?*

A: Z dala. Słyszałam, że ma kłopoty.

J: *Ziemia?*

A: Zawsze problemy, biedne dusze. Zesłane ze spokojnego miejsca, na Ziemię. Zanim powrócimy, będziemy się uczyć.

J: *Czyli, że idziesz na Ziemię, uczyć się swoich lekcji?*

A: Tak, muszę.

J: *Udałaś się na spoczynek na długo.*

A: Długo, długo.

J: *Dlaczego? Czy twoja dusza była zmęczona?*

A: Doświadczyła ogromnej przemocy, dużo przemocy, a mój duch był przez to rozszarpany i zraniony. Potrzebowałam odpoczynku. To działo się tutaj, ale nie mówiłam wtedy w tym samym języku, w jakim teraz z tobą rozmawiam. Pamiętam tylko urywki z tego, choć nie powinnam nic pamiętać, aby prawdziwie odpocząć. Głos mi mówi, że im więcej czasu upłynie, tym mniej będę pamiętać. Nie wolno mi pamiętać przeszłości. Duch wkracza świeży i wypoczęty, bez zbędnej wiedzy, wchodzisz w ciało ... i zaczyna się. Ty zaczynasz.

To było dopiero pogmatwane. Aby powrócić w sesji do tego, co jest dla nas zrozumiałe, Johnny zaczął zadawać pytania odnośnie czasu.

J: *Sprawdźmy ... mówisz, że odpoczywałaś setki lat. Policzę do trzech i cofniemy się w czasie o kolejne 100 lat. Będziesz w stanie rozmawiać ze mną, w języku, którym operuję. Powiedz mi, co robisz?*

A: Przygotowuję się. Odpoczywam.

J: *A gdzie odpoczywasz?*

A: Nie ma na to nazwy … w ogóle tego nie nazywamy. Jesteśmy tutaj; jesteśmy razem.

J: *My? Dużo was tam jest?*

A: Wiele dusz, mnóstwo i odpoczywamy. Czasami możesz powrócić bardzo szybko, tak mówią. Jeśli zrobiłeś coś naprawdę nieodpowiedniego, chcesz wrócić, zanim utracisz całą pamięć o tym. I próbujesz nie popełnić tych samych błędów, inaczej zostaniesz przeklęty na wieki i będziesz musiał tu wracać od nowa i tak w kółko na okrągło. Lepiej odpocząć i zapomnieć.

J: *Ok. Policzę do trzech i cofniemy się w czasie o kolejne 100 lat. Co teraz robisz?*

A: Zaczynam swój wypoczynek.

Dopiero, co zaczęła pobyt w tajemniczym miejscu. Jak daleko przed tym czasem, wiodła inne życie? Będziemy próbować, dopóki się nie dowiemy.

J: *Ok. Policzę do trzech i powrócimy do roku 1300. Będziesz w stanie rozmawiać ze mną w języku, którym operuję. Co robisz?*

A: Przygotowuję się do uczty.

J: *Z jakiej to okazji?*

A: Z okazji wielkiego święta. Kiedy nasi ludzie powrócą, wyprawimy ucztę.

J: *Gdzie oni teraz są?*

A: Wyjechali na wojnę. Jesteśmy zwycięzcami, nie przegrywamy.

Ta osobowość, była dominująca i zdecydowana.

J: *Kim jesteś?*

A: Słucham? Rozumiem … twoje pytanie … nie.

Każdy, kto uczył się języka obcego, rozpozna, co się tutaj dzieje. Johnny poprosił ją, aby mówiła po angielsku. Aby przetłumaczyć, z jednego języka na drugi, musisz w myślach przemienić szyk zdania. Najwyraźniej, nie rozumiała pytania, ponieważ myślała w innym języku.

J: *Och, jak masz na imię?*
A: Moje imię? Gretchen.
J: *A na nazwisko?*
A: Nazwisko mam po ojcu - Müller.
J: *Gretchen Müller. I gdzie mieszkasz? W jakim kraju?*
A: Ty znasz mój kraj jako Niemcy. To będą Niemcy.
J: *Jak się nazywa?*
A: W języku, którym kazałeś mi do siebie mówić, nazywa się Niemcy.
J: *Powiedz mi, jak nazywacie się w swoim języku?*
A: Deutschland. (Wymówiła to inaczej – Doj – sz – land.) Z akcentem na ostatnią sylabę. Ja jestem 'matczyzną'.

Wydaje się, że od zawsze mówi się 'ojczyzną', czy tylko w czasach współczesnych?

J: *I mężczyźni wyjechali na wojnę. Z kim walczą?*
A: W zamku nad Renem. I wygrywamy; nasi ludzie są silni i liczni.
J: *Ilu z twoich ludzi jest tam w zamku?*
A: Byłoby, około stu, jak sądzę. Wielu mężczyzn.
J: *A twój ojciec, czy on też wyjechał walczyć?*
A: Mój ojciec wyjechał, mój wuj, wszyscy mężczyźni, słudzy, kamerdyner. Walczą o dobro i ochronę ogółu. Nie będą nas najeżdżać; jesteśmy silni.
J: *Gretchen, czym zajmuje się twój ojciec, kiedy przebywa w zamku, ale kiedy nie walczy?*
A: Robi to, co wszyscy inni mężczyźni robią. Pomaga swojemu bratu. Jego brat jest właścicielem tego zamku, rodzinnego zamku. Wszyscy tu mieszkamy – nasza rodzina.
J: *I to jest zamek brata twojego ojca?*
A: Mojego wuja. Wilhelm. Silny Wilhelm Müller.

J: A ci z zamku, w którym walczyliście, najechali was pierwsi i zaczęli walkę?

A: (Oburzona) Próbowali zająć tereny, które są nasze! Wszystkie nasze terytoria, to oczywiście nie tylko ten zamek. Nasze ziemie to wszystko dookoła zamku, choć żyjemy wszyscy razem, blisko siebie. Próbowali przejąć nasz region! Najpierw zaczęli polować, potem chcieli zasadzić coś na naszej ziemi i to już było za wiele. Mój wuj powiedział, że za to, musimy już zacząć wojnę.

J: Powiedz, ile masz lat, Gretchen?

A: Blisko wieku do zamążpójścia.

J: Planujesz wyjść za mąż?

A: Jeśli mój wuj i mój ojciec się zgodzą. Znajdą odpowiedniego mężczyznę z odpowiednią posiadłością, wtedy wyjdę za mąż.

J: Nie możesz się doczekać wyjścia za mąż?

A: Wszystkie kobiety powinny wyjść za mąż i mieć silnych synów. Jesteśmy najsilniejsi, niepokonani. Silni duchem, ciałem i umysłem. I takie powinnam mieć dzieci, kiedy wyjdę za mąż. Najsilniejsze. Walczymy z innymi zamkami, ale to my zawsze wygrywamy. Nikt nas nie pokona.

Wydaje się, że wyobrażenie o niemieckiej rasie jako silnej, sięga wieków wstecz. Musi być czymś wrodzonym.

J: Czy wasz zamek jest duży?

A: Tak, jak na zamek, jest duży. Nasze mury otaczają osadę, wiele rodzin; to trwałe miejsce. Tereny są spore, a ściany grube i wysokie.

J: A twój wiek, ile lat minęło od kiedy się urodziłaś?

A: Osiemnaście, tak mówią. Bo widzisz, to nie to samo; matka wiedziałaby dokładnie. Mój ojciec nie przejmuje się takimi sprawami. Jest zajęty, pracuje bardzo ciężko.

Johnny chciał, aby Gretchen powiedziała coś po niemiecku, nawet gdybyśmy nic z tego nie zrozumieli, przynajmniej,

mielibyśmy to nagrane. Być może, pomyślał, ktoś inny
potrafiłby to przetłumaczyć.

*J: Gretchen, chciałbym, żebyś mówiła do mnie teraz w swoim
języku. Powiedz mi wszystko na temat waszego zamku. Opisz
jaki jest wielki, ilu ludzi tam mieszka i wszystko co tam
robicie – w twoim języku.*

A: Jak mnie zrozumiesz?

J: Cóż ... Poucze się trochę twojego języka.

A: (W złości) Nie mam czasu cię uczyć. Muszę zająć się ucztą.
Mogę porozmawiać z tobą przez chwilę, ale nie mam czasu
uczyć cię języka.

*J: (Zaskoczony) Och ... cóż, ja ... może ktoś inny mógłby mnie
pouczyć, chciałbym tylko, abyś powiedziała kilka słów w
swoim języku.*

A: Powiem ci jakie są najmilsze słowa w moim języku, w
każdym języku, słowa które już znasz. Ich liebe dich
(kocham cię) W każdym języku brzmi przyjemnie.

J: A jak w waszym języku nazywacie zamek?

A: (Niecierpliwie) Mój zamek? Mojego wuja zamek? Nazywa
się Müller, zamek silnego Müllera.

J: I nazywasz go też 'zamek' w swoim języku?

A: (Ostro) Chcesz, żebym cię uczyła, powiedziałam ci już, że
nie mam na to czasu! (Miała temperament.)

J: Przepraszam, Gertrudo ... Gretchen.

To naprawdę ją rozzłościło. Zaczęła krzyczeć.

A: Nie pamiętasz mojego imienia; nie pamiętasz języka. Czy
możesz powtórzyć teraz to, co powiedziałam do ciebie w
swoim języku?

Johnny podjął żałosną próbę wymówienia 'Ich liebe dich.'

A: (Uspokoiła się) Twój akcent jest gorszy od mojego, choć
mówię gwarą wiejską.

J: (Roześmiał się) Cóż, my wszyscy się uczymy, to zajmuje sporo czasu. (Postanowił zmienić temat.) Co przygotowujesz na ucztę?

A: Przygotowuję jelenia. Dziczyznę.

J: Lubisz jelenia?

A: Mężczyźni uwielbiają mięso, my serwujemy mięso. Silne jedzenie, silni mężczyźni. Jemy co zasiejemy lub upolujemy i wszyscy będziemy silni. Tylko o to chodzi, najważniejsza rzecz, żeby przetrwać i żyć, to być silnym.

Tak więc, poznaliśmy kolejną osobowość, która była dokładnym przeciwieństwem cichej i łagodnej Mary. Ta mała Niemka, miała ducha.

W kolejnych tygodniach sesji, zdecydowaliśmy się sprawdzić, co wydarzyło się tak strasznego, że jej dusza musiała odpocząć po tym, przez tak długi czas. Ten pomysł przerażał Anitę, z powodu jej przeogromnej awersji do jakiejkolwiek przemocy. Bała się, że przemoc mogła być kwestią osobistą i przejście przez to raz jeszcze, byłoby traumatyczne. Chciała spróbować regresji, choć nadal ją to niepokoiło.

Kiedy Johnny rozpoczął indukcję, Anita stała się rozdrażniona i opierała się. To był jedyny raz, kiedy niechętnie poddawała się regresji. Prawie, jak gdyby jakaś część w niej, doskonale wiedziała, że zbliżaliśmy się do czegoś nie do zniesienia dla niej, co zostało stłumione, przez tak długi okres czasu. Jednakże, tyle miesięcy pracy w hipnozie, doprowadziły do tego, że w ciągu paru minut, odprężyła się i zapadła w znajomy dla niej, głęboki trans.

Johnny obiecał, że zrobi wszystko, aby przeprowadzić ją przez to doświadczenie, w możliwie najmniej urazowy sposób. Jak widać, podczas tej sesji, Anita bardzo mu zaufała.

Wszystko wskazywało na to, że Gretchen żyła we wczesnych latach 1300, a więc Johnny zabrał ją do tego okresu i zapytał 'Co robisz?'

A: Szyję.

J: *Ile masz lat?*
A: Nie jestem pewna.
J: *Jak masz na imię?*
A: Gretchen.
J: *Gdzie mieszkasz, Gretchen?*
A: Z moim ojcem.
J: *Czy jest pogodny dzień?*
A: Nie, pada … ulewa.
J: *Gdzie jest twoja matka?*
A: Od dawna nie żyje.

To by wyjaśniało powód, dla którego powiedziała wcześniej w tej sesji, że nie wie, ile dokładnie ma lat, ponieważ o takich rzeczach, wiedziałaby jej matka.

J: *Och, musiałaś więc, sama o siebie zadbać?*
A: Mój ojciec, on się mną zajmuje.
J: *Chodzisz do szkoły, Gretchen?*
A: Że, co?
J: *Zapytałem, czy chodzisz do szkoły?*
A: Nie ... Co to jest?
J: *Och, no wiesz, tam uczą cię nowych rzeczy i jak robić różne rzeczy.*
A: (Defensywnie) Uczą mnie robić rzeczy. Moja ciotka, mój ojciec, kobiety tutaj, wszyscy mnie uczą. Już dużo umiem.
J: *Czy twoja ciotka nauczyła cię tak szyć?*
A: Próbuje nauczyć. Potrafi szyć i tworzyć rzeczy.
J: *Gdzie mieszkasz, Gretchen?*
A: Z moim wujem, ciotką, ojcem, kto tam jeszcze został z rodziny.
J: *Macie duży dom?*
A: Dom? Zamek, nasz dom, miejsce do życia.
J: *Masz zamek?*

Jak zawsze, pewne powtórzenia były potrzebne, aby upewnić się, czy dwa razy odpowie to samo.

A: Tak go nazywamy. Ogromny.

J: *Ilu ludzi mieszka w zamku, Gretchen?*

A: W środku?

J: *Tak. Jest was tam więcej niż tylko ty, wujek, ciotka i ojciec, prawda?*

A: Och, tak, tak. Mojego wuja rodzina, służba, pracownicy rolni. Przychodzą tutaj; wtedy jest ich prawie setka. Niektórzy nie mieszkają tu na stałe.

J: *Uprawiacie swoje jedzenie poza murami zamku?*

A: Ci którzy jedzą, pracują, a ci, którzy nie pracują, po prostu nie jedzą.

J: *Pracujesz w ogródku na zewnątrz?*

A: Nie! Gotuję, szyję, ale nie pracuję na zewnątrz.

J: *Kto w takim razie, wykonuje całą tą pracę w ogrodzie?*

A: Farmerzy. Niektóre rzeczy uprawiamy tutaj, ale nie wszystko. Poza murami jest niebezpiecznie.

J: *Dlaczego nie jest bezpiecznie, Gretchen?*

A: Jak cię przyuważą, zabiorą cię, porwą.

J: *Kto cię zabierze?*

A: Ci z zamku obok, w dole rzeki, następny z kolei zamek. Non stop walczymy ze sobą, cały czas.

J: *W jakim jesteś kraju?*

A: W Niemczech. To Niemcy.

J: *Tak go nazywacie?*

A: To będą Niemcy.

J: *Czyli, że obecnie, to nie są Niemcy?*

A: Ojciec mówi, że to dobra nazwa. Nie jesteśmy barbarzyńcami. Zabijamy tylko po to, aby przeżyć. Będziemy swoim własnym państwem, nie czyimś.

J: *Kto jest teraz władcą w twoim kraju?*

A: Nie jestem pewna. Kościół ma nad nami władzę, w zakresie wszystkiego, co mamy robić. Ludzie nie lubią tego – ludzie będą ludźmi.

J: *Nie lubią, kiedy kościół mówi im co mają robić?*

A: Nikt nie powinien mówić człowiekowi, co ma robić, na jego własnej ziemi; to należy do niego.

Badania wykazały, że Niemcy, nie były znane z tej nazwy w tamtym okresie. Były częścią Świętego Cesarstwa Rzymskiego. Tak więc, praktycznie, kościół nie posiadał zwierzchnictwa na całym tym terenie.

J: *Czy macie króla?*
A: Nie – nie wiem, co masz na myśli.
J: *Być może, macie ... władcę - cesarza?*
A: A: Władcę? Mamy władcę. Nazywa się Earl. Będzie władcą.
J: *Earl. Czy to całe jego imię?*
A: Tak słyszałam, że go nazywają.
J: *I panuje nad wszystkimi zamkami w pobliżu?*
A: Nie, ale będzie. Jest przyjacielem.
J: *Och i zostanie władcą?*
A: Tak. Jeśli wszyscy ludzie mu pomogą, wtedy zostanie władcą. Niektóre zamki się temu opierają.
J: *Nie chcą go na władcę?*
A: Żeby być silnym, musimy mieć chociaż jednego lidera. Każdy zamek chce być samowładczy. Jeśli będziemy mieć jednego lidera, będziemy silnym państwem.
J: *Ok, Gretchen, sprawdźmy, czy to jest rok 1300?*
A: Jeśli tak mówisz, to jest. Nie znam dat.
J: *Nie mierzysz czasu?*
A: Nie mam żadnych zmartwień. Jedynie wiosną lub jesienią, czeka mnie dużo pracy. Zima jest najlepsza.
J: *Dlaczego zima?*
A: Jest mniej pracy, a mężczyźni zostają w domu.
J: *Bo nie wychodzą na polowania i nie pracują na roli?*
A: Latem, mogliby powybijać siebie nawzajem, jak głupki; zimą częściej przebywają w domu.
J: *Ok, Gretchen. Policzę do trzech i przesuniemy się do przodu w czasie o wiele, wiele zim i wiosen. (Odliczone) Co teraz robisz?*

Kiedy Johnny dotarł w odliczaniu, do 'trójki', Anita zesztywniała w fotelu, z założonymi rękami. Usta miała zaciśnięte oraz zbuntowany wyraz twarzy. Kiedy przemawiała, robiła to z zaciśniętymi zębami.

A: (Długa pauza) Nic nie wiem, nic nie mogę powiedzieć. Pytanie o to, nic nie da – nie powiem, gdzie oni są!
J: *(Zdziwiony) Gdzie i kto jest?*
A: Mój ojciec, wuj i inni mężczyźni.
J: *Och! Kto cię przepytuje?*
A: NIE ODPOWIEM!

Był to nieoczekiwany zwrot zdarzeń. Oczywiście dotarliśmy do momentu w jej życiu, do którego chcieliśmy, ale jak to dalej pociągnąć? Obejść tą blokadę? To wymagało pewnej strategii i taktu.

J: *Gretchen, czy ktoś poszukuje twojego ojca?*
A: Wiesz przecież, gdzie on jest!
J: *Od dawna go nie ma?*
A: NIE POWIEM! Nie boję się! *Nie* boję się!
J: *Wszystko w porządku, Gretchen. Możesz mi powiedzieć. Kto pyta o twojego ojca?*
A: (Zbuntowana) Skąd mam wiedzieć, że nie powiesz?

Myślał, o tym w jaki sposób do niej dotrzeć i odzyskać z powrotem jej zaufanie.

J: *Byłem twoim przyjacielem, poprzez wiele, z tych podróży.*

Anita zauważalnie złagodniała, choć nadal była nieco spięta.

A: Pomożesz mi ich odszukać?
J: *Tak, pomogę ci.*

To może dziwnie zabrzmi, ale Johnny wymyślał w tym momencie swoje własne wytyczne. Doszedł do wniosku, że jedynym sposobem, aby nakłonić ją do mówienia, było uczestniczenie w jej historii, Poza tym, być może podświadomie, bała się przejść przez to sama.

A: Jeśli ich znajdą, zostaną zabici!

J: *Może ich ostrzec?*

A: Chcę wydostać się z zamku, ale moja ciotka mówi, nie. Wszyscy ludzie mówią, nie. A ja wiem, gdzie oni są, muszę ich ostrzec. (Była bardzo zrozpaczona.)

J: *Kto jest tutaj w zamku?*

A: Mężczyźni z tego drugiego zamku. Przybyli tu.

J: *W jaki sposób dostali się do środka?*

A: Nie wiedzieliśmy, kim byli, inaczej się ubrali. Ten na przodzie, był na koniu mojego ojca. I wpuściliśmy ich; i kiedy już byli w środku, wiedzieliśmy, że to nie byli nasi ludzie. Nie nasi, powracający mężczyźni. I są tutaj od trzech dni. Nic im nie powiem!

J: *Nie. Obserwują bramy, żebyśmy nie mogli uciec?*

A: Obserwują. Przeszukali wszystko i obrócili do góry nogami, wszystko ... szukają, ale nie wiedzą, że mój ojciec wyruszył po pomoc. Otrzymamy pomoc z północy. Znam drogę. Pomiędzy drzewami. Nigdy tam nie byłam, ale wiem; Przysłuchiwałam się.

J: *Jak prędko, myślisz, mogliby tutaj dotrzeć?*

A: Jeśli ojciec jest w drodze, cały i zdrowy, mogliby dojechać tutaj wkrótce, może za dzień. Moglibyśmy jechać szybko i uciec dziś w nocy.

J: *Myślisz, że damy radę?*

A: Nie dowiemy się, dopóki nie spróbujemy. Nie wolno nam się bać; pokazywać strach to znaczy być słabym. Ja się ich nie boję, nie przestraszę się.

J: *Ilu z nich przyjechało tutaj trzy dni temu?*

A: Około, około … nie mogę policzyć … kilkunastu. Nie za wielu, nie aż tylu, co naszych, to nie jest nawet cząstka tego, co my mamy.

J: *Gdyby wszyscy wasi ludzie tutaj byli, nikt by tu nie wszedł.*

A: Nikt, gdyby wszyscy tu byli. Nikt nie mógłby wejść. Myśleliśmy, że to był mój ojciec.

J: *Zastanawiam się, skąd wzięli jego konia? Prawdopodobnie zbłądził.*

A: (Spokojnie) Dlatego … w środku … boję się. Kochał tego konia, nie pozwoliłby mu odejść. Musieli go zabrać … tego się właśnie boję. (Wrzasnęła) *Nie boję się* … tych ludzi!

J: *Nie. Ale wiesz co, gdyby mieli twojego ojca, nie przyjechaliby tutaj, pytać się o niego; bo wiedzieliby, gdzie jest. A więc nie mogą wiedzieć.*

A: To samo sobie powtarzam.

J: *Musi być cały i zdrowy, sprowadza skądś pomoc.*

A: Być może … możliwe, że jest ranny.

J: *Mogłoby tak być.*

A: Będę musiała go poszukać. Mój wuj, mógł się przedostać.

J: *Czy on wyruszył z twoim ojcem?*

A: Krótko po nim. Najbezpieczniej jest nie podróżować razem. Jeśli jednemu się nie uda, to drugiemu tak. (Długa pauza) Jak tylko się ściemni, wyruszę.

J: *Cóż, może uda ci się prześlizgnąć niezauważona?*

A: Wydaje mi się, że dam radę. Mogę przejść przez mur.

J: *Masz jakieś przejście, o którym nie wiedzą?*

A: To nie jest typowe przejście. Są tam w jednej ścianie luźne kamienie i wydaje mi się, że uda mi się tamtędy wydostać na drugą stronę. Ściana nie jest aż taka gruba, mogę przejść. Słyszałam, jak tamci rozmawiali, są po północnej stronie.

J: *Może znalazłabyś jakiegoś konia na zewnątrz, na którym udałabyś się na północ?*

A: Nie wiem. Pójdę pieszo, jeśli będę musiała. Prawdopodobnie, pieszo byłoby mi łatwiej. Ale nie wiem jak długo by mi to zajęło … Próbuję coś wymyślić … jestem przerażona. Oni mają ziemie wokół nas, mogą tam teraz być. Jeśli pójdę pieszo, mogłabym się schować i przejść tamtędy.

J: *Co dokładnie zrobili ci ludzie? Najpierw opanowali tereny wokół zamku, a później wtargnęli do środka?*

A: Zabili wszystkich ludzi, którzy pracowali dla nas na roli; spalili ich ziemie, domy – wszystko poza murami zamku. I walczyliśmy z nimi, walczymy od dłuższego czasu. Zyskują na sile.

J: *Dostają wsparcie?*

A: Tak, dostają.

J: *Cóż, poczekajmy aż się ściemni.*

A: Pójdziesz ze mną!

J: *Tak. (Pauza) Robi się już ciemno?*

A: Prawie.

J: *Może wspólnie zaczniemy już wyciągać kamienie?*

A: Musimy spróbować, musimy. Wiem, które tutaj są luźne. Uważaj, kiedy będziesz je odkładał z powrotem, nie mogą wiedzieć, którędy uciekliśmy.

J: *Tak.*

A: Śmierdzi w powietrzu ... i jest też ciemno. Bardzo ciemno ... pośpiesz się, spróbujmy to wypchnąć na drugą stronę. Pchaj mocno! (Szeptem) Posłuchaj!

J: *(Długa przerwa) Co słyszysz?*

A: Są na zewnątrz!

Mogłam ją dosłownie zobaczyć oczami wyobraźni, przyciśniętą do ściany i wstrzymującą oddech.

J: *Acha. Będziemy musieli poczekać.*

A: Możesz oddychać?

J: *Tak mi się wydaje; choć strasznie tutaj śmierdzi. Myślisz, że słyszeli cię jak próbowałaś wypchnąć kamień?*

A: Szzzz! (Anita dosłownie wstrzymała swój oddech na kilkanaście sekund.) Już ... poszli ...bądź ostrożny ... bardzo cicho. (Szeptem) Nie upuść tego!

J: *O rety, jest tak bardzo ciemno.*

A: Szzzz! Pracuj … mogę się przedostać.

J: *Idź pierwsza, ja pójdę po tobie.*

A: Nie chcę czekać … muszę iść dalej.

J: *Będę zaraz za tobą. (Pauza) Możesz znaleźć drogę?*

A: Musimy dotrzeć do drzew … Powtarzam sobie, że się nie boję. (Żałośnie) Nie boję się; nie boję się … To musi być tutaj, jedyne miejsce. (Nagle) Ktoś tam jest!

Można było wyczuć jej strach. Potem odchyliła się do tyłu w fotelu i złapała za ramiona jakby w szoku.

J: *Co się dzieje?*

A: Zauważyli mnie … Nie myślałam, że mnie zauważą, ale zauważyli. Muszę kontynuować.

J: *Naprzód.*

A: Oni myślą, że ja nie żyję.

J: *Co?... Dorwali cię?*

A: Uderzyli mnie!

J: *Uderzyli? Czym?*

Nie trzeba dodawać, że byliśmy zaskoczeni.

A: Kamieniem. Krwawię, ale mogę się poruszać.

J: *Mocno krwawisz?*

A: Będę się czołgać … zamierzam iść dalej … obserwują?

J: *Nie sądzę.*

A: Krwawię.

J: *Myślisz, że dasz radę?*

A: Moje ciało zostanie tutaj. (Długa przerwa) Moje ciało zostaje tutaj.

J: *Twoje ciało tam zostaje? Co robisz?*

A: Tak czy inaczej, zamierzam tam pójść.

J: *Odnaleźć ojca?*

A: Muszę ich ostrzec. To jest dziwne. Patrzę na siebie … Jak mogę być w dwóch miejscach jednocześnie?

J: *Nigdy wcześniej tego nie robiłaś?*

A: Nie, nigdy. Ciągną moje ciało z powrotem.

J: *Och, zabrali je? Myślałem, że sobie poszli.*

A: Poczekali; po prostu poczekali.

J: *Co teraz robią?*

A: Przywiązali je do konia. Zabierają je - przeciągają je z powrotem. Zamierzają ... poćwiartować mnie na kawałki (Oburzona) Na oczach innych ludzi, aby o tym mówili. Nie czuję tego, ale ... widzę to ... (Przerażona) ...

J: *Ale ciebie tam nie ma?*

A: To jestem ja, choć nie ma mnie tam. Pogubiłam się - bardzo zmieszana. Czuję, że mogłabym iść dalej. Muszę ostrzec swojego ojca. Pomoc powinna dotrzeć tam wkrótce. Wszystko jest takie lekkie teraz. Widzę; widzę.

J: *A wiesz, że oni cię teraz nie widzą?*

A: Nie, nie widzieli mnie, prawda? Stanęłam i przyglądałam im się. Ja ... nie wiem, co to jest? Mówiono mi, że kiedy umierasz, leżysz pod ziemią, dopóki Bóg cię podniesie.

J: *Teraz wiesz inaczej.*

A: To bardzo zagmatwane. Poruszam się teraz szybciej, widzisz? Wchodzimy do zamku ... Nigdzie nie widać mojego ojca.

J: *Czy to ten zamek, do którego pojechał?*

A: Jego przyjaciela, sprzymierzeńca, rycerza.

J: *Jak się nazywa?*

A: Earl.

J: *Och, ten Earl, który miał zostać władcą?*

A: Teraz nie wydaje mi się, żeby kiedykolwiek nim został.

J: *Dlaczego?*

A: Będą przez jakiś czas przegrywać. Minie sporo czasu zanim ... Nie słyszą, jak pukam!

J: *Możesz po prostu wejść.*

A: Przez bramę?

J: *Prosto przez ścianę. Próbowałaś?*

A: Nie, nigdy nie próbowałam.

J: *Zobacz, jak to działa. (Pauza) Powstrzymała cię ta ściana?*

A: Nie, nie powstrzymała, prawda? Chodźmy! Nie ma tu w bramie nikogo, kto by mnie usłyszał. Po prostu przejdziemy z jednego pokoju, do drugiego. Nikt nie otwiera. To jakbym biegła, ale … nie poruszam się w ten sposób. Bardzo szybko. To chyba on.

J: *Widzisz go?*

A: Tak. Śpi. Został ranny.

J: *W ten sposób, musieli dostać jego konia.*

A: Jest ranny, a oni próbują mu pomóc. Mnie też nie słyszy. (Sfrustrowana) Jak mogę go obudzić? Jak mogę go obudzić, jak? Nie mogę nim potrząsnąć. Próbuję go dotykać i nie porusza się, kiedy to robię. Nie czuje tego. Rzucę w niego czymś. Tu masz, jego but.

J: *Możesz to podnieść?*

A: Tak.

J: *Czy jest tam w pokoju, jeszcze ktoś inny?*

A: Nie. Jest sam. Tam! Porusza się! Zawołał.

J: *Co powiedział?*

A: Wrzeszczał o pomoc!

J: *Prawdpodobnie, nie ma pojęcia, co go obudziło.*

A: Rzucam więcej przedmiotów. Po całym pokoju, a on nie wie, co to jest.

J: *Myślę, że teraz jest kompletnie zdezorientowany.*

A: Nadchodzą. Spróbuję jeszcze raz. Oni mu mówią, że diabeł to robi.

J: *Możesz stwierdzić, jak mocno został ranny?*

A: Nie jest ranny aż tak bardzo, jak im się wydaje. O tak! Dobrze; Dobrze! Myśl … Myśl … Tak.

J: *Przekazałaś mu swoje myśli?*

A: Tak. Mówi im teraz, że musi już wracać, ale boją się go puścić. Mówi im, żeby poszli z nim. Oni boją się iść.

J: *Nie pomogą?*

A: Mówią mu, żeby poczekał do rana. Myślą, że to może być z powodu gorączki. On poczuł teraz, że próbuję się z nim porozumieć. Myśli o mnie; boi się o mnie. I kiedy o mnie myśli, wtedy mogę mu powiedzieć. Nie słyszy mojego głosu, ale słyszy go w myślach. Mówi, że musi iść. Pójdą z nim. Jestem coraz słabsza. Nie wiem ...

J: *Jak myślisz, co teraz zrobisz?*

A: Ostrzegłam go ... Chcę wrócić i ... zobaczyć ...

J: *Zobaczyć, co stało się w zamku? Wracasz?*

A: Zamierzam wrócić. Chcę wiedzieć, co stało się *ze mną*.

J: *Co robili, kiedy odchodziłaś?*

A: Planowali mnie posiekać. Rozmawiali o tym - słyszałam ich. Chcieli odciąć mi głowę i przywiesić na bramę w środku, żeby wszyscy widzieli. Porozrzucali moje szczątki po całym zamku. Nie pozwolą im, pochować mnie. (Przerażona) To nie jest w porządku! (Kręcąc głową) Nie, to nie jest w porządku ... Widzę ich, jak to robią!

J: *Jesteś teraz z powrotem w zamku?*

A: Moja biedna ciotka oszalała, wrzeszczy, płacze ... Zabiją ją! (Szlochając) Odcięli jej głowę. (Pojękując) Ochhhh. Każą im mówić, a oni nie chcą powiedzieć. (Wykrzyknęła) Bądź dzielny, nie mów im! Poczekam aż ich lider wejdzie tu do pokoju, podniosę jego miecz i rzucę nim. Ha! Już nie jest teraz taki odważny.

J: *Przestraszyło go to?*

A: Jest roztrzęsiony, wstrząśnięty tym. Podnoszę miecz i rzucam nim w kółko na okrągło. On próbuje im wmówić, że ten zamek jest nawiedzony! Rzuciłam jego mieczem tak mocno, że wgniotło mu hełm. Teraz płacze; jest taki przestraszony!

J: *Dlaczego nie odejdą?*

A: Co muszę zrobić? Ludzie nie będą już go słuchać. Kiedy oni wchodzą do pokoju, miecz leży spokojnie na ziemi, a ja nic nie robię. Jak tylko wychodzą, znowu nim ruszam. Nie muszę nim rzucać. Mogę mu powiedzieć, żeby się poruszył i będzie to robił. Porusza się tuż przed nim, a on próbuje go złapać. (Śmiech) Patrz teraz, pozwolę mu go złapać, to go nie zrani ... zrobię tak, że on sam się zrani. Widzisz!? Oni myślą, że on sam to sobie zrobił. Złapał tak mocno, ze strachu, że znowu się poruszy, że przecięło mu rękę. Przywódcy - myślą, że oszalał. Pozwalają mu się wykrwawić, nawet nie będą próbowali mu pomóc. Zabierają go stąd. Nie chcą, żeby ludzie wiedzieli, że to zrobił.

J: Dokąd go zabierają?

A: Ściana! Wiedzieli o niej przez cały ten czas!

J: Och, to przejście?

A: Zmierzają go tam zamurować, żywcem. Zamykają go tam.

J: Może znajdzie otwór po drugiej stronie?

A: Jest słaby ... udusi się. Nie pomogę mu. Mam jedno zadanie do wykonania - muszę ocalić ten zamek.

J: Kto teraz przewodzi?

A: Tych dwóch, co go znalazło, kłócą się. Obydwoje są przerażeni. Nie są takimi przywódcami, jakim on był.

J: Może nadal myślą, że zamek jest nawiedzony?

A: Nie wiedzą na pewno. To wydaje im się dziwne. Był normalny i nagle po prostu zwariował. I mówią, że to była jego słabość, dostał tego, od wrzasku kobiet.

J: Być może, jeśli ich przekonasz, zabiorą stąd wszystkich i odjadą?

A: Nie, nie będę do nich rozmawiać. Oni pomogli mu ze mną. Porozrzucali szczątki mojego ciała po całym zamku. A teraz ja - ukażę im się w ogniu. Widzą mnie, patrzą prosto na mnie. Są ogłupieni! Prawie staranowali siebie nawzajem uciekając z pokoju. Podążam za nimi, gdziekolwiek idą. Nikt inny mnie nie widzi, oprócz nich – nawet na dziedzińcu. Konie wyczuły, że tu jestem, wiedzą, że coś jest inaczej. Poklepuję je i głaszczę. Tych dwóch mężczyzn mówi reszcie, że jadą szukać mojego ojca, zostawiając ich bez przywódców. Oni nie chcą szukać mojego ojca, chcą wydostać się z zamku. Pójdę za nimi. Jeśli skieruję ich na północ, natkną się na mojego ojca. Stanę na drodze na południe... Galopują teraz na północ. Gdziekolwiek nie spojrzą, widzą mnie. Mogę sprawić, że poruszają się, w którą stronę, ja chcę. Ale zabawa! Fajnie jest to robić! Mój ojciec będzie ze mnie dumny, jak się dowie. (Pauza) Spójrz na nich! Popatrz jak tu leżą.

J: Co się stało?

A: Spadli prosto w przepaść! Zagalopowali konie prosto na urwisko i spadli z klifu. Nie mam teraz czasu z nimi rozmawiać. Nie wiem czy są martwi, czy nie. Wracam do zamku. Muszę ocalić ten zamek, zanim ojciec do niego powróci. Nie jestem jeszcze pewna, jak to zrobię; Jest tam jeszcze paru w środku. Trzech już nie ma. Dlaczego teraz to wiem. Wcześniej nie wiedziałam, ilu ich tam było. (Dumnie) Teraz wiem!

J: *Ilu?*

A: Jest ich tu jeszcze czternastu.

J: *Czternastu do pozbycia się?*

A: Tak. Wszystkie kobiety, zamknięte są w holu głównym. Wyciągają je, jedna po drugiej i zabijają. Rozmawiałam z pierwszą z nich, ale nie mam czasu zostać, proszę ją o to. Ona jest nowa, też jeszcze nie zna swojego ducha. Jest przestraszona, tak samo, jak ja byłam i mówię jej, że się przyzwyczai. Proszę ją, żeby tutaj został i porozmawiała z resztą zabitych kobiet. Pozostanę w tym zamku, aż go wszyscy z nich nie opuszczą. Zmuszę ich do tego, jeden za drugim lub wykurzę stąd wszystkich naraz! To jest zamek mojego wuja!

J: Dlaczego oni zabijają kobiety?

A: Chcą, aby im powiedziały, gdzie coś jest, kto pomaga i kto jest po stronie Earla. Niektóre z tych kobiet nawet nie wiedzą, a oni i tak je zabijają. (Z obrzydzeniem) Och, to są potwory! To są źli, nikczemni ludzie.

J: *Czy jest tam jakiś przywódca dla tych 14 ludzi?*

A: Robią to, co im kazano, zanim tamci pojechali. Niektórzy nawet nie wiedzą, że ich nie ma. Gdyby wiedzieli, od razu by stąd wyjechali, zabijają siebie nawzajem, próbując ustalić, kto będzie teraz ich zwierzchnikiem.

J: *Może jest jakiś sposób, żebyś im pokazała, że wyjechali.*

A: Chce ich wystraszyć, ale … nie te kobiety, biedne kobiety. Są takie zlęknięte.

J: *Jak zabijają kobiety?*

A: Odcinają dłoń … potem rękę … niektóre z nich biją. Och, to potworne! Muszę ich powstrzymać. Jeśli stanę przed nimi, może ich wystraszę. Próbują udawać, że mnie nie widzą. Patrzą na siebie. Zabawne!

J: *Myślisz, że cię widzą?*

A: Widzą mnie! Nie mówią, że mnie widzą. Postanowili opuścić to pomieszczenie. Wychodzą, jeden za drugim, każdy z nich. Tylko jeden ma zostać i pilnować kobiet. Mówią do niego, 'Nie zabijaj kolejnej kobiety. Poczekaj! Coś dziwnego jest w tym zamku.' Nie rozumieją. Nikt nie jest w stanie opisać tego słowami, są przerażeni, bardzo przestraszeni. (Głośniej) Teraz, teraz dopiero powinni się bać. Mój ojciec wraca, jest prawie noc. Wjechał do zamku … wdrapują się na mury, reszta ludzi jest na dziedzińcu. Nie uda im się wygrać, są otoczeni. Mój ojciec zauważył moją głowę … wie co się tutaj wydarzyło. Dlatego powrócił. Wzięli ze sobą innych więźniów.

J: *Zabiją ich?*

A: Zamurują ich w ścianie lub pod podłogą. Tak robią z więźniami. To miejsce … och wielu tu zmarło. To był mój zamek; był mój; i kochałam go.

J: *Cóż, twój ojciec teraz powrócił i co dalej?*

A: Rozmawiam z nim.

J: *Może cię usłyszeć?*

A: Bardzo się stara. Tak bardzo cierpi, przez to, że ja nie żyję. Próbuję go pocieszyć. On myśli, że ten głos to jego wspomnienie o mnie, ale słucha. Mówię mu, że tu zostanę i będę chronić zamku.

J: *Jak długo tu zostaniesz?*

A: Dopóki nie skończy się ta walka. Myślę, że mogę tak długo zostać, mam taką nadzieję. Nikomu nie wolno przejąć naszego zamku. Ale być może, nie będę mogła tutaj zostać aż tak długo. Mówię do niego, żeby się mnie nie bał, tylko poszukał mnie przy kominku. Proszę go, żeby mnie wysłuchał, mam nadzieję, że będzie. Teraz może mnie usłyszeć, nasze umysły spotkały się. Oni zapukali do drzwi, przerwali jego myśl, wymyka się. Nie próbuj im tego mówić. Nie uwierzą ci!

J: Nie, nie uwierzą mu.

Johnny postanowił wycofać się z tej sceny, co za dużo, to niezdrowo.

J: Teraz Gretchen, oddalisz się ... oddalasz się ...
A: Zostanę tutaj z zamku! Muszę tutaj zostać! (Wykrzyczała) Nie wzywaj mnie teraz z powrotem! Nie chcę iść. Nie chcę! Moje zadanie tutaj nie jest jeszcze zakończone! Zostanę tu!

To mogło spowodować głębszy problem, gdybyśmy nie potrafili tego unieść, lecz Johnny pozostał spokojny i miał wszystko pod kontrolą.

J: Oddalamy się teraz Gretchen, idziemy naprzód ... (Użył bardzo łagodnego tonu głosu.) Walki w zamku, zakończyły się. Twoje zadanie zostało ukończone. Zamek jest dobrze chroniony.
A: Nazywają go teraz 'nawiedzonym'.
J: Nawiedzony zamek.
A: Tyle tu spalili. Niektórzy poddali się dopiero, gdy spłonęły podpory. To jest mój zamek!
J: Co zamierzasz teraz zrobić, Gretchen?
A: Muszę odpocząć. Byłam zbyt silna. Dlaczego musiałam taka być. Miałam być dobrym wojownikiem, ale nie, aż tak silnym. Mój wewnętrzny głos mówi mi, że ... byłam bardzo dzielna. Posiadałam dobre cechy, ale nie wolno mi buntować się przeciwko temu, co mówi do mnie głos. Zostałam tam za długo i co zrobiłam będąc tam, nie było w porządku. Mówiłam, że nie wiedziałam o tym, ale ... może wiedziałam, co robię. To nie w porządku, żebym tam została. Próbuję cofnąć się tam teraz, aby wystraszyć gapiących się ludzi. To miało być moje i chcę być Gretchen.

Nie potrafię odpuścić, nie potrafię. Muszę odczekać sporo czasu, dopiero potem, mogę zapomnieć.

J: *Głos ci tak powiedział?*

A: Tak. I żeby nie wracać. Jest ze mną bardzo cierpliwy, kiedy to robię.

J: *Gdzie odpoczywasz?*

A: Cóż, on chce, żebym wróciła … z powrotem. Możliwe, że nie byłam jeszcze gotowa na zejście. Powiedział, że byłam zbyt silna. Muszę teraz powrócić i odpocząć. Rozpłakałam się … a on obiecał mi, że zamek zawsze tam będzie. On wymaże moją pamięć, a ja wtedy odpocznę. Powrócę. Choć, kiedy będę mogła powrócić, na pewno już nie jako Gretchen. Narodzę się na nowo, ale nie wolno mi więcej być silną. Mój duch był zbyt potężny.

J: *Czy głos powiedział ci, kiedy to nastąpi?*

A: Kiedy odpocznę. I mówi mi, że naprawdę jestem idealnym duchem. Tamta osoba i czasy, uczyniły mnie zbyt silną osobowością. To jest największy problem, kiedy zostajesz w to wciągnięty. Dosłownie, s*tajesz się* tą osobą. Mój duch, był taki silny. Powiedzieli mi, że mogę zrobić co chcę i być kim chcę, ponieważ jestem Gretchen.I byłam nią - moja dusza im uwierzyła. Nawet śmierć mnie nie zatrzymała. To nie jest powszechne, większość duchów nie ma takiej siły. Będę kompletnie inną osobą, o wiele bardziej delikatną i łagodną.

J: *Zbliżamy się już do czasu, w którym masz powrócić na Ziemię?*

A: Muszę odpocząć.

J: *Wiesz już, kim będziesz jak powrócisz?*

A: Delikatną, cichą i spokojną kobietą. Będę z dala od tego kraju i tak mi przykro. Kochałam ten kraj.

J: *W jakim kraju będziesz żyć?*

A: W Anglii. Obiecano mi; że pewnego dnia, powrócę do Niemiec. Wrócę tam. Nie … Pewnego dnia, będę Niemką. (Zauważ, że Anita jest pochodzenia niemieckiego.) Ale póki co, muszę odsunąć się od wszelkiej przemocy – z dala od miejsca, w którym to wszystko się wydarzyło. (Pauza)

Pamiętam bardzo niewyraźnie ... (Stawała się coraz bardziej otępiała) Pamiętam ... cóż ... nie za wiele. Mogę przez jakiś czas pozostać w spokoju jako duch.

Zaskakujące może wydawać się to, że Anita po przebudzeniu, nie odczuwała żadnych skutków ubocznych. Gdyby ludzie odsłuchali taśmy, założyliby, że było jej okropnie ciężko, ale ona nic nie pamiętała i musieliśmy jej powiedzieć, co sama mówiła. Później, kiedy odsłuchała nagranie, stwierdziła, że było to niczym słuchanie opowieści, a w wyobraźni miała obraz dziewczyny z blond warkoczami. Powiedziała, że poczuła jakby siostrzaną bliskość z postaciami z innego życia i nie chciała, aby stała im się krzywda. Tak więc, zgodziliśmy się zrobić wszystko, co w naszej mocy, aby ochronić jej drugą osobowość.

Kiedy ludzie mówią do Johnnego 'Brzmiałeś, jak gdybyś naprawdę tam był' (w zamku), zawsze odpowiada z iskrą w oku, 'Może i byłem!'

Kolejny fragment jest raczej skomplikowany i nawet rozważaliśmy pominięcie go w naszej historii. Tak wiele, z tego, co powiedziała Anita, było dziwacznych i na początku, trudnych do zaakceptowania. Potem stwierdziliśmy, że nasze niezrozumienie tematu nie oznacza, że coś jest zupełnie bezpodstawne. To również, da obraz temu, jak wiele razy, czuliśmy się kompletnie zdezorientowani.

Dopiero co, zakończyliśmy jej traumatyczne życie jako Gretchen i sprowadzaliśmy ją do obecnego życia. Dla orientacji, zatrzymaliśmy się przy życiu Mary w Anglii, pytając, 'Co akurat robiła?'

A: (Ze zdziwieniem) Obserwuję, wiele rzeczy. Coś dziwnego ...
    Czy zawsze już taka będę? ... Jestem inna.
J: *Co obserwujesz?*
A: Mam swoje życie, ale ... oglądam je!
J: *Że co robisz?*

A: Oglądam to... przychodzę i odchodzę... widzę rzeczy... widzę siebie, a jednak jestem...

J: *Jesteś kim?*

A: Bardzo to dziwne! Nie rozumiem tego!

J: *Wróciłaś już na Ziemię?*

A: Nie jestem pewna, czy ja ją oglądam, czy nią jestem ... (Zmieszana) Może, mógłbyś zapytać o to dla mnie?

J: *(Próbował ją uspokoić.) Myślę, że to ty nią jesteś. Tak, to ty. Powróciłaś na Ziemię i podjęłaś się kolejnego życia.*

A: Obserwuję z daleka ... czuję jej szczęście.

J: *Jak ma na imię?*

A: Nie jestem pewna w tej chwili ... Przyglądam się jej z bliska ... Muszę być bardzo ostrożna ... obserwuję.

J: *Co teraz robi ta kobieta?*

A: Jest bardzo miłą osobą. Obserwuję ją i ... Ona jest śliczna. Szczotkuje włosy. Jest przestraszona, z mojego powodu. Też to czuje, jak ja ... Rozmawiam z nią. To bardzo ... nie chce, żebym to robiła.

J: *Co robiła?*

A: Mówię do niej, a ona chciałaby mnie nie słyszeć, ale ma silny umysł.

J: *Jak ma na imię?*

A: Chciałabym nazywać ją innym imieniem. Nie lubię jej imienia.

J: *Jakie to imię?*

A: Nie jestem pewna. To imię brzmi jak męskie, tak na nią wołają. Nie podoba mi się. Mówię jej, żeby je zmieniła

J: *Zmieniła imię?*

A: Na jakieś inne, żeby nie było za mocne. Jeśli nazwą cię silnym imieniem, być może będziesz, jak ... ta druga dziewczyna. Zbyt silna, zbyt silna – a może nie!

Może rozjaśni trochę mylące fragmenty, z wcześniejszej taśmy, kiedy to była rzekomą Mary z Anglii. Podczas porządków w domu, zachowywała się wyraźnie nerwowo i niespokojnie. Nie wiedziała, czego tak naprawdę się boi. Kiedy

Johnny zapytał, jak ma na imię, odpowiedziała, 'Mary, lubię to imię. Fajnie jest, mieć tak na imię.' Znów później, zaprzeczyła temu, mówiąc, 'Tak naprawdę nie jestem Mary. To imię mojej siostry. W ogóle nie wiem, dlaczego to powiedziałam ... Byłam chora ... Byłam chora tej zimy. Chciałabym już wstać i nigdy więcej nie wracać do łóżka ... Tak bardzo się dzisiaj boję. Nie rozumiem, w czym problem.'

Jak już wspomniałam, jest to skomplikowane i mylące. Jeśli jest to możliwe dla ducha, rozmawiać z samym sobą - czyli świadomość kontra umysł nieświadomy - być może w jakiś sposób udało nam się porozmawiać z obydwiema stronami. Napotkaliśmy do tej pory na tyle dziwnych rzeczy, choć nic nie jest ponad spekulacjami. Czy to było możliwe, żeby jej duch, próbował przekonać ją do zmiany imienia, ponieważ brzmiało męsko, a ona miała być w tym życiu łagodną i potulną Mary. Miała być zupełnym przeciwieństwem Gretchen? (Zobacz w kolejnym rozdziale.) Za każdym innym razem, będąc we wcieleniu Mary z Anglii, nazywała siebie Mary. Kiedy rozmawialiśmy z nią jako małym dzieckiem, nie zapytaliśmy o imię, po prostu przyjęliśmy je, za pewnik.

Bez względu na odpowiedź, najwyraźniej miała to przerobione i już nigdy więcej, jej to nie trapiło.

Jedyną oczywistą i wyjątkową rzeczą, na temat pięciu żyć, przez które przeszła Anita, było to, że we wszystkich była kobietą. Kiedy wspomniałam jej o tym, odrzekła, 'Cóż, oczywiście! Jestem kobietą. Nie byłabym nikim innym'. W tamtym czasie, kiedy nie mieliśmy żadnej wiedzy z zakresu reinkarnacji, mogło to brzmieć, jak logiczne wytłumaczenie. Jednakże, w następnych latach i po tysiącach przypadków później, dowiedzieliśmy się, że musimy być i mężczyzną, i kobietą, wiele, wiele razy. Musimy dążyć do równowagi, uczyć się naszych lekcji, dlatego nie możemy powracać za każdym razem jako ta sama płeć. Musimy wiedzieć, jak to jest doświadczyć każdej ze stron. Więc, dlaczego Anita była zawsze kobietą, we wszystkich swoich życiach?

Kiedy je przebadałam, znalazłam coś, co mogłoby być odpowiedzią. Życie Gretchen, wydawało się być pierwszym jej wcieleniem na Ziemi i odkryliśmy, że prawdopodobnie została wysłana za wcześnie. Nie była jeszcze gotowa, doświadczyć życia we wcieleniu ludzkim. Była w tym życiu, zdeterminowaną, silną Gretchen. Tamte czasy i ówczesna kultura, wzmocniły ją do tego stopnia, że nawet śmierć nie mogła jej zatrzymać. Nawet w formie ducha, robiła rzeczy, które były wbrew zasadom. W końcu podjęto decyzję o umieszczeniu jej w miejscu odpoczynku, aby wymazać pamięć i aby mogła normalnie funkcjonować, w ludzkim ciele. I to zajęło setki (naszych) lat, aby pozbyć się wspomnień. Więc, kiedy już mogła powrócić, musiała być spokojną, cichą kobietą. Totalnym przeciwieństwem Gretchen. Każde kolejne życie po tym, przebiegało, z udziałem innego typu kobiet. Teraz dopiero widzę, że gdyby pozwolono jej odrodzić się jako mężczyzna, wszystkie te męskie, silne tendencje, zostałyby zwielokrotnione, a to nie było dozwolone. Byłoby o wiele trudniej zbalansować je i zneutralizować. Może w jej kolejnym, przyszłym życiu, będzie gotowa doświadczyć bycia mężczyzną, po tym, jak jej dusza zostanie przygotowana do radzenia sobie z tym, w kontrolowany sposób.

Rozdział 10
Powstanie Duszy

W trakcie kolejnej sesji, doszło do jeszcze dziwniejszego zdarzenia, kiedy to pojawiła się nieznana istota. Zdecydowaliśmy się, ponownie zbadać, do ilu poprzednich żyć i jak daleko w czasie, cofnęłaby się Anita. Liczyliśmy na to, że uda nam się pójść dalej niż do tej pory. Wydawało się, że Anity pierwsze życie, odegrało się na początku XIV wieku, w latach 1300, jako Gretchen w Niemczech.

Przed tym, rozmawialiśmy z jej duchem, kiedy przebywała pomiędzy światami, jednak tym razem, było to coś innego. Od pierwszego momentu, kiedy ta istota zaczęła mówić, wiedzieliśmy, że było w niej coś niezwykłego. Nazwaliśmy go Idealnym Duchem. Miał coś, co trudno opisać: eteryczną, przyciągającą, nieziemską cechę, jednocześnie był inspirujący i niepokojący. Można w pełni to poczuć, tylko odsłuchując nagrania. Głos ma jakość samą w sobie, z doskonałym, starannie wymawianym angielskim, w tonie iście królewskim. Inni też to poczuli, było w tym zdecydowanie coś nie z tego świata. Dało nam poczucie, że rozmawialiśmy z kimś tak światłym, że znała odpowiedzi dosłownie na wszystko. Wydawało się, jakby posiadła wszelką wiedzę.

Po przemyśleniach i konsultacjach z innymi, bardziej uczonymi od nas, doszliśmy do wniosku, że mogliśmy wymyślić głębsze pytania. Ale nasza postać pojawiła się z zaskoczenia i mogliśmy zapytać o to, co wymyśliliśmy w danym momencie. O czymkolwiek pomyśleliśmy, aby zapytać w takich okolicznościach, z pewnością musiało wydawać się banalne. Jest to jeden z problemów hipnozy regresyjnej, ponieważ nigdy nie wiesz, do jakiego okresu przeniesie się dana osoba. Dopiero później, po sprawdzeniu informacji, można się przygotować, aby zadać bardziej szczegółowe pytania.

Niestety, nigdy więcej nie napotkaliśmy naszego pięknego ducha. Tylko przez krótką chwilę, pozwolono nam rzucić okiem na postać ducha, w swojej fazie początkowej. Nie wiedzieliśmy wtedy na co/kogo się natknęliśmy i nadal nie wiemy. Lecz to, co zobaczyliśmy, było cudowne i wspaniałe.

Mam tylko nadzieję, że pewne odczucia, które wywołała u nas ta istota, uda nam się przekazać słowem, które marnie przy tym wypada.

J: Ok, Gretchen. Policzę do trzech i wrócimy do roku 1250. (Odliczone) Jest rok 1250, co robisz?
A: Jestem duchem.
J: Co widzisz?
A: Widzę tylko dobro, które jest tutaj, nigdy nie byłam za Ziemi.

Najwyraźniej, Johnny nie wyłapał, co dokładnie powiedziała lub zupełnie nie był przygotowany na taką odpowiedź.

J: Och, właśnie przybyłaś na Ziemię?
A: Nigdy tam nie byłam. Pytaj o co chcesz, mogę powiedzieć ci tylko to, co wiem. Czego jeszcze nie wiem, nie zostało mi ujawnione, jeszcze się tego nie nauczyłam. Nie mogę ci pomóc, synu. Jako dusza, jestem tutaj szczęśliwa.

Głos jej jakby nabrał autorytetu, mówiąc czystym, wyraźnym angielskim. Ta osobowość, wydawała się dokładnie wiedzieć, co mówi, z pewną dozą wyższości, ale Johnny nadal nie rozumiał.

J: I właśnie powróciłaś na Ziemię?
A: Nigdy nie byłam na Ziemi, mój synu. Ty musiałeś tam być, gdyż mówiono mi, że kiedy tam idziesz, tracisz całą swoją wiedzę. Będę z tobą cierpliwa.
J: Dziękuję.

Johnny zawahał się, podczas gdy, próbował zrozumieć, co się w ogóle dzieje.

A: Jestem miła i dobra. Posiadam wszelkie wartości.

J: *Od jak dawna tutaj jesteś?*

A: Od kiedy mnie stworzono. Czas, kiedy powstałam, nie liczy się latami.

J: *A czy wiesz, gdzie powstałaś?*

A: Wiem – masz na myśli miejsce? Nazwę tego miejsca?

J: *Jak się nazywa to miejsce?*

A: Nie czuję potrzeby, żeby jakkolwiek to nazywać. Po prostu wiem, że tutaj jestem; że wszystko jest dobre. Mam tutaj wszystko, czego potrzebuję. Wiem, co wiem i zrobię, co mi każą. Ale możesz to nazwać jakim słowem chcesz i jakim ci pasuje. Uznam to.

J: *Ok. Policzę do trzech i wrócimy do roku 1150. Co robisz?*

Johnny nie pojmował, że ona dotarła do swoich początków i już dalej nie pójdzie.

A: Powstałam i czekam. Teraz rozumiem dobro. Zostałam stworzona dla zadowolenia stwórcy i moja dusza to samo dobro. Nie ma we mnie zła.

J: *Jak dawno temu, zostałaś stworzona?*

A: Tutaj czas nie istnieje, nie istnieje. Zostałam stworzona, z początkiem czasu.

J: *I czekasz tu, od kiedy powstałaś?*

A: Doświadczyłam tutaj mnóstwo szczęścia.

J: *I nigdy nie zostałaś wezwana na Ziemię czy wysłana w inne miejsce, w formie ciała?*

A: Nie, nie.

J: *Myślisz, że pewnego dnia będziesz?*

A: Jak wszyscy z nas, zostaliśmy stworzeni na podobieństwo stwórcy więc idziemy i pomagamy. Biedny, biedny Ojciec, tak bardzo jest rozczarowany rodziną, którą sam stworzył.

J: *Widziałaś Ojca?*

A: Widziałam mojego stwórcę.

J: Rozmawiałaś z nim?

A: Rozmawiał z nami wszystkimi.

J: Mogłabyś opisać go dla mnie?

A: Rozumiesz ducha?

J: Spróbuję.

A: To jest lekkość, aura dobroci. Może zmaterializować się w każdej chwili, jak tylko chce. Kiedy stwórca dotknie czegoś, to staje się tym, czym mówi, że ma być. W taki sposób powstałam. Nabrał trochę dobroci i powstałam. Jestem wszechogarniającą dobrocią i to go teraz cieszy. I pewnego dnia pójdę na Ziemię uczyć się i pomagać ludziom – naszej rodzinie. Będę tam wiele razy; tak mi powiedział. Wszyscy musimy tam iść, ponieważ tylko określona liczba dusz, została stworzona i mamy żyć w kółko na okrągło i ponownie. Na Ziemi uczysz się złych rzeczy, a potem oduczasz. Wracasz dobry i bezgrzeszny.

J: Czy ojciec stwórca, stworzył też wszystko, co jest na Ziemi?

A: Stworzył samą Ziemię.

J: I umieścił na niej to wszystko?

A: Wszystko co jest na Ziemi, on stworzył. Samą Ziemię i o wiele więcej.

J: Powiedz, czy stworzył też inne od Ziemi światy?

A: Oczywiście, oczywiście; Stworzył nasze słońce i księżyc. Wszystkie planety wokół, a każda ma swoje własne formy życia i duchy. Tylko Ziemia martwi go najbardziej, dlatego poprosił nas o pomoc, aby udać się tam i wesprzeć ludzi. To on ich stworzył. Już podczas tworzenia ich, wiedział, że nie będą robić o co prosi, jednak poczuł się zobowiązany w swojej dobroci, aby najpiękniejszej z planet, przydzielić ludzi. Którzy są niczym zwierzęta z rozumem i wiedział, że nie użyją swojej wiedzy i rozumu w odpowiedni sposób. Tak więc, próbuje im pomóc, ale ludzie odrzucają wiarę.

J: Czyli stworzył wszystkich ludzi i umieścił ich na Ziemi. Czy umieścił ich także na innych planetach?

A: Nie takich ludzi, jakich znamy na Ziemi, z ludzkim ciałem. Ale dopasował, co stworzył, do każdej z planet. Na planetach najbliżej słońca, umieścił dusze ognia, które mogą żyć w takiej gorączce, a ich ciała, mają zupełnie inną formę niż ciało ludzkie. Ci najbardziej oddaleni od słońca, mogą przetrwać w ogóle bez ciepła. Ziemia jest jego ulubioną planetą.

J: *A Ojciec – czy umieścił kiedyś na Ziemi, swojego syna?*

A: Ojciec, jak już mówiłam, ucieleśnia co tylko zechce, zgodnie z jego wolą; i tak się stało; próbował pomóc Ziemi.

J: *Czy on sam zszedł na Ziemię jako Jezus?*

A: Po części nim był i chciał pomóc. To było wiele lat temu, choć ludzie od zawsze odrzucali pomoc, tak było, jest i będzie. Cierpliwość stwórcy, jest nieskończona, a znikoma niecierpliwość, każe mu dalej próbować. Będzie próbował aż ... do samego końca.

J: *Samego końca? Kiedy będzie zupełny koniec?*

A: Och, daleko, daleko w przyszłości. Nastąpi dzień, w którym będzie musiał zejść na Ziemię i żyć, lub zabrać wszystkich ludzi z Ziemi. Nie jestem pewna. Próbował ujawnić się w każdy możliwy sposób, ale ludzie nie wierzą w objawienie. Któregoś dnia, to wszystko się skończy, jednak nie wkrótce, za wiele milionów lat. Póki co, będzie próbował, a pewnego dnia powróci na Ziemię, jak to zrobił za pierwszym razem.

J: *Choć, nie wiesz dokładnie, kiedy to się stanie?*

A: Nie znam dokładnego czasu.

J: *Czy wiesz mniej więcej na kiedy to chociaż planuje?*

A: Wiem tylko tyle, że to wydarzy się w XXI wieku, kiedy zejdzie na Ziemię - choć nie w ten sam sposób, co ostatnio. Ale pojawi się i powie, 'Ja jestem Bogiem!' lecz nie zostanie przyjęty, odrzucą go jak przedtem.

J: *Masz na myśli to, że ludzie go nie zaakceptują?*

A: Niektórzy, jako że, ktoś uwierzył już w niego wcześniej.

J: *Czy pojawi się w ludzkim wcieleniu?*

A: Najpierw pojawi się jako duch, jak sądzę. I zmaterializuje się na ich oczach.

J: *Przemieni się, z ducha w ciało i przybierze ludzką formę?*

A: Zgadza się, tak właśnie.

J: *Czy będzie nazywał się inaczej niż 'Bóg'?*

A: Będzie Bogiem. Będzie tak siebie nazywał, gdyż to jest imię, jakie nadali mu ludzie, a każdy go rozpozna, bez względu na wyznanie.

J: *Czy w ludzkiej formie, będzie wyglądał podobnie do tego, kim był tutaj, za pierwszym razem?*

A: Nie. Pokazał im się tak, aby pasować do tamtejszych czasów. Na pewno nie pojawi się jako Bóg, którego znamy czy sobie wyobrażamy, w formie starca z długą brodą. Ukaże się ludziom jako zwykła, przeciętna osoba. A oni wytłumaczą go ze swojej wielkości, jak to już bywało wcześniej.

J: *A więc, zamierza zajrzeć do nas, ale ... to chyba nie koniec świata.*

A: Nie, to nie jest taki koniec świata, o którym się mówi. On się nie poddaje, próbuje wiele razy. Już ci mówiłam, jego cierpliwość jest wielka. Nigdy nie bywa niecierpliwy, jeśli chodzi o dusze. Jeśli źle czynimy, pozwala nam to robić, ale kiedy powrócimy, przeprowadza z nami rozmowę i mówi, co źle zrobiliśmy. Po tym, musimy wrócić i się uczyć. Nie wolno nam znowu tego robić. Stworzono nas dobrymi i tacy musimy pozostać, musimy się tego nauczyć. Będziemy dobrzy, na jego podobieństwo - tacy, jaka ja teraz jestem.

J: *Rozumiem. Czy Bóg wspomina coś na temat szatana lub zła?*

A: Wiem, że ludzie na Ziemi, boją się zła. Nazywają go diabłem czy szatanem. To, o czym słyszą, to tylko ich własny egoizm, wewnętrzny głos, a każda kobieta i każdy mężczyzna, mają go w swoich sercach. To jest właśnie zło czy szatan, choć, każda osoba, widzi go inaczej. Kościół wiele uczynił w kierunku tworzenia tej iluzji, ale to tylko złudzenia.

J: *Ale przecież kościół reprezentuje Boga.*

A: Kościół musi przemawiać do ludzi prostym językiem, tak, aby mogli to pojąć i zrozumieć. Nie rozumieją, jak to jest możliwe, że mogą być Bogiem i jednocześnie szatanem.

Złożoność ludzkiej natury, jest dla ludzi bardzo trudna do zaakceptowania. Tak więc, jest o wiele łatwiej zrozumieć, kiedy powiemy coś prostymi słowami: Bóg chce, abyś czynił dobro i On ci w tym pomoże. A oni na to: Jest też szatan, który zmusza do czynienia zła.

J: *Ale nie ma czegoś takiego jak złe duchy?*

A: Są dusze, które są samolubne i egoistyczne - to właśnie jest zło. Są dusze, które są zazdrosne – to jest zło. Kiedy Ojciec sprowadza te dusze z powrotem, większość z nich, udaje się w miejsce odpoczynku, a jeśli nie mogą zostać oczyszczone, wysyła je w inne miejsca. Trzyma je z dala od ludzi, tak bardzo stara się zrobić to, jak trzeba.

J: *Czy wiesz może dokąd wysyła te dusze?*

A: Nie mogę ci tego wyjaśnić w sposób, w jaki ty rozumujesz. Nie zrozumiałbyś. To jest daleko; w kosmosie. Miejsce, w którym nikogo nie mogą skrzywdzić, chyba, że samych siebie i siebie nawzajem, swoją własną podłością.

Czy to mógł być biblijny odpowiednik piekła?

J: *I to jest daleko w przestrzeni kosmicznej?*

A: Różni się od naszego układu słonecznego, obserwujesz go teraz ze mną.

O czym ona mówiła - jaki punkt obserwacyjny?

J: *Nasz układ słoneczny, jest częścią wielu innych układów słonecznych, prawda?*

A: Och tak. Uczysz się i przyswajasz wiedzę z łatwością. To ten.

J: *Czy Bóg ... posiada wszystkie systemy słoneczne?*

A: Nie, nie.

J: *Tylko ten?*

A: Ten jest jego, a ma jeszcze inne, ale nie wszystkie.

J: *Nie wszystkie?*

A: Nie. Sprawuje władzę nad tyloma sprawami, umysłem ludzkim, nawet nad moim, powiedział. Ledwo mogę pojąc jego wielkość i świetność.

J: *A więc, w innych systemach słonecznych pod panowaniem innych bogów ... prawdopodobnie są też i inni ludzie niż tu na Ziemi?*

A: Nasz Bóg stworzył ludzi, ale jestem przekonana, że inni bogowie, mogli stworzyć swoich własnych ludzi, w formie przystosowanej do tamtejszych warunków. Musisz zrozumieć, że Ziemia jest wyjątkowa i niepowtarzalna, ponieważ wymaga ustalonego typu człowieka, odpowiedniego typu ducha. Każda planeta posiada własne życie i to czego potrzebuje. Tylko Bóg, w swojej wspaniałości wie, czego każda z nich potrzebuje. Zadba o nie wszystkie.

Wszystko to było nie tylko zaskakujące, ale i niepokojące. Johhny i ja, byliśmy bombardowani informacjami, z którymi nie zetknęliśmy się, nigdy wcześniej. To był moment, aby powrócić na tereny bardziej nam znane, takie jak rozmaite życia przeszłe. Na tym etapie, Johnny zdecydował się wycofać.

J: *Ok ... Policzę i zobaczymy jak daleko cofnęliśmy się w czasie. Który to rok, 1250 czy 1150?*

A: Możesz go nazwać, jak ci pasuje. Dla mnie, czas nie istnieje. Bo go nie ma. Czas jest tylko dla ludzi.

J: *Ale, pewnego dnia w przyszłości, zostaniesz wezwana na Ziemię?*

A: Jestem pewna, że tak. Póki co, jest mi dobrze w tej formie. I każdy nowy duch przychodzący na Ziemię, jest cały dobrocią i musi nauczyć się wszystkiego, co tam jest. Jestem duszą, stworzoną specjalnie na Ziemię.

Zastanawialiśmy się, po tym raczej wstrząsającym doświadczeniu, jak Anita zareaguje po przebudzeniu i ściągnięciu jej z powrotem do teraźniejszości. Pierwszą rzeczą, którą zrobiła było ziewnięcie i przeciągnięcie, a potem zapytała, 'Co powiecie na filiżankę kawy? Chce mi się pić.' Różnica była tak wyraźna, że wybuchliśmy śmiechem. Oczywiście Anita, nie miała pojęcia co było takie śmieszne. Nie pamiętała nic, o czym opowiadała i znalazła swoją przyjemność w drzemce. Siedząc w kuchni przy stole, przy filiżance kawy, zaczęliśmy jej opowiadać, co zaszło. Kompletnie osłupiała. To zdecydowanie nie były nauki kościoła katolickiego, w których została wychowana i było to dla niej bardzo trudne do zaakceptowania, że w ogóle powiedziała to wszystko, zdecydowanie za wiele, aby pojąć. Stwierdziła, że to za dużo naraz, jak dla niej i potrzebowała czasu, aby stopniowo przyzwyczaić się do tej myśli. Tak więc, poprosiła Johnnego, aby ponownie ją zahipnotyzował i wymazał z pamięci wszystko o czym rozmawiali, żeby nie musiała się tym martwić. Zrobił to, zanim wyszła.

Jednak, gdy Anita przyjechała tydzień później, na kolejną sesję, powiedziała, że to ją dręczyło, przez cały ten tydzień. Wiedziała, że pamięć o tym, co nagrało się na ostatniej taśmie, została usunięta, nie bez powodu. Pomyślała, że to musiało być coś naprawdę złego i okropnego, skoro nie chciała tego pamiętać. Przez cały tydzień, zastanawiała się, co to było. Powiedziałem jej, że może przyjść następnego dnia, posłuchać taśmy, która ją niepokoi. Tym sposobem, sama przekona się, że nie ma się czego bać i nie ma tam nic *złego*. Był to jedynie, rodzaj teologii, który ją zaniepokoił.

Dlatego przyszła następnego wieczoru i puściłam dla niej taśmę, aby uspokoić jej umysł. Po tym, zaakceptowała to, co powiedziała, bez zbędnego rozstroju i już nigdy więcej, nie trapiło jej to, w innych sesjach.

Rozdział 11
Życie w formie ducha

Za każdym razem, kiedy Johnny cofał Anitę przez jej rozmaite życia, przy kilku okazjach, znalazła siebie w stanie 'martwym', była duchem. W tym stanie 'pomiędzy życiami', często wspominała o tym, że była wzywana, do wykonania jakiegoś zadania. Głos miał jej mówić, w jakie miejsca ma się udać i nie mogła odmówić. Naturalnie, byliśmy ciekawi, jakie to zadania musiałaby wykonać, dlatego od czasu do czasu, mówiła nam, co to było. Pomyślałam, że lepiej będzie, czytać je zebrane w jednym rozdziale, zamiast w narracji rozproszonej.

Przez całe nasze życie, słyszeliśmy o aniołach stróżach. Osobiście zawsze uważałam, że każdy z nas ma swojego własnego anioła stróża, który jest przypisany tylko do nas. Może to prawda, ale z naszych badań wynikało, że jakikolwiek duch, który nie jest akurat zajęty, a pojawia się sytuacja, gdzie potrzebna jest pomoc, może zostać powołany do służby przez 'głos'. Z całą pewnością, zadania, o których opowiadała Anita, przypominały te, odpowiadające aniołom stróżom. Bez względu na odpowiedź, myślę, że jest to bardzo pocieszające, wiedzieć, że te istoty są wokół nas.

A więc, kolejna część obrazuje, jak to jest być duchem, według Anity. Osobiście uważam, że jest to o wiele bardziej satysfakcjonujące, niż fruwanie na chmurce, pogrywając na harfie przez wieki.

J: Jest rok 1810. Co robisz?
A: Po prostu dryfuję, robię, co potrafię. Byłam w różnych miejscach w tym kraju. Tutaj, najbardziej mi się podoba.
J: Gdzie jesteś?
A: W okolicach Nowego Jorku i Bostonu – trochę tu, trochę tam. Podoba mi się tu.
J: I twierdzisz, że byłaś też w innych częściach kraju?

A: Tak, widzę dziwnych ludzi, mieszkających tutaj.

J: *Jaka to jest część kraju?*

A: Wydaje mi się, że byłam prawie w środku tego kraju, kiedy stałam się duchem. Nie jestem pewna. Przeszłam długą drogę na zachód. Zaraz po tym, przekroczyłam rzekę. Nie mam pojęcia, czy nazywają tamten kraj tak samo, jak ten. Jeśli nie, to zrobią to wkrótce. I ludzie tam żyjący są tak bardzo inni. W zasadzie są dobrzy, ale dzicy. Nie rozumieją zbyt wiele. Obserwowałam ich przez jakiś czas.

J: *Widziałaś, gdzie mieszkają?*

A: Tak.

J: *Jak mieszkają, w czym?*

A: W dziwnie wyglądających budynkach. Wydaje mi się, że nazywają się Pueblos. (Wieśniacy) Bardzo dziwaczni ludzie.

J: *Czy te domy są zrobione z drewna?*

A: Nie. Tylko w podstawie, a wykonane są jakby z wygładzonego błota, ale wytrzymałe, twarde, prawie jak z cegły.

J: *I twierdzisz, że ci ludzie, to dzikusy?*

A: Cóż, wiele rzeczy robią inaczej niż ludzie mieszkający tam, po drugiej stronie rzeki.

Oczywiście, mówiła o rzece Missisipi, która była jakby granicą, linią podziałową pomiędzy nimi.

J: *Powiedz mi, co na przykład jest w nich inne?*

A: Cóż, wyglądają inaczej, ubierają się inaczej, mówią innym językiem.

J: *Jak się ubierają?*

A: Cóż, prawie nic na sobie nie mają.

J: *Żadnych ubrań?*

A: Och, no wiesz, zakryją tu i ówdzie, ale nie po całości. Oczywiście jest strasznie gorąco, a oni polują i zabijają zwierzęta. To było dla mnie wyjątkowo obce doświadczenie, przyglądać się tym ludziom. Nigdy, przenigdy wcześniej, nie zetknęłam się z niczym podobnym. Kiedy zesłano mnie tam i przez chwilę się temu przyglądałam, tak bardzo się przestraszyłam, że nie chciałam się tam odrodzić.

J: *Czyli myślisz, że zsyłając cię tam, miałaś się tam na nowo urodzić?*

A: Nie. Rozszyfrowałam, że zostałam tam wysłana do pomocy, choć na początku się bałam. Bałabym się być taka jak ci ludzie. Czasami są brutalni. (Zauważ, jej strach przed przemocą.) Ale musiałam komuś pomóc. Ten mężczyzna - polował i został ranny. Próbował zabić zwierzę, a ono rzuciło się prosto na niego. I ja usunęłam go z drogi, potem zatrzymałam to zwierzę. Było ranne; miało wkrótce umrzeć. Ostatkiem sił zaatakowało, a ja zatrzymałam go. Był zdumiony i on ... jedna rzecz na temat tych ludzi; oni wierzą w duchy.

J: *Czyli, że wiedział w takim razie, co zatrzymało zwierzę?*

A: Tak sądzę. Powiedział swoim ludziom, że Wielki Duch to zrobił. Oczywiście, nie ja jestem Wielkim Duchem, ale on tak powiedział, że Wielki Duch przyłożył do tego swoją rękę i zatrzymał go, a to jest dokładnie to, co zrobiłam. Wyciągnęłam swoją rękę i wysłałam wiadomość, aby zaprzestał i on zatrzymał się w miejscu i padł martwy na ziemię, zanim do mnie dotarł. Myślę, że co naprawdę sprawiło, że pomyślał o ingerencji Wielkiego Ducha było to, że musiałam ruszyć nim w tył, spowodowałam, że odskoczył do tyłu. Był ranny i nie mógł chodzić i nagle przeskoczył w tył. To go na wstępie przeraziło. I pomogłam mu. Powiedziałam mu, co zrobić z ranną nogą.

J: *Zrozumiał cię?*

A: Cóż, kiedy powrócił, zwrócono uwagę na dziwny sposób w jaki opatrzył swoją nogę. A on powiedział, że głos nakazał mu tak zrobić. Myślę, że mnie usłyszał. Zrobił, co mu kazałam. Twierdził, że to Wielki Duch mu pomógł i teraz myśli, że być może jest wybrańcem. Myślą, że duch będzie do niego przemawiał.

J: *Czy był starym człowiekiem?*

A: Nie, to był jeden z powodów, dla których mu pomogłam. Był jeszcze za młody; ma tutaj jeszcze coś do zrobienia. Nie może teraz umrzeć.

J: *I głos ci powiedział, żeby iść i mu pomóc?*

A: Tak, to robimy. Czasami sytuacja staje się naprawdę skomplikowana, ludzie pakują się w niezłe tarapaty. Potrzebują pomocy. I żaden śmiertelnik nie jest w stanie wyciągnąć go z tej opresji, w której się znalazł. Wówczas *musimy* interweniować.

J: *Kiedy pomagasz ludziom i mówisz do nich, zawsze cię słuchają?*

A: Nie, nie. Wiele razy, nie chcą słuchać. Nawet jeśli bardzo mocno skoncentrują się na problemie i z całych sił próbują znaleźć rozwiązanie. Ty próbujesz z nimi rozmawiać, a oni po prostu nie mogą w to uwierzyć. I niekiedy, jak to było z tym indiańskim chłopcem, musiałam nim poruszyć. Czasami po prostu robią coś bez zastanowienia, nie mogą się powstrzymać albo nie wiedzą jak.

J: *Ale masz powiedziane, co dokładnie robić?*

A: Tak, mówią nam, co zrobić. Po prostu wiemy.

* * *

J: *Jest rok 1933. Co robiłaś ostatnimi czasy?*

A: Cóż, ostatnio zajmowałam się chłopcem, pomagałam mu.

J: *Dlaczego, był chory?*

A: Był chory i uciekł z domu. Oczywiście musiałam sprowadzić go do domu.

J: *Gdzie mieszkał, tam w Chicago?*

A: Och, nie. To było w Tennessee. To było małe miasteczko na wzgórzu. Mały chłopiec uciekł, zaziębił się od tego i musiałam mu pomóc.

J: *Nie mógł znaleźć drogi powrotnej do domu?*

A: Nie, był przerażony. Przemiły mały chłopiec. Było bardzo zimno, nie padał śnieg, ale prawie. Dostałby zapalenia płuc.

J: *Miał na sobie jakieś grubsze ubrania, co by go ogrzały?*

A: Nie, w dzień, w który uciekł, było dość ciepło. Wszedł do lasu, żeby go nie znaleźli i zabłądził.

J: *Udało ci się szczęśliwie sprowadzić go z powrotem?*

A: Och, tak.

J: *Rodzina ucieszyła się, jak go zobaczyli?*

A Tak.

J: *Założę się, że już nigdy więcej nie ucieknie z domu.*

A: Z pewnością nie, do czasu aż będzie cieplej. Wydaje mi się, że znowu ucieknie. To bardzo uparte dziecko.

J: *Jak ten chłopiec ma na imię?*

A: Jimmy. Nie znam jego nazwiska. Kiedy tam dotarłam, jego matka płakała za Jimmim, dlatego wiedziałam, jak ma na imię.

* * *

J: *Jest rok 1930. Co robisz?*

A: Czekam aż coś się za moment wydarzy.

J: *Czy wiesz co ma się stać?*

A: Coś ma się wydarzyć za kilka minut. Muszę tu być.

J: *Czy masz tutaj coś zrobić?*

A: Tak, muszę pomóc tym dzieciom.

J: *Gdzie jesteś?*

A: Stoję nad rzeką, chyba to jest Missouri.

J: *Jesteś w mieście?*

A: Nie, to na terenach wiejskich.

J: *Czy to w pobliżu miasta?*

A: Tak, wydaje mi się, że nazywa się Atchinson.

J: *Co ma się tam wydarzyć nad rzeką?*

A: Mały chłopiec wpadnie do rzeki i ten drugi mały chłopiec będzie musiał go uratować. Muszę mu pomóc, rzeka w tym miejscu jest bardzo głęboka i jest tam wiele prądów rzecznych. A on nie jest zbyt silny. Pomogę mu ocalić przyjaciela.

J: *Co te dzieci robią tam nad rzeką?*

A: Łowią ryby.

J: We dwóch tylko?

A: Tak. Nie miało ich tam być. Mieli być w szkole. Byli głodni i pomyśleli, żeby złowić rybę na kolację.

J: Czy są braćmi?

A: Nie, chyba kuzynami. Bardzo dobrymi przyjaciółmi - choć są spokrewnieni.

J: Mieszkają razem w tym samym domu?

A: Tak.

J: I jeden chłopiec wpadnie. Co zrobi - złapie rybę, która wciągnie go do wody?

A: Brzeg jest stromy. Poślizgnął się. Ten drugi chłopiec jest przerażony, pomogę mu się nie bać.

J: Czy on umie pływać?

A: Nie, nie potrafi. Właśnie dlatego muszę mu pomóc.

J: Ile lat mają ci chłopcy?

A: Myślę, że są bardzo młodzi, mają może dziesięć, dwanaście lat, małe dzieci. Pomogę im. Widzisz, jak dobrze pływa? Nigdy się nie domyślą.

J: Będzie myślał, że po prostu to zrobił.

A: To bardzo zabawne. Lubię tego chłopca.

J: Wiesz kim będzie, jak dorośnie?

A: Nie. Wydaje mi się, że kiedy dorośnie, zostanie farmerem. Chciałabym coś dla niego zrobić. Chyba sprawię, żeby zawsze wiedział, jak pływać. Od dziś będzie to potrafił. Już nigdy nie zapomni, jak się pływa. Będzie to lubił.

J: Założę się, że ten drugi chłopiec, naprawdę się przestraszył.

A: On wiedział, że tamten nie umie pływać, nie wiedział jak. Będą się z tego śmiać, całe swoje życie, jak nie potrafił tego, a potem po prostu wskoczył i popłynął. I po tym zajściu, powiedzą, zawsze już pięknie pływał. To są mili chłopcy. Ich rodzinom, jest strasznie ciężko - są biedni. Próbowali pomóc. Dlatego łowili ryby. Ich rodzina jest głodna.

J: Czy ich rodzina żyje na farmie w pobliżu?

A: Tak. Chcieli po prostu zdobyć pożywienie. To wszystko, czego chcieli.

199

J: *Sprawdźmy. Ta kolejna miejscowość w górze rzeki, to*
   Atchinson?
A: Tak, to ta; leży zupełnie przy rzece.
J: *I jesteśmy w ... jakim stanie – Missouri?*
A: Nie, w Kansas. Bardzo równinne tereny.
J: *Mnóstwo pól uprawnych wokół?*
A: Sporo ich tu.

Zerknęłam na mapę, aby sprawdzić, czy Atchinson w stanie Kansas, usytuowane zostało przy rzece. Miała rację - leży przy rzece Missouri.

* * *

J: *Jak przypuszczam, nie zdarzyło ci się nigdy zostać wezwaną*
   do pomocy ludziom złym, prawda?
A: Och, tak.
J: *Pomagasz każdemu?*
A: Cóż, czasami ludzie przechodzą przez różnorodne etapy w swoim życiu. Niekiedy jako bardzo zła osoba, a później się zmienia. Bywa, że byli bardzo dobrzy i zeszli na złą drogę. I kiedy jest to potrzebne, pomagamy im, jeśli ich czas jeszcze nie nadszedł. Zdarza się, że pomagamy im w chorobie lub coś zrobić. Raz pomogłam złemu człowiekowi.
J: *W jaki sposób mu pomogłaś?*
A: Cóż, on był wyjątkowo podłym i nikczemnym człowiekiem, ale ... musiał mieć w sobie też sporo dobroci. To, dlatego, że kiedy uciekł koń i prawie staranował małą dziewczynkę z ulicy, on rzucił się z pomocą, żeby ją odepchnąć. I w momencie, gdy złapał ją, aby odrzucić do tyłu, przewrócił się i koń kopnął go z kopyta prosto w głowę. Ludzie myśleli, że umrze i wielu to cieszyło. Ale ja zostałam zesłana, aby mu pomóc, gdyż zrobił coś dobrego i to miało na zawsze zmienić jego życie. I tak się po tym stało. On wiedział, że jego wyzdrowienie, było niczym cud, jak zwykł mówić. I od tego czasu zmienił się, zaczął wyczuwać, że być może,

200

wyzdrowiał, z jakiegoś powodu. Wszelkie szczęśliwe wydarzenia w jego życiu, pojawiały się zaraz po tym, jak uczynił coś dobrego, tak więc zaczął się zmieniać.

J: *Mówisz, że był podłym i niedobrym człowiekiem, co takiego zrobił, co uczyniło go takim?*

A: Cóż, kradł pieniądze. On nawet zabił niektóre osoby i uszło mu to płazem. Prawnie nie mogli mu nic udowodnić. Oszukał wielu ludzi. W karty, myślę w szczególności, gra i oszukuje. Pewnego razu, zabrał mężczyźnie jego ziemię i wszystko, co posiadał. A ten powiedział, że gra, nie była uczciwa. Więc go zastrzelił - po prostu go zabił. Jednak później, po tym jak mu pomogłam, zaczął się zmieniać i było mu bardzo przykro z powodu wszystkiego złego, co wcześniej uczynił. Wyprowadził się stąd, ale zanim to zrobił, oddał wszystkie swoje pieniądze pastorowi w mieście, aby zbudował kościół. To małe miasteczko, nie miało jeszcze żadnego. Ludzie uważali, że kopnięcie w głowę spowodowało, że oszalał. Że było to bardzo dziwne, żeby ktoś z jego reputacją, kto wyrządził tyle złego, zmienił się tak nagle. Rozmawiałam z nim, kiedy był chory. Czasami to robimy, kiedy ktoś choruje. Próbujemy wtedy pomóc. Niektórym jest łatwiej wtedy rozmawiać. Niekiedy, nie pamiętają tego, po tym jak wydobrzeją, a czasami pamiętają. Ale możemy im podpowiedzieć, jak mogą sami sobie pomóc. Zdarza się nawet, że nie pamiętają tego, że z nami rozmawiali, ale pamiętają o czym była mowa. To najważniejsza rzecz.

J: *Mówisz, że kiedy są chorzy, ty możesz im powiedzieć, jak mogą sami sobie pomóc? Tamten mężczyzna został kopnięty w głowę, jak mógł sam sobie pomóc, z takim urazem?*

A: Jego głowa doznała urazu, a ja … po prostu położyłam moje ręce na nim …

J: *I wtedy uleczyłaś mu ranę? To znaczy, nie mówiłaś mu, w jaki sposób ma to zrobić samemu?*

A: Nie. Rozmawiałam z nim. Kiedy tam weszłam, prawie stracił zmysły. Ludzie myśleli, że zwariował, a kiedy opuścili pokój, porozmawiałam z nim. I położyłam na nim swoje ręce ... odjęłam ciśnienia z mózgu. Kość była delikatnie pęknięta i tworzył się tam mały zakrzep. Zlikwidowałam go. A później, powiedziałam mu, że odpocznie i będzie spał, przez następne 48 godzin, a kiedy się obudzi, będzie całkowicie normalny. I pomówiłam z nim też, o rzeczach, których się dopuścił. Wysłuchał.

J: *Czy pokazałaś mu co robił?*

A: Tak. Zobaczył na własne oczy, niektóre z tych rzeczy, które zrobił. A on się rozpłakał i było mu bardzo przykro. Potem pomogłam jego duszy powrócić do ciała i naprawiłam jego myślenie. Mógł kontynuować; To, go zmieniło. To nie było coś, co mógł lekarz wyleczyć. Tworzył się krwiak, a oni nawet o tym nie wiedzieli. Nie mogli tego zobaczyć. Wiele razy lekarze nawet nie wiedzą, że coś tam jest i nie wiedzą, jak postępować.

J: *Czy ty to widzisz? Czy mówią ci o tym?*

A: Cóż, powiedziano mi, że ucierpiał i potrzebował pomocy.

J: *Mam na myśli krwiaka w mózgu.*

A: Kiedy na niego popatrzyłam, mogłam zobaczyć, co było problemem. Wiedziałam, że jeśli położyłabym na nim swoje ręce, to by go uzdrowiło. Nigdy wcześniej tego nie robiłam, ale ...

J: *Powiedziano ci, że możesz to zrobić?*

A: Tak, mogę. Wydaje się prawie codziennie, kiedy dowiaduję się, co jeszcze innego potrafię zrobić.

J: *O rany! Sporo do nauki.*

A: Tak, sporo tego, masz rację. Sam zobaczysz.

J: *Czy wszystkie duchy to potrafią?*

A: Jeśli jest im to potrzebne ... Pomyślałabym, że potrafią, wszystkie z nich. Każdy, z którym rozmawiałam to potrafi. Każdy, z którym oni rozmawiali, też. Myślę, że to bardzo ... taka natura ducha. Tak mamy.

* * *

Następna część była niecodzienna, jako że, Anita powróciła do tego samego zdarzenia, przy trzech różnych okazjach, chociaż nie została w ten sposób poinstruowana. W zasadzie za każdym razem, opowiedziała tę samą historię, tyle, że innymi słowami. Połączyłam je w całość.

J: Jest rok 1810. Co widzisz?
A: Miasto. Jakieś budynki.
J: Co robisz?
A: Czekam na coś.
J: Od dawna czekasz?
A: Och, tak naprawdę, to nie wiem. Nie potrafię określać czasu, jak kiedyś.
J: Gdzie jesteś?
A: Tutaj, w Nowym Jorku. Czekam, aż coś się wydarzy. Coś się wydarzy wkrótce. Coś złego. Kiedy to się stanie, ja pomogę.
J: Czy jest rok 1810? Jaki miesiąc i dzień?
A: Marzec ... 18ego.
J: I nie wiesz, co ma się stać?
A: Za chwilę zacznie padać śnieg. Będzie coraz gorzej i gorzej. I dziecko będzie przestraszone, bardzo zlęknięte. Tak, mam pomóc małej dziewczynce, tak mi się wydaje. Obserwowałam ją od jakiegoś czasu. Ona jest bardzo miłą, przyjazną dziewczynką.
J: Co teraz robi?
A: Cóż, mieszka na farmie. Nie za wiele teraz robi. Ona będzie ... zanim umrze, bardzo ważna. Zrobi coś, co pomoże wielu ludziom tutaj w miasteczku. To wszystko jest zaplanowane. Będzie w niebezpieczeństwie. Mam ocalić jej życie, aby jeszcze nie umarła. Przestraszy się i to bardzo. A ja pomogę jej wrócić do domu.
J: Skąd to wiesz, że zbliża się niebezpieczeństwo?
A: Wiemy to, kiedy ma się coś wydarzyć. Czasami, nawet kiedy dotrzesz w pewne miejsca pierwszy raz, po chwili obserwacji, już wiesz. I wiedziałam, kiedy zobaczyłam tą małą dziewczynkę, że to ją mam uratować. A kiedy

spojrzałam na nią, zobaczyłam wszystko czego dokona w swoim życiu.

J: Znasz jej imię?

A: Nie, nie znam. Przypuszczam, że mogłabym się tego dowiedzieć ...

J: Cóż, to nie jest aż takie ważne, prawda?

A: Nie, nieistotne, jak ma na imię. Pomoże wielu ludziom z miasta. Wydaje mi się ... och, tak ... bogato wyjdzie za mąż. I pomoże wielu ludziom, biednym ludziom, a to jest bardzo istotne. Pomoże również pewnym czarnym ludziom, którzy uciekli.

Jak przypuszczam, mogła odnosić się do kolei podziemnych prowadzących do Kanady, którymi uciekali niewolnicy przed i w trakcie Wojny Secesyjnej. (1860.)

A: I ona ma pomóc biednym ludziom z miasta. Tak więc, to bardzo ważne, żeby żyła. Bała się wyjść dziś rano. Czasami dzieci czują więcej niż rodzice.

J: Och, czyli ona wie, że coś ma się wydarzyć?

A: Tak. Ona jest lekko przestraszona, a jej matka wysyła ją do ... szkoły? Tak, to szkoła. Idzie do szkoły.

J: Czy coś ma jej się stać po drodze?

A: Tak. Zacznie padać śnieg, kiedy akurat dotrze do szkoły i zacznie wtedy ostro sypać. Nie spodziewają się tego. Ostatnie kilka dni było pogodnych, więc oni myślą, że już wiosna idzie, a śniegu więcej nie będzie. Ale to nadchodzi. I wcześniej puszczą do domów dzieci, które mają długą drogę. Ona pójdzie w tym najgorszym śniegu. Gdybym jej nie pomogła, zgubiłaby się, zakopała w śniegu czy zamarzła na śmierć. Jest sama i jest przerażona, idę z pomocą.

J: Dobrze! Poprowadzisz ją do domu?

A: Tak. Chwycę ją za rękę, a ona poczuje jakby przypływ siły, wiatr popychający ją od tyłu, a jej kroki będą lżejsze. Przez jakiś czas pomogę zaciągnąć ją szczęśliwie do domu, dodając jej ekstra sił.

J: Czy ma przed sobą długą drogę?

A: Tak, ma prawie dwie mile. Nie chcę, żeby coś jej się teraz stało. Później ludzie zapytają ją, jak to zrobiła. A ona im powie: „Nie wiem, po prostu szłam". Zanim dotrzemy do domu, śnieg będzie blisko jej pasa. Wieje bardzo mocno. Ostatni kawałek przed domem, w niektórych miejscach konie nawet nie przedarły się.

J: Czy ma daleko do domu?

A: Tak, ale już jest bezpieczna. Bali się w ogóle wyruszyć po nią i szukać jej w tej śnieżycy. Zamurowało ich, kiedy ją zobaczyli.

J: Czy ona wie, jak jej się to udało?

A: Nie, nigdy się nie dowie. Po prostu to zrobiła, wszystko co na ten temat powie. Jej matka uważa, że jej modlitwy zostały wysłuchane … i ma rację.

Od kiedy mieliśmy konkretną datę, 18ego marca, 1810 roku, napisałam do ośrodka pogodowego w Nowym Jorku, z zapytaniem czy mają jakiekolwiek zapisy warunków pogodowych z tego dnia, z wystąpieniem nieuzasadnionej, ostrej burzy śniegowej? I ponownie natrafiliśmy na martwy punkt. Odpowiedzieli, że nie mogą nam pomóc, ponieważ ich dokumentacja pogodowa, nie sięga tak daleko wstecz.

* * *

J: Jest rok 1934. Co teraz robisz?

A: Rozglądam się dookoła.

J: Na co patrzysz?

A: Chcę zobaczyć pewne rzeczy. Uwielbiam chodzić na Wschód. Lubię Wschód. Jest tam wyjątkowo pięknie. Chciałabym tam mieszkać kiedyś.

J: Wzdłuż wody?

A: Tak, lubię patrzeć na wodę.

J: Czy byłaś tam już wcześniej?

A: Wydaje się, że dawno temu, musiałam tam być. Czuję się bardzo związana z tym miejscem.

Mieszkała w pobliżu tego miejsca jako Sarah. Przeprowadziła się również z Beeville w Texasie, do Maine w latach siedemdziesiątych. To w jakiś sposób, spełniło jej życzenie o życiu na Wschodzie.

J: W jakiej części na Wschodzi teraz jesteś?
A: W północnej. Uwielbiam góry, drzewa i wodę. Pięknie tutaj. Musiałam tutaj przybyć około ... nie jestem pewna czasu. Trudno go określić. Ale jestem tutaj, aby pomóc komuś, kto zabłądził i utknął.
J: Utknął?
A: Tak, w śniegu. I pomogłam im się wydostać i powrócić do grupy, z którą byli. Później pomyślałam, że zostanę tutaj, tak długo, jak mogę.
J: Dopóki znowu cię nie wezwą?
A: Tak, tutaj jest tak ślicznie i lubię obserwować ludzi.
J: Co robią?
A: Cóż, lubię oglądać tych, tutaj. Przychodzą tu zakładają takie śmieszne coś na stopy, a później zjeżdżają na tym ze wzgórza, w dół. Śmieją się dużo i są bardzo szczęśliwymi ludźmi.
J: Zakładają coś na stopy i zjeżdżają na tym ze wzgórza w dół?
A: Tak. Lubię na to patrzeć. Chciałabym tak zrobić, ale nic się na mnie nie trzyma. Próbowałam.
J: Próbowałaś ubrać to na siebie?
A: To było bardzo zabawne. Ludzi byli przerażeni, kiedy to się stało.
J: Co się stało?
A: Zobaczyłam, że pewien człowiek zdjął to coś i odłożył, a ja podeszłam i położyłam je na ziemi. To zaskoczyło wszystkich – pomyśleli, że przewróciło się. Strasznie trudno mi było wyciągnąć to na zewnątrz, przez drzwi. Nie wiem, jak ludzie to robią. Chyba ubierają je, już na zewnątrz.

Gdybym nie umiała przechodzić przez drzwi, nigdy by mi się to nie udało. Musiałam je zdjąć, otworzyć drzwi, ubrać je z powrotem. Nie byłam w stanie przenieść przez drzwi rzeczy, nie powodując straszliwego poruszenia. Starałam się być niezauważona, ale każdy wydawał się mnie widzieć. Kiedy zobaczyli te deski przechodzące przez drzwi, bardzo się przestraszyli. Wszyscy czterej, siedzieli tam przerażeni na śmierć. A kiedy wyszłam na zewnątrz, zaczęłam szybo ślizgać się i zjeżdżać na nich. Biedny człowiek, ciężko mu było je później znaleźć.

J: *(Głośny śmiech) Wszędzie ich szukał?*

A: Cóż, jedna była dosyć blisko, zatrzymała się na drzewie. A on śmiał i śmiał się po tym. Powiedział, że przez chwilę pomyślał, że to był duch, ale gdyby to był on, z pewnością byłby w stanie utrzymać je na sobie.

J: *Chyba się za bardzo na tym nie zna, prawda?*

A: Nie, nie sądzę, aby kiedykolwiek widział ducha. Wydaje się nie wiedzieć. To było wyjątkowo trudne, ale sporo w tym frajdy. Jeszcze kiedyś tego spróbuję. Ci ludzie, nie powracają już więcej w to miejsce.

J: *Nie?*

A: Ta mała chatka należała do tego mężczyzny. Wpadli tu na weekend. Z pewnością ich to przeraziło.

J: *Według nich, narty nie powinny tak zrobić.*

A: Nie. Nie rozumieli, co się działo. Ja myślałam, że oni wszyscy się czymś zajęli i nie zauważyliby mnie, nawet gdybym z nimi poszła. Ale usłyszeli te narty. Bardzo to było śmieszne, oni śmiali się z tego, a ich dziewczyny były naprawdę zlęknięte. Wyjechały zaraz po tym zajściu. Odjechały w ciemnościach. On chciał nadal tam zostać, ale cała reszta, jak tylko odszukała swoje rzeczy, szybko się spakowała i wyjechali.

J: *Jak się tam dostali; samochodem?*

A: Przyjechali samochodem i pociągiem. Przyjechali z … dużego miasta. Obserwowałam tą dziewczynę przez jakiś czas po tym. Wróciła do domu i była taka przerażona.

Wiedziała, że nie powinna była tam pojechać. Pomyślała, że dlatego to się stało. Pojechała do nawiedzonego miejsca. Młoda dziewczyna, około 18, 19 lat, bardzo ładna.

J: *Mówisz, że ona wiedziała, że nie powinna tam być?*

A: Nie. Ona pojechała tam z kimś, z kim nie powinna była. Myślała, że to była dla niej kara za to. Więc podążyłam za nią. Miałam jej powiedzieć, co się wydarzyło, ale nigdy nie udało mi się z nią porozmawiać. Obserwowałam ją i nawet raz próbowałam porozmawiać, ale nie mogłam sprawić, aby mnie usłyszała. Była przestraszona. Wszystko wydawało się ją przerażać. Ale to było jakiś czas temu. Czasami powracam do tego miejsca i obserwuję ludzi, którzy tam przyjeżdżają. Nadal nazywają to nawiedzonym miejscem. Myślą, że to był duch.

Ten incydent pokazuje, że nawet duch może mieć poczucie humoru i poświęcić trochę czasu na zabawę. Zupełnie nie przypominało to przerażających duchów, o których słyszeliśmy przez całe nasze życie.

J: *Powiedz, czy różne zwierzęta mają swoje duchy?*

A: Nie takie, jak ja. Nie są duchami; są zupełnie innymi istotami. One wyczuwają, posiadają mądrość, której ludzie w ogóle nie rozumieją.

J: *Nie mają duszy?*

A: Nie taką, jak ludzie. Ludzie nic nie wiedzą na temat zwierząt. Myślą, że jeżeli zwierzę jest inteligentne to znaczy, że będzie robić co mu człowiek każe. Czasami zwierzęta są o wiele bardziej rozumne. Kiedy wyczuwają niebezpieczeństwo, nie zrobią, tego co ludzie chcą, żeby zrobiły.

* * *

J: *Jest rok 1930. Co robisz?*

A: Cóż, jestem tu od jakiegoś czasu.

J: Gdzie jesteś?
A: Powiedzieli mi, że miasto nazywa się Seattle.
J: Czy to duże miasto?
A: Och, dość pokaźnych rozmiarów. Mnóstwo ślicznych kwiatów.
J: Co tutaj robisz?
A: Cóż ... widzisz tą kobietę tam? Potrąci ją samochód. Nie mogę powstrzymać samochodu od uderzenia w nią. Nie mogę tego powstrzymać. Kiedy już w nią uderzy, zaopiekuję się nią.
J: Och, czyli, że nie umrze?
A: Właśnie tak.
J: Ale nie możesz zatrzymać samochodu, aby w nią nie wjechał?
A: Nie, nie mogę tego zrobić. Młody mężczyzna prowadzi samochód, to część jego życia. Uderzy w tą kobietę i będzie myślał, że ona umrze.
J: Och, i to jest coś, co ma się jemu przytrafić? Czy to się musi stać?
A: Tak musi być. On ucieknie z miejsca wypadku i będzie przerażony na śmierć, że ta kobieta zmarła. Ale ja jej pomogę, złagodzę ból i pomogę jej dotrzeć do domu. Tylko przez chwilę będzie się źle czuć i pójdzie spać. A kiedy się obudzi, nic jej nie będzie. Nigdy nie będzie żadnej wzmianki na ten temat w gazetach, ale ten chłopak, będzie się martwił przez długi czas. To zmusi go do refleksji nad swoim własnym życiem i tym jak do tej pory żył.
J: Jakie prowadził życie do tej pory?
A: Nie obchodzi go co robi i czy rani tym innych. To go nieźle wystraszy.
J: Kobieta zostanie potrącona, ale ... jak sądzę, nie za mocno, prawda?
A: Och, uderzy w nią bardzo mocno. Wystarczająco mocno, aby uwierzył, że ją zabił. Ma pomyśleć, że ją zabił. Wróci na tą ulicę po jakimś czasie, po tym jak nie będzie widział żadnych informacji w prasie na ten temat. Będzie jeździł tam i z powrotem po tej ulicy, szukając tej kobiety. Ale jej już tu

nie będzie. Zamierza odwiedzić swoją córkę. Wyjedzie na długo, z miłą wizytą. Ten chłopak, naprawdę będzie się bardzo martwił. Od teraz przez resztę życia będzie żył tak, jakby chciał zrekompensować śmierć tej biednej kobiety.

To niewiarygodne, zdać sobie sprawę z tego, cudownie złożona seria zdarzeń w naszym życiu, jest bezustannie tkana za naszymi placami i bez naszej wiedzy. Wydaje się, że wszystko ma znaczenie, jeśli nie w naszym życiu, to czyimś. Jest to również uspakajające, wiedzieć, że jakaś siła wyższa, śledzi dla nas to wszystko.

Rozdział 12
Duch spogląda w przyszłość

W niektórych z wcześniejszych sesji, Anita twierdziła, że mogła widzieć różne rzeczy na temat ludzi, tylko na nich patrząc. Na przykład, kiedy zmarła w Chicago i czekała aż umrze Al, powiedziała, że wystarczyło, że na niego popatrzyła i już wiedziała co, miało mu się przydarzyć. Byliśmy ciekawi, czy mogłaby zrobić to samo w formie eksperymentu. Byłoby całkiem interesująco tego spróbować. Musiałaby zostać zabrana w okres pomiędzy życiami, jako że, tylko w formie ducha, zdawała się mieć tę umiejętność. Pierwszy raz, kiedy tego spróbowaliśmy, cofnięta została do życia June, a później Jane do 1810 roku. Tutaj się zatrzymaliśmy, a ona opowiadała nam o życiu w formie ducha, z czego zapisane fragmenty, znalazły się w poprzednim rozdziale.

J: Ile jest z tobą duchów?
A: Tutaj? Paru.
J: Możecie się widzieć nawzajem?
A: Och, tak ... Rozmawiamy.
J: O czym rozmawiacie?
A: Czasami o tym, co robiliśmy, dokąd idziemy czy o miejscach, w których byliśmy.
J: Możesz opisać dla mnie jednego z tych duchów?
A: Cóż ... Wybierz jednego!

Johnny podążał za nią, ponieważ oczywiście nie mógł zobaczyć tego, co ona.

J: Cóż, niech będzie ten, co tam stoi.
A: Ten? Och, ten jest miły. Bardzo przyjemny mężczyzna. Jest duchem, już od kilkunastu lat. Wygląda bardzo podobnie, można pomyśleć, do tego jak wyglądał za życia. Oczywiście

duch nie ... no wiesz, spójrz na mnie. Jestem ... to słowo to ,cienka' jak sądzę. Możesz widzieć przeze mnie. Ja widzę przez niego i inne duchy. To zabawne, jak możemy tacy być, a jednocześnie mieć siłę i robić różne rzeczy. Wiele zmieniamy. Od dawna jesteś duchem?

J: *(Zaskoczony pytaniem.) Nie, z pewnością niedługo.*

A: Cóż, trzeba się przyzwyczaić.

J: *Z pewnością. To bardzo dziwne.*

A: (Brzmiała zapewniająco.) Cóż, nie musisz się teraz bać.

J: *Spróbuję się nie bać. Czy ten mężczyzna powiedział, dlaczego został tutaj wezwany?*

A: Cóż, jest już tutaj od jakiegoś czasu i pomógł paru ludziom. Wydaje mi się, że w tej chwili już tylko czeka, aby odrodzić się na nowo. Wie, dokąd ma iść tym razem. Jeszcze musi chwilę poczekać, ale znowu się narodzi.

J: *Skąd on to wie?*

A: Cóż, powiedziano mu; czuje to. Nie potrafię opisać tego uczucia. Przyzwyczaisz się do tego. To nie tak samo, kiedy żyłeś i usłyszałeś, co ktoś powiedział lub głos słabo brzmiał z daleka. Słyszysz ten głos bardzo wyraźnie, jak gdyby, był tam razem z tobą. Słyszysz ten głos, ale w większości czujesz go. I zawsze jest bardzo wyraźny, nigdy nijaki. Po prostu wiesz, co masz zrobić. I czasami możemy nawet ze sobą porozmawiać, bez wymiany słów, tak jak my teraz rozmawiamy, tak też możemy, zależy.

J: *(Zdecydował, że to był moment, aby spróbować eksperymentu.) Powiedz mi, możesz zajrzeć w przyszłość?*

A: Cóż, tak, jeśli się postaramy i skoncentrujemy. Kiedy potrzebujemy coś zobaczyć lub bardzo chcemy, możemy to ujrzeć. Czasami mówię ludziom, co się stanie, żeby ich uspokoić.

J: *Czy możesz w tej chwili zajrzeć w przyszłość i zobaczyć co się wydarzy i mi o tym opowiedzieć?*

A: Cóż ... na twój temat, czy kraju, czy ...

Johnny zamierzał w pierwszej kolejności zapytać o kraj, ale kiedy to powiedziała, jego ciekawość przeważyła.

J: Na mój temat. Czy widzisz coś, co mi się przytrafi?

A: Pozwól mi się skoncentrować. (Pauza) Mogę ci powiedzieć o niektórych rzeczach. Na pewno to, że nie jesteś duchem. (Zdziwiona) Nie wiem, co to ma znaczyć. Nie jesteś duchem!

J: Nie?

A: Nie, jesteś żywy! Ale nie w tym czasie [1810]. Będziesz żyć jeszcze przez wiele innych żyć, niż tylko to obecne.

J: Czy to moje pierwsze życie?

A: Nie, och nie! Żyłeś już mnóstwo razy wcześniej, przed tym życiem. I będziesz żył jeszcze wiele, wiele razy.

J: Czy możesz mi powiedzieć, czym będę się zajmował w tym życiu?

A: Cóż, to bardzo dziwne, ponieważ przemawiasz do mnie z innego czasu, z innego życia. Wydaje mi się, że ty żyjesz w ... przyszłości! Licząc od teraz. Nie wiem dokładnie jak daleko naprzód. Ale widzę cię takiego jak mi się zdaje, że wyglądasz. I mogę ci powiedzieć, że w tym wcieleniu, czeka cię bardzo, bardzo długie życie. Generalnie jesteś bardzo dobrą osobą. Są pewne rzeczy co robisz, które nie są do końca w porządku. Pewne sprawy, ale ... w sumie, zacząłeś odrabiać swoje lekcje. Wiele się nauczyłeś.

J: I twierdzisz, że będę wiódł długie życie?

A: Tak, uważam, że dożyjesz starości, widzę cię jako bardzo starego człowieka. Doczekasz się wnuków, a nawet prawnuków. Będziesz żył znacznie dłużej niż ludzie zazwyczaj żyją w tamtym czasie. To jedna z tych rzeczy, po której wiedziałam, że byłeś w przyszłości.

Zapytał ją o miejsce, w którym będzie mieszkał i opisała je dla niego. Jedną dziwaczną rzecz, którą powiedziała było to, że stan, w którym się osiedlimy, nie był stanem w danym momencie [1810]. Ostatecznie, osiedliśmy się w Arkansas, które faktycznie nie było jeszcze stanem w czasie, do którego została cofnięta. Również, nikt z nas nie wiedział ani nie planował, dokąd się przeniesiemy na emeryturze. W tamtym momencie, sami nie byliśmy pewni, w końcu mieliśmy jeszcze kilkanaście lat przed sobą, aby zacząć się tym martwić. Perfekcyjnie opisała nasze miejsce na wsi. W tamtym okresie Johnny oprócz regularnej pracy jako kontroler ruchu lotniczego Marynarki Wojennej, lubił wykonywać prace naprawcze przy odbiornikach telewizyjnych czy radioodbiornikach, więc zapytał, jaki rodzaj pracy będzie wykonywał. Stała się bardzo zakłopotana i zaniepokojona. Powiedziała, że to było coś wyjątkowo obce dla niej.

A: To ten czas. Z przewodami i ... tubami. Dziwne to ... przerażające. Jesteś inną osobą. Nigdy wcześniej tego nie robiłam... w ten sposób. To bardzo mylące dla mnie, kiedy widzę rzeczy, których nie rozumiem. Te rury są śmieszne. To ma związek z daleką przyszłością, o wiele później od teraz. Zaczną nad tym pracować, dopiero od kolejnego stulecia, wydaje mi się, że około 1930 roku. Nad tym właśnie będziesz pracował.

J: *Jak sądzę, będę to lubił?*

A: Tak, będziesz. Mam przeczucie, że jesteś bardzo szczęśliwy w tym życiu. Masz swoje problemy, ale nie są one bardzo poważne. Cóż, dla każdej żywej istoty, ich problemy są wielkie. Ale porównując z problemami, które mógłbyś mieć, te są małe. To życie jest prostsze i łagodniejsze niż poprzednie.

J: *Sprawdźmy, czyli mamy się odradzać co jakiś czas i uczyć nowych lekcji?*

A: Nie ma ustalonego czasu. Na początku myślałem, że tak. Nie ma.

J: *Ale rozumiem, że mamy lekcje do nauczenia się?*

A: Tak, za każdym razem musisz się czegoś nauczyć. Uczysz się teraz w tym życiu rzeczy, których potrzebowałeś się nauczyć od ostatniego razu. Widzę dobro wokół ciebie, uczysz się. Dlatego będziesz długo żyć. Wiele udało ci się zrealizować w tym życiu. I w każdym kolejnym życiu po tym, będzie ci trochę łatwiej. W następnym wcieleniu, będziesz mieć kompletnie inne problemy, choć za każdym kolejnym razem, życie będzie się wydawało prostsze, będziesz coraz więcej realizował i robił więcej istotnych rzeczy. To jest to, co widzę, kiedy patrzę na ciebie ... choć jest to dla mnie bardzo zagmatwane.

Ponieważ wydawała się być taka przybita, patrząc w daleką przyszłość, której nie rozumiała, Johnny, już nigdy więcej, nie kazał jej tego robić, z taką różnicą w czasie. Następny raz, w którym spróbowaliśmy jeszcze podobnego eksperymentu, to był rok 1930, jej ostatnie duchowe wcielenie i nie wydawało się to niepokoić jej w żaden sposób. Ponownie opowiedziała nam wtedy o naszej przyszłości i chciała się także dowiedzieć, o swojej własnej. Kiedy miała omówić swoją własną przyszłość, powiedziała, że z trudnością może śledzić swojego ducha. Wypowiadała się na temat obserwowania samej siebie, jak gdyby, oglądała obcą osobę, bardzo obiektywnie. To było dla nas bardzo interesujące z osobistego punktu widzenia. Jednakże, pomyśleliśmy, że powinniśmy spróbować, dowiedzieć się czegoś, co jest w interesie ogółu. Na przykład, co miało się wydarzyć w naszym kraju. Pamiętaj, że te sesje, odbyły się w połowie 1968 roku.

Anita została cofnięta 1930 roku, w którym akurat była duchem i przebywała pomiędzy światami.

J: *Możesz skupić się, zajrzeć w przyszłość o wiele, wiele lat do przodu i powiedzieć mi co się wydarzy?*
A: Mogę próbować. Nikt mnie o to wcześniej nie prosił. Czasami wiem, co się wydarzy, widzę to bardzo wyraźnie. Robię to tylko wtedy, jak próbuję komuś pomóc. Szukam czegoś specyficznego, czegoś, co da im odwagę lub na co będą czekać z niecierpliwością. Dlatego, próbuję patrzeć

naprzód dla tej osoby. Niekiedy, widzę rzeczy, które dotyczą wielu ludzi.

J: Dokładnie co sobie pomyślałem, jeśli zerkniesz w przyszłość tego kraju, to wpłynie na większość. Prawdopodobnie, chcieliby wiedzieć. Zobaczmy, teraz jest 1930 rok, możesz spojrzeć do przodu do roku 1968? Byłoby to, 38 lat do przodu.

A: To bardzo zły rok. Dzieje się wiele złych rzeczy. Będą wojny.

J: W tym kraju?

A: Tak. Umiera wielu ludzi. Rodziny cierpią. Będą dwie wojny w 1968 roku.

To była niespodzianka. Nadal walczyliśmy w Wietnamie, ale gdzie jeszcze?

A: Tak, choć oni nie nazywają tego wojną, ale to jest wojna. Będziemy walczyć z dwoma krajami.

J: Czy możesz mi powiedzieć, jakie to dwa kraje?

A: Cóż, walczymy z jednym, ale to nie jest ten, z którym naprawdę walczymy. Prowadzimy walki w dwóch innych krajach, choć to wszystko zaczął jeden kraj. Walczymy z ... Rosją.

J: Z Rosją?

A: Obydwa razy, choć w dwóch różnych miejscach. Nie walczymy tutaj u nas, ani w Rosji. Będziemy walczyć w innych krajach niż te.

J: Z jakimi krajami walczą?

A: Cóż, w jednym z nich, walczymy już od długiego czasu – Indochiny ... Wietnam. Walczyliśmy tam już długo przed 1968 ... 10 lat.

J: I to w Indochinach?

A: Wtedy tak się to nazywało, teraz mówią na to Wietnam.

J: A ten drugi kraj?

A: Z tym drugim zaczniemy jeszcze w tym samym roku, w drugiej połowie. Zaczniemy wojnę z Koreą.

J: (Zaskoczony) Z Koreą?

A: Tak. Już 20 lat wcześniej z nimi walczyliśmy i znowu zaczynają. Zacznie się w 1968 roku, pod koniec jesieni … myślę, że około listopada – Dnia Dziękczynienia. Tylu ludzi martwi się, bo właśnie zaczęła się wojna.
J: To nie coś, za co powinniśmy być wdzięczni, prawda?
A: Nie.

Jak wiemy, nie zaczęliśmy wtedy wojny z Koreą, ale w tym samym roku, miał miejsce incydent Pueblo. Czy podjęta wówczas akcja zapobiegła wojnie? Dla tych, którzy nie do końca pamiętają co się dokładnie stało, oto kilka słów wyjaśnienia, z Encyklopedii Colliera na rok 1968:

Międzynarodową uwagę skupiła na sobie Korea w styczniu, po tym, jak koreańskie siły zajęły statek wywiadowczy Pueblo Amerykańskiej Marynarki Wojennej (Stany Zjednoczone odmówiły opłat.) Rząd Korei nadal przetrzymywał statek z 82-osobową załogą, pomimo prób uwolnienia ich przez amerykański rząd. Ten incydent, doprowadził do wzmocnienia amerykańskich sił obronnych w Korei Południowej. Tymczasem, doniesienia z Korei Północnej wskazywały na to, że budują swoją armię i pozycję wojskową, tak więc pojawił się strach o to, że jedna ze stron mogłaby ulec prowokacji i rozpocząć działania wojenne. Jednak histeria ta ustąpiła po tym, gdy stało się jasne, że Stany Zjednoczone nie planują rozpoczynać działań wojennych, w celu uwolnienia statku i jego załogi. Korea Północna uwolniła załogę Pueblo w grudniu, po podpisaniu przez Stany, fałszywego zeznania szpiegowskiego, jednocześnie publicznie go odrzucając. Tego typu kompromis, jest bezprecedensowy w prawie międzynarodowym.

J: Jest rok 1968 - w tym roku, kraj wyczekuje nowego prezydenta, prawda?
A: Być może, być może.
J: Czy możesz zajrzeć na końcówkę 1968 czy początek 1969 roku? Widzisz, kto został wybrany na nowego prezydenta

naszego kraju? Wybrano go w listopadzie, prawda? I
obejmie rządy w styczniu.

A: Nie wiem. Nigdy nie przyglądam się politykom. Nie lubię
ich.

W swoim obecnym życiu, Anita bardzo interesuje się
polityką i bardzo chciała, abyśmy dowiedzieli się ile się tylko
da, na temat zbliżających się wyborów.

A: Choć widzę prezydenta, przejmie urząd w grudniu 1968
roku. Wkrótce będzie nowy w urzędzie, choć dopiero w
przyszłym roku. Nie lubię go. Ktoś inny został wybrany. Ten
mężczyzna, paskudny człowiek ... widzę ciemność wokół
niego.
J: (To była niespodzianka.) Jak się nazywa?
A: Ten mężczyzna, o którym mowa, jest właśnie w biurze. Jego
nazwisko zaczyna się na ... J. (Johnson?)
J: I to ten, wokół którego jest tyle zła?
A: Tak, jest wmieszany w wiele spraw, w które nie powinien.
Przez niego, kraj ma sporo kłopotów.
J: Czy pozostanie prezydentem na kolejny rok?
A: Nie, w przyszłym roku, będzie już ktoś inny.
J: Popatrz w przód, czy możesz zobaczyć nowego prezydenta?

Sytuacja była napięta. Ta niepewność mnie zabijała.

A: Widzę go.
J: Jak wygląda?
A: Jest wysoki i ... ciemny.
J: Masz na myśli zło wokół niego?
A: Nie, nic z tych rzeczy, jest zagubiony. To słaby człowiek. To
był zły wybór.
J: Jak się nazywa?
A: Nixon.

To było olbrzymie zaskoczenie, ponieważ w tamtym czasie, Nixon nie ogłaszał swojej kandydatury. Zakładano, że Robert Kennedy zostałby wybrany, z małą ilością głosów przeciwnych. Jego sukces był prawie gwarantowany.

J: *I twierdzisz, że jest wojna z Wietnamem i Indochinami. Czy widzisz jej koniec?*

A: Zacznie zbliżać się ku końcowi, rozpoczną się rozmowy w tym roku, żeby nasi ludzie powrócili już do swoich domów, choć nadal tam będą. Nadal, przez cały rok 1968, będą trwały walki. Będziemy próbować się stamtąd wydostać, ale to wszystko zaszło już za daleko. Dalej niż każdy sądzi. W 1968 zaczną się rozmowy pokojowe, ale to będzie na długo przed tym, zanim wszyscy nasi ludzie opuszczą ten kraj i powrócą do domów. Ta druga wojna zacznie od błahostki. Nie nazywają tego wojną, ale ja tak. To jest wojna. Cały rok '68 jest pod znakiem wojny ... bardzo zły rok.

J: *A ten nowy człowiek, który ma zostać prezydentem, nie może zatrzymać tej wojny?*

A: To słaby człowiek, a oni próbują mu pomóc. Wciągnięto go w to jako osobę – najmniej budzącą zastrzeżenia. On nie ma zbyt dużej władzy. Nie może robić, co chce. Czasami sam już nie wie, kogo powinien słuchać. Jednak będzie próbował i dostaje dobre wsparcie. Pomimo tego, że nie miał być prezydentem. Był złym wyborem.

J: *A kto miał nim być?*

A: Człowiek, który miał nim być, wygląda zupełnie inaczej. Jest niższy ... blondyn. On powinien być prezydentem w tamtym czasie.

J: *Czyli, że próbował nim być, ale urząd objął tamten drugi?*

A: Zbyt długo się zastanawiał. Nie był pewien, czy jest na to gotowy, ale powinien nim być.

Nie byliśmy przekonani do końca, czy mówiła o Robercie Kennedim, czy być może Geraldzie Fordzie. To nigdy nie zostało wyjaśnione.

J: Czy widzisz cokolwiek innego, ważnego, co ma się wydarzyć?
A co będzie miało wpływ na większą liczbę osób?
A: Ludzie krzywdzą innych ludzi. Mnóstwo zamieszek.
Szczególnie dużo w tamtym roku.
J: Jakieś szczególnie ważne rozruchy?
A: Największy będzie ... wygląda na to, że w Chicago.
J: O jakiej porze roku to się stanie?
A: Latem, będzie upalnie ... bardzo gorąco.
J: Czy to ten bunt z udziałem czarnych ludzi?

Mnóstwo z nich odgrywało się w latach '60tych.

A: Wielu innych ludzi było w to zamieszanych, biali i czarni ...
J: Czy to biali wszczynają bunt?
A: Niektórzy z nich.
J: Jak myślisz, dlaczego to robią? Możesz zobaczyć?
A: Wydaje mi się, że po to, aby osłabić ten kraj. Chcą się
pokazać, jak silni mogą być. Bardzo samolubni ludzie ...
wykorzystują czarnych dla własnych korzyści.
J: Czy to ludzie z tego kraju?
A: Niektórzy ... niektórzy. Mieszkają tu od dłuższego czasu, są
częścią tutejszego życia.
J: Po prostu powodują niepotrzebne zamieszki?
A: Tak. Duży niepokój ... O! ... Nie podoba mi się ten rok.
Niewiele w nim dobrego. Tylu ludzi zabitych bezsensownie.
Tysiąc dziewięćset sześćdziesiąty ósmy, to będzie fatalny
rok – bardzo niedobry, sporo nieprzyjemności.

Najbardziej pasującą konkluzją, wydawały się być
rasistowskie zamieszki na ulicach Chicago. Byliśmy zdumieni,
kiedy w sierpniu 1968 roku, oglądaliśmy w telewizji na własne
oczy rozruchy uliczne z Chicago, przed Narodową Konwencją
Demokratyczną. Było tak źle, że wezwano do pomocy policji,
kilkutysięczną gwardię narodową i żołnierzy rezerwy
federalnej. Według mediów, jednym z powodów wybuchu

zamieszek, był potworny upał, Chicago zmagało się tego lata z rekordowymi temperaturami. Kiedy Anita oglądała to wszystko razem z nami, policję walczącą z protestującymi, stwierdziła, że to było bardzo dziwne uczucie, 'Już gdzieś to widziałam.' odrzekła.

Potem wybory ciągnęły się przez lato i jesień, do punktu kulminacyjnego, gdy nie było już żadnych niepewności. My już wiedzieliśmy, kto będzie nominowany i wygra wybory. Po przeliczeniu głosów, kiedy w końcu gratulacje popłynęły do Nixona, ogarnęło nas 'deja vu'. My już to widzieliśmy; kilka miesięcy temu.

Rok '68 był bardzo niekorzystny na wielu płaszczyznach. Zabójstwo Martina Luthera Kinga i Roberta Kennedy nastąpiło w tym samym roku. Wiele razy pytano nas, dlaczego Anita nie zobaczyła tego i nie opisała tego dla nas? Być może widziała i opisała mówiąc: 'Nie podoba mi się ten rok. Niewiele dobrego się wydarzy. Tylu ludzi zabitych bezsensownie. Tysiąc dziewięćset sześćdziesiąty ósmy będzie katastrofalny, sporo kłopotów, bardzo niedobry rok.'

Od wtedy, pracując dalej z hipnozą, nauczyłam się, że osoba w transie, zazwyczaj widzi więcej niż opowiada. Chyba, że zadaje im się bezpośrednie pytanie, inaczej mogą w ogóle nic nie wspomnieć na ten temat. Często też, sceny przesuwają się za szybko.

Sesja trwała dalej.

J: *Powiedz mi, w 1968 roku, kraj ten napomknął coś na temat pierwszej wyprawy na księżyc. Zrobią to?*
A: Tworzą już rzeczy, które polecą na księżyc, ale póki co nic nie planują. Na razie nikt tam nie poleci. W kolejnym roku.
J: *W sześćdziesiątym dziewiątym?*
A: W następnym roku, ludzie polecą na księżyc.
J: *A wrócą też?*
A: Nie bez … tragedii. Wszystko jest bardzo ciemne, nie za dobre. To nie jest dobre.

J: Czy ten kraj wyśle swoich ludzi?
A: Dotrzemy tam, ale nie w 1968, tylko w 1969, wyśle człowieka na księżyc.
J: I oni powrócą?
A: Nie wiem ilu wybędzie, a ilu z nich powróci, ale ich przywódca zginie. Umrze.

Jak już dzisiaj wiadomo, rzeczywiście nasza pierwsza załoga, wylądowała na księżycu w 1969 roku. Usiedliśmy przed telewizorami i z zachwytem oglądaliśmy, jak spełnia się kolejna przepowiednia. Ale co z tragedią? Jedyne dwa przypadki, o których wiedzieliśmy, to spłonięcie Apollo z wszystkimi na pokładzie oraz śmierć rosyjskich astronautów, którzy zginęli próbując dostać się na księżyc. Czy były jeszcze jakieś inne przypadki śmierci astronautów, o których rząd nigdy nie powiedział publicznie?

J: Więc, wylądują na księżycu. Myślisz, że to mają zrobić?
A: Nie, ale to nikogo nie skrzywdzi, oprócz ich samych. To nie było im pisane, nie zrobią tego, co myślą, że zrobią. Chcą mieć swoje kosmiczne platformy. Chcą kontrolować świat. Przez długi jeszcze czas, nie będzie takich rzeczy. Pewnego dnia daleko w przyszłości będą podobne rzeczy w kosmosie, ale jeszcze nie teraz.Im się wydaje, że mogą podbijać miejsca, poprzez dotarcie do nich, a muszą się jeszcze wiele nauczyć. O tylu rzeczach nie mają pojęcia. Niektórych rzeczy nigdy nie osiągną, nawet jeśli teraz wydaje im się inaczej.

J: Planują podbijać inne światy?
A: Chcą je odszukać, przebadać, Myślą, że tam jest coś więcej.

J: A jest?
A: (Uśmiechnęła się, jak gdyby znała pewien sekret.) Och, tak; Och, tak! Ale nie to, co myślą.

J: Co to za rzeczy?
A: Cóż, jest tam mnóstwo innych planet, z życiem na każdej z nich. Choć nie jest to coś, co spodziewają się odkryć.

J: *Spodziewają się znaleźć inne życie w ludzkiej formie?*

A: Nie, niezupełnie. Choć myślą, że od razu, będą mogli się komunikować. To nieprawda. Nie uda im się to; przynajmniej przez długi okres czasu, być może nigdy im się to nie uda. Nie widzę, aby kiedykolwiek stało się tak, jak by tego chcieli.

J: *Mają rzeczy, które widziano w całym kraju, nazywają je 'statkiem kosmicznym, spodkiem, kulą ognia.' Twierdzą, że pochodzą z innych światów, planet. Widziałaś je?*

A: (Uśmiechając się znowu.) Oczywiście!

J: *Co to jest?*

A: To są kosmiczne pojazdy. Podróżują w nich.

J: *Kto?*

A: Cóż, zależy co masz na myśli. Są rzeczy, które ludzie widzą i myślą, że to latający spodek. Nazywają go niezidentyfikowanym obiektem latającym, a to czasami tylko duch, nic więcej. Niekiedy, jest to statek kosmiczny z innej planety. Generalnie, oni bardzo się tego boją. Kiedy się czegoś dowiedzą lub odkryją, nigdy nie mówią o tym publicznie. Obawiają się, kim są te istoty, ponieważ ich sposób kontaktowania się z nimi, nie działa.

J: *Twierdzisz, że są tam statki kosmiczne z innych planet?*

A: Niektóre z nich, tak.

J: *Czy są tam w nich ludzie; tacy jak my?*

A: Mogliby wyglądać jak my, gdyby chcieli. Ci których widziano w tym roku i kilka lat temu, są w stanie zmieniać swoją formę i zamieniać w ciało. Mogliby wyglądać jak ludzie.

J: *Czy wiesz z jakiej planety pochodzą?*

A: Nie znam nazwy. Powiedzieli mi, ale nie pamiętam. Jest spoza naszego układu słonecznego. Z innego układu słonecznego, najbliżej nas.

J: *Och, kolejny układ słoneczny najbliższy naszemu?*

A: Tak. Są tutaj. Są bardzo ciekawscy. Są na różnych poziomach rozwoju. Obserwują ziemię i jej problemy. Bardzo rzadko ingerują. Po prostu przyglądają się i uczą. Są wyjątkowo ciekawi.

J: *Myślisz, że kiedyś wylądują na Ziemi i spróbują tu zamieszkać?*

A: Nie, nie tak jak myślisz. Są tutaj już od długiego czasu.

J: *Naprawdę?*

A: Przyjeżdżają i odjeżdżają. Na Ziemi, mogą wyglądać jak ludzie. Ludzie nie rozpoznają ich, kiedy ich widzą. Oni nikogo nie skrzywdzą - nigdy. Tylko obserwują; Czasami żyją tu przez jakiś czas. Ziemia, szalone miejsce, bardzo hektyczne. Nie podoba im się tutaj. I odjeżdżają.

J: *Czy próbują pomóc ludziom?*

A: Nie, bardzo rzadko się wtrącają.

J: *Czyli z czystej ciekawości, po prostu przyglądają się, co się tutaj dzieje?*

A: Tak. Przeszli przez podobny etap do naszego, to było kilkanaście tysięcy lat temu.

Informacje, które uzyskaliśmy, były niesamowite. W szczególności, z powodu niewielu zarejestrowanych zgłoszeń na temat ufo czy kosmitów w tamtych czasach.

Rozdział 13
Kennedy i Skorpion

Nasze sesje, stały się rutyną, tak więc zaczęliśmy być bardziej pomysłowi. Omówiliśmy wszystkie pięć żyć Anity tak dokładnie, jak tylko mogliśmy, a teraz szukaliśmy nowych eksperymentów do wypróbowania. Następujący fragment pochodzi, z ostatniej odbytej z Anitą sesji. Pokazała zdolności zaglądania w przyszłość i zobaczenia konkretnych zdarzeń. Nasi znajomi sugerowali nam wybrać jakieś ważne wydarzenie, przenieść Anitę w ten czas i poprosić, aby opisała całe zajście. Pomyśleliśmy, że zdecydowanie, było to warte spróbowania.

Najczęściej sugerowano zabójstwo Johna F. Kennedy, w większości z powodu tajemnicy, która otacza całe zdarzenie po dziś dzień. Sesje obywały się w 1968 roku, czyli zaledwie 5 lat po zamachu w 1963 roku. Po zakończeniu śledztwa, komisja orzekła, że Lee Harvey Oswald działał sam jako zabójca. I chociaż pojawiały się inne spekulacje na ten temat, ustalenia komisji zostały ogólnie przyjęte. Dopiero w kolejnych latach, inne teorie zyskały wiarygodność. Tak więc, w 1968 roku, wyniki naszego eksperymentu były dość wstrząsające, choć są zdecydowanie bardziej wiarygodne, według dzisiejszych standardów.

Ze względu na charakter naszego eksperymentu, kilkoro innych ludzi, chciało być obecnych podczas tej sesji. Byli to nasi wspólni przyjaciele, którzy od początku śledzili nasze poczynania i chronili anonimowości Anity. Chociaż omówiliśmy temat eksperymentu, nie powiedzieliśmy Anicie, co dokładnie zamierzaliśmy zrobić. Pomyśleliśmy, że takie posunięcie było słuszne. Pozostawiamy to naszym czytelnikom, aby sami ocenili czy faktycznie oglądała całe zajście i czy to, co zobaczyła, mogło być prawdą.

Być może, nikt tak naprawdę, nigdy się tego nie dowie.

J: *June, czy możesz zajrzeć do przodu w czasie i zobaczyć rzeczy, które mają się dopiero wydarzyć?*

A: Mogłabym wiele powiedzieć na temat Ala, tylko na niego patrząc.

J: *Czy słyszałaś kiedyś o Dallas w Teksasie?*

A: Masz na myśli wcześniej?

J: *Tak lub teraz, słyszałaś o Dallas?*

A: Nie.

J: *To wielkie miasto w Teksasie, o Teksasie słyszałaś, prawda? To ogromny stan w południowej części Ameryki.*

A: Słyszałam o Teksasie. Tak, kowboje.

J: *Chciałbym, abyś się teraz skoncentrowała na przyszłości i zajrzała do Dallas w listopadzie 1963 roku, coś się tam dzieje teraz. Widzisz to?*

A: To duże miasto, większe od Chicago. Bardzo duże. Blisko pół miliona, a może nawet i miliona ludzi.

J: *Cóż, tego listopadowego dnia ... to jest ... ach ... (Próbował przypomnieć sobie dokładną datę.)*

A: Jest bardzo ciepły dzień, prawda?

J: *Tak. Jest druga połowa listopada, ok 22ego-23ego.*

A: Pogoda bardzo się różni. Jest bardzo ciepło.

J: *Tam jest mężczyzna ... w samochodzie ... jedzie w dół ulicą ...*

A: Tak, jest parada.

J: *Parada?*

A: Tak to wygląda.

J: *Czy ten mężczyzna w samochodzie – jest tam jeszcze z innym mężczyzną i dwiema kobietami?*

A: Tak, ten samochód bez dachu.

J: *Tak. On jest prezydentem kraju.*

A: (Zdziwiona) Tak! Przystojny ... piękna kobieta.

J: *Czy widzisz co ma się wydarzyć?*

A: (Zaskoczona) Zabiją go!

J: *Naprawdę? Kiedy?*

A: Chyba ... ten dzień masz na myśli. Znalazł się pod obstrzałem.

Na tą uwagę, wszyscy siedzący w pokoju, spojrzeli na siebie i westchnęli. Obstrzałem! Nigdy wcześniej tego nie zasugerowano.

J: *(Zdziwiony) Ogień krzyżówy?*
A: Tak. Dostał z przodu i od tyłu.
J: *Czy widzisz, kto to robi, kto strzela?*
A: Tak. Dwóch mężczyzn. Jeden jest tam za płotem.
J: *Czy wiesz kim on jest?*
A: Nie wiem, jak się nazywa. Wygląda inaczej. Może jest z południa, dość ciemny.
J: *Typ obcokrajowca?*
A: Tak. Mówi po hiszpańsku … nie za dobrze mówi po angielsku.
J: *Mówisz, że jest za płotem?*
A: Tak, stanął na samochodzie i … strzelił.
J: *Z czego strzelał?*
A: (Z oburzeniem) Strzelał z pistoletu.
J: *Mam na myśli, z jakiego rodzaju broni strzelał?*
A: Ma dłuższą lufę. Wygląda jak karabin, ale nim nie jest.
J: *Ma krótką lufę?*
A: Krótszą niż karabin.
J: *I to się działo za ogrodzeniem?*
A: Tak, tym wysokim, z desek.
J: *Jak daleko od prezydenckiego samochodu?*
A: Cóż, nie za daleko. Nie mogę zobaczyć odległości, ale to niedaleko. Ten drugi mężczyzna jest o wiele dalej. On jest tam wysoko w tym budynku.
J: *W budynku? Wiesz, jak się nazywa ten budynek? Możesz przeczytać jaką ma nazwę na przodzie, jeśli w ogóle jakąś ma?*
A: Chyba ma. To magazyn. Nazywa się (Wolno, jak gdyby czytała) Magazyn z książkami? (Może coś w stylu skupu makulatury?)
J: *Magazyn z książkami?*

A: Tak. Tak mi się wydaje. Pewna nie jestem, ale tak myślę. Budynek jest pełen książek i przyborów, głównie szkolnych.

J: *Widzisz tego mężczyznę? Jak wygląda?*

A: Nie podoba mi się! Jest chudy, bez włosów i ma takie śmieszne oczy. Dość okrągłą twarz. Ten człowiek jest szalony!

J: *Szalony?*

A: Chory na umyśle. Jest bardzo zmieszany. Żałosny. Dopuścił się tylu złych czynów, ale jest kompletnie przekonany o swojej słuszności. Nawet teraz. On myśli, że zrobił coś wspaniałego, za co ludzie go pochwalą.

J: *Naprawdę? Czy wiesz, czego dopuścił się wcześniej?*

A: Cóż, w tej chwili jest pogubiony. Ma problemy z żoną. Ona chce go zostawić, a on jest tym załamany. I starał się jak tylko mógł, żeby być dobrym dla niej, ale ona chce czegoś więcej, więcej niż on może jej dać. Teraz już to wie.

J: *I on myśli, że ludzie pochwalą go za to, co zrobił?*

A: Ci, dla których pracuje, tak.

J: *Czyli współpracuje z innymi?*

A: Tak.

J: *Widzisz tych ludzi?*

A: Niewyraźnie. Nie jest z nimi blisko związany. Próbował dostać się do tej grupy. A oni od razu go wybrali ze względu na pochodzenie. Wiedzą, że jest zaburzony i dlatego to jemu zlecili to zadanie. Jest takim kozłem ofiarnym, można powiedzieć.

J: *Cóż, jeśli on ma oddać strzał, dlaczego ten drugi mężczyzna też strzelał zza płotu?*

A: Nie chcieli ryzykować. Muszą być pewni, że go zabiją, tak bardzo tego chcą, że nie mogli ryzykować.

J: *Kim są ci ludzie?*

A: Co masz na myśli?

J: *Czy możesz opisać ludzi, którzy zlecili zabicie tego człowieka?*

A: Masz na myśli ich wygląd czy organizację, do której należą?

J: *Organizację, ich imiona, jeśli możesz?*

A: Nie jestem pewna imion, ponieważ nie utrzymywał z nimi zbyt bliskich kontaktów. Trudno wtedy powiedzieć. Ale oni są komunistami.

J: *Czy to ich organizacja?*

A: Tak. Należą do komunistów - partii komunistycznej.

J: *I twierdzisz, że ten mężczyzna w magazynie został wystawiony?*

A: Cóż, oni wiedzą, że się z tego nie wywinie. Nie jest w stanie wyjść z budynku, niezauważonym. Ludzie dostrzegą smugę ognia od wystrzału z tego budynku. Oni wiedzą, że zostanie schwytany, ale przekonali go, że podoła. Jest bardzo egocentrycznym człowiekiem. Uwierzył im, kiedy mówili mu, że da radę. Dla nich lepiej było go poświęcić niż wcale nie wykonać zadania. On nic dla nich nie znaczy.

J: *A ... czy za dużo wie o organizacji?*

A: On wie bardzo mało.

J: *Bo nigdy się do nich wystarczająco nie zbliżył?*

A: Nie w tym kraju. On próbował się z nimi kontaktować, a potem oni skontaktowali się z nim.

J: *I to było poza granicami w innym państwie?*

A: Tak, on pojechał do nich, do Rosji. Wie o ich organizacji.

J: *Ok, teraz rozmawiamy o tym konkretnym dniu i chciałbym, żebyś zobaczyła, gdzie ja w tej chwili jestem. Nie ma mnie tu w Dallas.*

To był test, który Johnny opracował w mgnieniu oka, aby sprawdzić, na ile trafne i dokładne były jej przepowiednie. Anita nie miała pojęcia, że Johnny był w tym czasie na pokładzie lotniskowca (Midway), zbliżając się do Hawajów. Następnego dnia, zacumowali w Pearl Harbor.

J: *Czy możesz zobaczyć, gdzie jestem?*

A: (Pauza) Próbuję, ale nie mogę ... nie widzę ...

J: *Nie ma mnie nigdzie wokół ciebie?*

A: Nie, nie ma cię w pobliżu.

J: *Nie, jestem gdzie indziej. Rozejrzyj się.*

A: (Przerwa) Nie, nie widzę. Przepraszam.

J: *W porządku June, policzę do pięciu i przeniesiemy się do roku 1968. (Przeniósł Anitę do czasu obecnego.)*

Po przebudzeniu, pierwszą rzeczą, jaką powiedziała Anita było to, że czuła się zagubiona. Kiedy została zapytana, z jakiego powodu, odrzekła, 'Ponieważ zadałeś mi pytanie, a ja nie potrafiłam na nie odpowiedzieć, prawda?' Potwierdził, że owszem zapytał o to, gdzie akurat przebywał w tym określonym dniu. Ona odpowiedziała na to, że widziała jakby całe Stany Zjednoczone, rozciągające się przed nią niczym dziecięca mapa. Widziała zarys kontynentu i wodę obijającą się o brzeg, a w centrum tysiące ludzi, mali i liczni jak mrówki. Przemierzyła wybrzeże na mapie wzdłuż i wszerz, spoglądając na każdą twarz. Potem powiedziała, 'Nie mogłam cię znaleźć. Nie wiem, gdzie byłeś, ale założę się o swoje życie, że nie było cię nigdzie w Stanach Zjednoczonych. Tego jestem pewna.'

Tak więc, to co wydawało się niepowodzeniem, w odniesieniu do przeprowadzonego testu, w rezultacie, wcale nim nie było. Po prostu nie poszukała mnie wystarczająco daleko.

W czasie, w którym odbywały się nasze sesje, nuklearna łódź podwodna *Skorpion,* zaginęła bez wieści, na Oceanie Atlantyckim w maju, 1968 roku. Pojawiało się mnóstwo spekulacji na temat tego, co się tam wydarzyło. Dlatego pomyśleliśmy z zaciekawieniem, czy Anita mogłaby nam coś na ten temat powiedzieć.

J: *June, podczas gdy jesteś w roku 1968, zajrzyj proszę do maja, połowy tego miesiąca, na wschód od wielkiego oceanu.*

A: Tak, widzę wodę.

J: *Na wschodzie kraju, jest statek, który płynie pod wodą. Nazywa się łódź podwodna. Wypłynął do innego państwa, przepłynął ocean. Teraz wraca do kraju. Widzisz go? To wielki, ogromny statek, który płynie pod wodą. Musi mieć około stu osób na pokładzie.*

A: Wiesz, jeden z nich zwariował!

J: *Jeden z nich na statku?*

A: Tak.

J: *Czy widzisz jaką ten statek ma nazwę?*

A: Nie, widzę tylko liczby.

J: *Jakie liczby?*

A: Trudno je dostrzec. Nie chce zanurzać się pod wodę. Ten mężczyzna oszalał i robi coś, co niszczy ten statek. Wszyscy na statku umrą. Wiedziałeś o tym?

J: *Nie!*

A: Uduszą się.

J: *Z jego powodu?*

A: Tak. Jest bardzo dziwną osobą. Wpada w szał i idzie do pomieszczenia, w którym nie powinno go być. A kiedy ten drugi z nim rozmawia, niszczy sterownicę. Statek zaczyna się zanurzać, głębiej i głębiej i nie można tego zatrzymać.

J: *Jest zanurzony w wodzie; idzie na dno?*

A: Tak. Idzie na dno. Już wiedzą, że się nie uniosą w górę.

J: *Nie mogą się stamtąd wydostać?*

A: Nie. Coś się zepsuło. Opadł na dno; statek jest uszkodzony, sterownica.

J: *Jak wygląda ten mężczyzna, który to zrobił?*

A: Jest wysoki, rudowłosy.

J: *Czy możesz zauważyć jego imię na plakietce?*

A: Nie. Nie ma jej. To tylko koszula, koloru khaki.

Z tego opisu wywnioskowaliśmy, że musiał być oficerem albo podoficerem, ponieważ są to jedyni żołnierze Marynarki, którzy noszą zielone mundury. Marynarze zazwyczaj noszą koszulki ze swoim imieniem. Po przebudzeniu, Anita opisywała swoją wizję i nadal była w stanie zobrazować co nieco. Miała nieodparte wrażenie, że ten mężczyzna nie był ani oficerem, ani chorążym. Bardziej kapitanem.

J: *A pozostali członkowie załogi - nie byliby w stanie naprawić usterki?*

A: Nie potrafią. Ster zacina się i kiedy zahacza, psuje łódź jeszcze bardziej. Ta łódź osiądzie na dnie i już tam zostanie.

J: *Czy widzisz, gdzie znajduje się w tej chwili?*

A: Widzę tylko wodę wokół. Daleko od brzegu, jakiegokolwiek.

J: *Nie mogą w jakiś sposób powiadomić tych, co są na powierzchni?*

A: Nie, nie mogą. Próbowali zbyt długo. Próbowali to naprawić, a teraz stracili moc. Tracą wszelką kontrolę nad statkiem. Nikt go więcej nie zobaczy w całości, do czasu, aż pod presją, rozleci się na kawałki.

J: *Rozleci się na kawałki?*

A: Tak.

J: *Czy ktoś znajdzie szczątki tego statku?*

A: Nie w tym roku.

J: *W późniejszym czasie?*

A: O wiele. Zidentyfikują jego szczątki. (Pauza) To bardzo smutne.

J: *Czy ci mężczyźni nie mogliby wydostać się z łodzi i wypłynąć na powierzchnię?*

A: Nie; oni są bardzo, bardzo głęboko. To ma znaczenie jak bardzo głęboko są; z tego powodu, nie mogą opuścić pokładu.

J: *A więc dlatego zostają w środku?*

A: Jeśli spróbują się wydostać, natychmiast zginą. To dziwny statek. Nigdy takiego wcześniej nie widziałam. Solidnie zbudowany, prawda?

J: *Tak sądzę.*

A: To by się nigdy nie wydarzyło, gdyby nie ten mężczyzna. Niektórzy wyżsi rangą od niego, chcieli go usunąć z tego statku, ale nie zdążyli na czas, z papierkowymi formalnościami i dlatego odbył z nimi ten ostatni kurs.

J: *Och, czyli już wcześniej ktoś chciał się go stamtąd pozbyć?*

A: Wykazywał objawy przepracowania, nadwyrężenia.

J: *Cóż, czy ci ludzie tam zostaną na dnie? To znaczy, ten statek nie rozleci się tak od razu, prawda?*

Ponieważ nikt tak naprawdę nie wiedział, co stało się ze statkiem, Johnny miał nadzieję, że może mieli szanse na to, aby ich uratowano.

A: Tracą tlen i moc ... muszą wytworzyć tlen, muszą go w jakiś sposób tam dostarczać. Ale statek traci moc, stopniowo z czasem. W ciągu 48 godzin, wszyscy będą martwi.

J: *I to wszystko przez tego jednego człowieka, który majstrował przy sterach?*

A: On tak bardzo chciał zabić siebie, że zabrał za sobą wszystkich innych na pokładzie.

J: *Wiesz, dlaczego chciał to zrobić?*

A: Jest załamany, zrozpaczony. Ma jakieś problemy finansowe. Bardzo się martwi i o żonę też. Chciał się uwolnić od tych problemów.

J: *Czy widzisz też innych mężczyzn z pokładu? Wyobrażam sobie, że wszyscy teraz próbują naprawić te szkody, zgadza się?*

A: Tak, niektórzy z nich. Inni rozsypują się, boją się, że już nigdy się stąd nie wydostaną.

J: *Czy którykolwiek z nich ma plakietkę z imieniem na koszuli?*

Mieliśmy nadzieję na cokolwiek, co moglibyśmy zweryfikować i sprawdzić z listą osób przebywających na pokładzie.

Nagle, Anicie zrobiło się gorąco i nieprzyjemnie. Zaczęła się pocić.

A: Jest bardzo gorąco na pokładzie. Bardzo.

J: *Och, zeszłaś na dół na łódź?*

A: Zajrzałam do środka.

J: *Czy możesz dostrzec jakieś imiona na koszulach tych ludzi? Czy wiesz kim są ci mężczyźni?*

A: Niektórzy z nich, mają na sobie tylko szorty. Nie widzę żadnych imion. Jest strasznie gorąco. Nie znam żadnych z tych imion.

Oczywiście rozczarowującym było to, że nie widziała żadnych nazwisk czy imion, które moglibyśmy zweryfikować, ale w tamtym czasie, nikt nie znał losów owej łodzi podwodnej. Musieliśmy czekać jak inni, dopóki mogli ją zlokalizować i dowiedzieć się, co się stało. To pozostało tajemnicą, przez kolejne kilka miesięcy. Pojawiły się również spekulacje, na temat zatopienia tego statku przez okręt rosyjski. W końcu Marynarka Wojenna, z zastosowaniem echosondy natrafiła na coś, co potencjalnie, mogło być zaginionym statkiem. Ponieważ było to zdecydowanie za głęboko dla człowieka, aby zanurkować, wysłano na dół kamery, obsługiwane nad powierzchnią wody, próbując zidentyfikować wrak. Następujący artykuł pojawił się w piątek 3-ego stycznia, 1969 roku, w gazecie: *Corpus Christi Caller. (W Teksasie)*

Prawdopodobną przyczyną zaginięcia Skorpiona, były czynniki wewnętrzne

Zdjęcia podwodne łodzi podwodnej Skorpion z 99-osobową załogą, która zatonęła na Azorach rok temu w maju, przekonały niektórych ekspertów, że wewnętrzne problemy na pokładzie, doprowadziły do tragicznego wypadku, ogłosił w ten czwartek, Pentagon.

'Gdyby Skorpion został trafiony torpedą czy zahaczony przy powierzchni przez inny statek, pozostawiłoby to, możliwe do zidentyfikowania szkody.' jedno źródło podaje. 'Ale zdjęcia sugerują, że problemy były wewnątrz, co spowodowało opadanie łodzi w dół na samo dno.'

Przyjęto, że działający od czerwca Sąd Śledczy Marynarki Wojennej w Norfolk, w stanie Virginia, po zebraniu wszystkich zeznań, zakończył swoją pracę.

Formalne ustalenia i zalecenia sądu, są weryfikowane przez centralę floty atlantyckiej w Norfolk i w ciągu kolejnych kilku dni, zostaną przekazane do admirała Thomasa H. Moorer, szefa morskich operacji. *Spodziewamy się ogłoszenia publicznego, do końca tego miesiąca.*

Źródła zaznajomione z orzeczeniem sądu, podają, że dokładna przyczyna zatonięcia łodzi, nie została określona, choć zakres prawdopodobnych tego powodów, zawężony został do czterech.

To są:

Błąd sterownika. *Gdyby, powracająca do Stanów Zjednoczonych z rejsu po Morzu Śródziemnym, łódź, płynęła głęboko i z dużą prędkością, a mechanizm nagle zablokował się w pozycji 'nurkowania', opadłby w dół poniżej dozwolonej głębokości, zanim zdążyliby wprowadzić, jakiekolwiek poprawki mechaniczne.*

Eksperci twierdzą, że gdyby statek znajdował się powyżej 200 stóp głębokości, jak uważano za prawdopodobne, powinni byli mieć wystarczająco dużo czasu na naprawę takiego błędu. 'Załoga takich łodzi podwodnych, ciągle trenuje, co robić w takich sytuacjach.

Jeden oficer powiedział, 'Ale pamiętaj, jak raz zacznie opadać w dół, robi to szybko; w końcu do tego została zbudowana.'

Zalanie z małych przecieków. *Świadkowie w Norfolk zeznali, że Skorpion miał drobne pęknięcia na kadłubie i wałach napędowych. Im głębiej zanurzyłby się, tym większe byłoby ciśnienie wody, napierające na pęknięcia, które w każdej chwili mogły rozerwać się i spowodować powódź. Zbliżał się jego czas na prace konserwacyjne, ale uznany został za sprawny i bezpieczny do użytku na określonych głębokościach.*

Nieprawidłowo działająca torpeda na łodzi podwodnej. *Od czasu do czasu, możliwe jest, że przypadkowo, aktywowane są torpedy. W takim przypadku okręty podwodne albo wycofują torpedę z tuby i rozbrajają ją, albo mogą ją wystrzelić. Jeżeli jest to torpeda przeznaczona do zahaczania o kadłub innego statku, istnieje tajna procedura zapewniająca, że torpeda nie rozdwaja się, w czasie wodowania. Jednak, ponieważ zdjęcia zrobione przez naukowców ze statku Mizar, nie ukazują żadnych dowodów na zewnętrzną eksplozję, tak więc eliminuje teorię o zahaczeniu przez własną torpedę. Ale nadal istnieje możliwość, że niepoprawnie działająca torpeda, eksplodowała wewnątrz.*

Panika. *Pochodzi z jednego źródła: 'W przypadku jakiegokolwiek z wyżej wymienionych problemów, jeden lub kilku członków załogi mogło spanikować i zacząć pociągać za złe dźwignie.'*

Nie ma nic więcej do dodania. Jeśli Marynarka Wojenna nie mogła dojść do jednoznacznego wniosku, kto inny mógł? A my zastanawiamy się, czy Anita zobaczyła to, co naprawdę wydarzyło się na pokładzie?

Rozdział 14
Kurtyna opada

A więc, eksperyment, który rozpoczął się zupełnie przypadkowo, rozciągnął się w czasie o kolejnych kilka miesięcy, otwierając przed nami, mnóstwo nowych horyzontów. Poznaliśmy pięć fascynujących osobowości, z którymi w przeciwnym razie, nigdy byśmy się nie poznali, ani nie wyruszyli razem w podróż, która wydawała się niemożliwa. W ciągu tych kilku, krótkich miesięcy, podejście wielu ludzi i sposób ich myślenia, zmienił się na zawsze. Szczerze uważamy, że na lepsze.

Chociaż Anita nadal chciała pozostać anonimowa, wielu znajomych przychodziło do naszego domu w tym okresie, aby posłuchać jej dalszej historii, zawartej w ostatnich rozdziałach tej książki. Wielu z nich, nie znało Anity osobiście, a ona chciała, żeby tak pozostało. Słuchali ostatniego nagrania z absolutnym podziwem i niedowierzaniem, następnie komentując. My wszyscy, po raz pierwszy w życiu, zostaliśmy wystawieni na zupełnie nowatorski sposób myślenia. Byliśmy bombardowani przez pomysły i koncepcje, z jakimi nie spotkaliśmy się wcześniej. I chociaż niektórzy poczuli się zmieszani i osłupieni, po tym jak ich system wierzeniowy został poszerzony i przewrócony do góry nogami, niemniej jednak, nie potrafili znaleźć wytłumaczenia na rzeczy, które pojawiały się w sesjach.

Oni wszyscy sugerowali próbowanie nowych rzeczy czy dróg do zbadania. Możliwości wydawały się nieskończone. Być może moglibyśmy dalej zaglądać w przyszłość, na późniejsze wydarzenia. Anita świetnie poradziła sobie, podpatrując zamach na prezydenta Kennedy, czy zaginięcie łodzi podwodnej Skorpion, być może mogła też zobaczyć inne, ważne i znane wydarzenia historyczne. Jedną ze wspomnianych możliwości, była śmierć Adolfa Hitlera w jego bunkrze, w Berlinie. Była niezliczona ilość innych przykładów, równie sensacyjnych i prowokujących. Wydawało się, jakbyśmy stanęli na progu wszelkiej wiedzy, ograniczonej jedynie naszą wyobraźnią. A więc co takiego wydarzyło się w międzyczasie? Dlaczego nasz eksperyment zakończył się tak nagle, wszystkie nagrania, przeleżały nietknięte na półce, przez kolejne 11 lat?

Wszystko, skończyło się w ciemną wrześniową noc 1968 roku, tragicznym i miażdżącym wypadkiem. Tamtej nocy, pojawiło się wiele zbiegów okoliczności (jeśli w ogóle coś takiego istnieje) prowadzących do gwałtownego punktu kulminacyjnego tego wieczoru, który na zawsze zmienił bieg naszego życia.

Johnny, grał akurat w kręgle, w miasteczku i po wszystkim, miał powrócić do bazy. Maszyny do kręgli nawalały tego wieczoru, więc wyjechał później niż zazwyczaj. (Przypadkiem?) W tym samym czasie w bazie wojskowej, jeden z oficerów pił cały dzień w barze 'O' ('O' jak Oficer) i postanowił o tej samej porze wyruszyć z bazy, do swojego domu w mieście. Ten mężczyzna, niejednokrotnie pakował się w kłopoty z powodu swojego pijaństwa i miał później powiedzieć, że nawet nie pamiętał, co wydarzyło się tamtej nocy.

W bazie, wypuszczano na przepustkę do kina, więc utworzyła się długa linia samochodów wyjeżdżających z bazy, do miasteczka. Pijany oficer postanowił wyminąć cały ten rząd samochodów i w ten właśnie sposób, zderzyli się czołowo, na zakręcie, przez co nie miał zbytnio możliwości manewru, do tego oślepiały go światła przednich reflektorów, samochodu pędzącego z naprzeciwka. Johnny został dosłownie zmiażdżony i wgnieciony w karoserię swojego samochodu.

Cała siła uderzenia skumulowała się na jego nogach, a główna tętnica w jego kostce, została rozerwana. Miał też wstrząśnięcie mózgu. (Przez przypadek?) Jeden z oficerów medycznych, jechał samochodem tuż za nim i był pierwszym na miejscu zdarzenia. Jego natychmiastowa akcja ratunkowa, powstrzymała Johnnego, od wykrwawienia się na śmierć. Co nastąpiło później, było dla niego prawdziwą agonią, nie do opisania, gdyż przez 45 minut, desperacko próbowano wyciągnąć go z samochodu. Lekarz, który tam był na miejscu, stwierdził, że jedynym sposobem, aby go wydostać z auta, jest amputacja nóg. Johnny wahał się, nie był przekonany, bał się, że związany z tym szok go zabije.

Był świadomy przez cały ten czas, pomimo leków, które mu podano, również morfina zdawała się nie dawać rady. Potem jeden ze strażaków zdecydował się spróbować ostatni raz, inną metodą. Gdyby to nie zadziałało, amputacja, była jedynym rozwiązaniem. Zahaczyli jeden ze swoich wozów, z przodu i drugi od tyłu transportera Johnnego, próbując rozerwać karoserię. Powiodło się, a jego pośpiesznie przeniesiono na pokład czekającego już helikoptera i przetransportowano do szpitala wojskowego w Corpus Christi, oddalonego o 70 mil.

Podczas gorączkowego lotu, prawie się wykrwawił, a jego serce zatrzymało się trzy razy. Posiadał rzadką grupę krwi A z negatywnym czynnikiem Rh, a wszystko, co mieli wtedy dostępne to była uniwersalna grupa krwi 0. Jednak założyli, że na tym etapie, nie miało to znaczenia, musieli coś w niego wpompować. Lekarz w desperacji, nie mógł się wkłuć w jego żyły, wtedy ponownie (przez przypadek?) był tam na pokładzie lekarz wojskowy, który właśnie wrócił z Wietnamu i zapytał, czy może spróbować zabiegu, który stosował na wojnie.
Wykonał nacięcie prosto do tętnicy udowej i umieścił tam igłę. Później wspominano jego wyczyn i zasługi tamtej nocy.

Helikopter wylądował na trawniku szpitala, a Johnny natychmiastowo, zabrany został na ostry dyżur, gdzie pracowało nad nim pięciu lekarzy. Jego twarz była porozrywana, doznał trzech wstrząśnień mózgu, utracił całą krew, a jego nogi były pokruszone, jak rozbita szyba. Lekarze wykonywali tylko działania ratunkowe. Byli pewni, że nie przeżyje nocy.

Lekarz z bazy wojskowej, powrócił helikopterem, zanim mnie powiadomiono i polecono, aby karetka zabrała mnie do szpitala w Corpus Christi. Był uprzejmy, ale też dość szczery, mówiąc, że może już być za późno, że Johnny może umrzeć, zanim tam dotrę. Nawet gdyby przeżył, utracił za dużo krwi i doznał wstrząśnienia, które z pewnością uszkodziło mózg. To było wysoce prawdopodobne, że zostałby warzywem, a obydwie jego nogi, prawie na pewno amputowane. Zbyt wiele naraz, do skonfrontowania.

Tylko ktoś, kto doświadczył czegoś podobnego, może sobie wyobrazić, jakie to wywołało we mnie emocje. Oto mężczyzna, którego kochałam od 20 lat. Tak bardzo cierpiał, a ja nie mogłam zrobić nic, by mu pomóc. Jadąc karetką do szpitala przez te 70 mil drogi, wszystko działo się jak we śnie, nierealnym świecie.

Lekarz i kierowca, byli mili i wyrozumiali, ale nie wiedzieli co tak naprawdę działo się w moim umyśle. Głęboko w środku wierzyłam, że Johnny nie umrze. Nawet przez chwilę, nie pozwoliłabym sobie pomyśleć inaczej. Przypuszczam, że można by to nazwać typowym zaprzeczeniem, w obliczu tragedii. Ale ja wiedziałam coś, czego oni nie wiedzieli i trzymałam się tego z całych sił.

Na jednym nagraniu, poprosiliśmy Anitę, aby spojrzała w naszą przyszłość i powiedziała, co będziemy robić lata do przodu, 'Widzę cię w stanie południowym, gdzie zmieniają się pory roku, a zimy nie są tak surowe, jak na północy. Bardzo urodziwe miejsce, to nie jest farma, ale z gruntami dookoła. Będziesz bardzo długo żyć. Kiedy na ciebie spojrzę, widzę cię jako starego człowieka. Otaczają cię twoje prawnuki. (Nasza najstarsza córka, miała dopiero 15 lat w czasie wypadku.) Widzę dobro wokół ciebie. Uczysz się, lekcje zaczynają do ciebie docierać. Będziesz długo żył. Wiele osiągniesz w tym życiu. Pomożesz wielu ludziom.'

To czego doświadczyliśmy podczas miesięcy pracy nad eksperymentem hipnotycznym, pozostawiło trwały ślad. Wiedzieliśmy w głębi serca, że to, co Anita powiedziała w transie, było prawdziwe, a my jej wierzyliśmy. A skoro wierzyliśmy, musieliśmy wierzyć we *wszystko*. A więc wiedziałam, że nie mógł umrzeć, nie po tym, jak Anita widziała go całego i zdrowego, w dalekiej przyszłości. Trzymałam się więc swojego sekretu, dodał mi sił, o których nie wiedziałam, że posiadam.

Kiedy dojechałam do szpitala, zabrano mnie do poczekalni. Nigdy nie zapomnę widoku pięciu lekarzy wchodzących do pokoju, a każdy z nich wymieniał inne przyczyny, które mogły zabić Johnnego w nocy. Obrażenia były zbyt rozległe; zbyt duża utrata krwi; zbyt duży szok. Liczne złamania w jego nogach, uwolniły do krwiobiegu fragmenty kości, szpiku kostnego, skrzepów i tłuszczów. Nikt w takim stanie, nigdy wcześniej nie przeżył.

Wiem, że lekarze próbowali przygotować mnie na najgorsze i musiało wydawać się im dziwne, że nie przeżywałam tego tak mocno. Ale ja, trzymałam się mocno swojego sekretu. Wiedziałam o czymś, o czym oni nie mieli pojęcia. Odrzekłam, 'Przykro mi, ale mylicie się, on nie umrze. Wy go nie znacie. Jeśli jest jakiś sposób, on go znajdzie.'

Lekarze zamilkli na chwilę, potem jeden z nich powiedział, 'Cóż, jeśli to ten typ osobowości, może są szanse.'

Gdy zobaczyłam Johnnego na oddziale intensywnej opieki medycznej (OIOM), był prawie nie do poznania. Jego głowa i twarz, zostały pośpiesznie pozszywane, a dwóch potężnych lekarzy, trzymało go na łóżku. Jego urazy głowy, spowodowały, że bredził i był porywczy. Oszalał. Był w oczywistym szoku. Nie wiedział, kim jestem. Nie widział mnie.

Wiedziałam, że nic nie mogłam zrobić, aby mu pomóc. Tak więc poszłam do pokoju, który mi przydzielili i pomodliłam się, 'Nikt inny, nic więcej zrobić nie może. Teraz jest w Twoich rękach. Bądź wola, Twoja.' I zapadłam w głęboki sen, przekonana, że do rana mu się polepszy.

Z rana było szaro i deszczowo. Pogoda pasowała do okazji. Kiedy weszłam na oddział, zobaczyłam pierwszy 'cud', przeżył noc. Nie był już skrępowany, po prostu spał. Kolejny 'cud' zdarzył się później, gdy zaczął momentami odzyskiwać przytomność. Lekarze stali wokół jego łóżka i zadawali mu pytania. Czy wiedział, gdzie się znajduje? Czy wiedział, kim oni byli? Czy wiedział, kim ja byłam? W końcu z uśmiechem na twarzy, rozpromienieni orzekli, 'Jest poczytalny, jego mózg nie został uszkodzony!'

Kiedy siedziałam przy jego łóżku przez kolejne dni i noce, budził się momentami ze strachem w oczach, a kiedy widział, że tam siedzę, z powrotem spokojnie zasypiał. Lekarz powiedział, że za każdym razem, gdy fragmenty szpiku kostnego, dostają się do jego mózgu, doświadczał zaników pamięci, tak więc następne tygodnie, były dla niego trudne i dezorientujące.

'Cud' numer trzy, zdarzył się w tym pierwszym tygodniu. Jego twarz, goiła się w zastraszającym tempie. Usunięto szwy, a rany dosłownie znikały w oczach, pozostawiając jedynie małe blizny.

Lekarze i pielęgniarki zatrzymywali się przy jego łóżku i gapili się na niego, więc w końcu poprosił mnie, abym podała mu lusterko. Patrząc na swoje odbicie powiedział, 'Na co każdy się tak gapi? Moja twarz wygląda w porządku!'

Odpowiedziałam, 'Właśnie dlatego się gapią.'

Rozmawiałam z lekarzem, który tamtej nocy, pośpiesznie pozszywał mu twarz, 'Wykonałeś kawał dobrej roboty, w tak trudnych warunkach.'

Posłuchaj, odpowiedział ze zmieszaniem na twarzy, 'Nie rozumiem tego. Spodziewałem się wykonać co najmniej pięć operacji plastycznych. W tej chwili, nie muszę robić żadnej!'

Wydawało się, że wszyscy podzielają wrażenie, że zadziałała tu jakaś niewyjaśniona siła wyższa. Pielęgniarki mówiły mi, że widziały ludzi umierających z powodu obrażeń, które nie były nawet w połowie, tak ciężkie, jak jego. Wieści o 'cudownym' mężczyźnie z intensywnej terapii, szybko rozniosły się po szpitalu. Radość rozsadzała mnie od środka, przez cały ten czas, czułam, że pomoc nadejdzie z 'góry'. Skrycie, cieszyłam się i byłam wdzięczna za to, że istniała siła wyższa, która wszystkim się zajęła.

Kiedy minęło już zagrożenie życia i wiedzieliśmy, że będzie żył po tym wszystkim, zabrali się za jego nogi, próbując je uratować. Na tamtą chwilę, postanowili ich nie amputować, tylko wsadzili go w gips od samych pach w dół, aż po palce u stóp. To miało być jego więzienie przez kolejnych osiem miesięcy.

Po miesiącu na OIOMie, przenieśli go na zwykły oddział szpitalny. Z powodu przerwania głównej tętnicy w kostce, krążenie nigdy nie powróciło do stopy, wdała się gangrena i ostatecznie Johnny stracił tą stopę. Niemniej jednak, było to sto razy lepsze niż stracić dwie, całe nogi!

Jeden doktor sprawił, że poczułam się taka dumna, mówiąc, 'Wiesz, to także twoja zasługa. Musiał być wyjątkowo szczęśliwym człowiek, skoro tak bardzo nie chciał umrzeć.'

Johnny spędził w sumie rok w tym szpitalu. Ostatecznie, po 21 latach stażu, został zwolniony ze służby wojskowej jako niepełnosprawny weteran wojenny. Powiedzieli, że prawdopodobnie spędzi resztę swojego życia na wózku inwalidzkim. Jego nogi były za mocno połamane, aby udźwignąć jego ciężar. Jednak znów byli w błędzie. Nie docenili możliwości tego mężczyzny. W tej chwili porusza się o kulach i w ortezach.

Następne lata przebiegały pod znakiem zmian i przystosowywania się do nich. Na emeryturze, przenieśliśmy się do Arkansas, do miejsca, które bardzo przypominało to, z Anity przepowiedni.

Niektórzy ludzie mówili złośliwie, że to było za karę. Kara za podglądanie niedozwolonych rzeczy, odwiedzanie miejsc zakazanych, za to, że był wścibski i spoglądał tam, gdzie nie powinien, bo to nie była jego sprawa. Że reinkarnacja to robota diabła! Nie mogę się z tym zgodzić, nigdy tego nie zaakceptuję. Bóg, którego pokazano nam w sesjach, był dobry, miły i kochający, a do tego niezwykle cierpliwy. Tego typu Bóg, nie byłby w stanie dopuścić się takiego okrucieństwa. Z pewnością, wypadek przytrafił się z jakiegoś powodu, nie mam wątpliwości. Ale żeby od razu kara? Nigdy! Nie przyjmuję takiego wytłumaczenia, tego typu wyjaśnienie, jest dla mnie nie do pomyślenia!

Często zastanawiałam się, czy miałabym siłę przez to przejść, gdyby nie nasz przelotny rzut oka w przyszłość? Czy gdybym wcześniej nie wiedziała, że wszystko będzie dobrze, wytrzymałabym psychicznie stres z powodu umierającego męża i perspektywy wychowywania rodziny w pojedynkę? Dlatego uważam, że sesje służyły wielu celom. Dostarczyły niezwykłych informacji, o których wcześniej, nawet byśmy nie pomyśleli. Ale również, przygotowały nas na sytuacje, które w przeciwnym razie, byłyby nie do zniesienia. Bez względu na powód, kilkumiesięczne sesje hipnotyczne które przeprowadziliśmy w 1968 roku, zmieniły nasze życie bezpowrotnie.

W naszej codziennej gonitwie, obawie o przyszłość, zaduma nad sensem i powodem naszego życia, nie jest już dłużej uważana za świętokradztwo. Ostatnie tabu, są wreszcie usuwane z owianej tajemnicą śmierci i tego, co następuje po niej.

Być może, są także inni ludzie, którzy zaczynali jako sceptycy, tak jak my. Być może ta relacja z naszej podróży w nieznane, dotrze też do nich i im pomoże. Jako że, kiedy rozmawialiśmy z tzw. 'Idealnym Duchem' czyż nie powiedział, że: 'Będę się uczyć i pomogę ludziom na Ziemi, naszej rodzinie. Tylko Ziemia jest w takich tarapatach, że On poprosił, abyśmy tam wrócili i pomogli. Musimy pomóc tym ludziom. On ich stworzył i wiedział, że nie będą posłuszni. Ale poczuł się zobowiązany w swojej dobroci, aby najpiękniejszej z planet przydzielić ludzi, którzy są jak zwierzęta z rozumem. I On wiedział, że nie użyliby swojej wiedzy w odpowiedni sposób.'

Więc, być może poprzez napisanie tej książki, wypełniłam swój obowiązek, moim własnym sposobem.

Odsłuchując taśm nie jeden zastanawiał się, 'Skąd się to wszystko wzięło?' Pierwsza najbardziej możliwa opcja to, 'z podświadomości.' Lecz to nasuwa kolejne pytanie, 'Jak to w ogóle, dostało się tam?'

Nie będziemy udawać, że my wiemy, ani też, nikt inny. Możemy jedynie spekulować i podziwiać złożoność ludzkiego umysłu. A więc kurtyna opadła i skończyła się nasza przygoda, nadal pozostawiając po sobie wiele, mnóstwo pytań, bez odpowiedzi.

Epilog

Wielu ludzi pytało mnie, co stało się z głównymi bohaterami naszej historii. W szczególności chcieli wiedzieć, co stało się z Anitą. Nadal mieszkała w Texasie, kiedy my przeprowadziliśmy się do Arkansas i zaczęliśmy odbudowywać nasze życie. Podczas sesji, zajrzała w przyszłość co będzie robiła w 1970 roku. Zobaczyła siebie w północno-wschodnim stanie, gdzie zimy były bardziej dotkliwe. Opisała to miejsce i dodała, 'Mój mąż pomógł mi z przeprowadzką, ale jeszcze nie zdążyliśmy się rozpakować, a on wyjeżdża. Leci dokądś samolotem. Wyjechał wcześniej niż przypuszczał.'

Po osiedleniu, napisałam do Anity w 1970 roku. Tak bardzo wierzyłam w jej przepowiednię, że byłam pewna, że nie mieszkała już w Beeville. Pewnie napisałam na kopercie 'Proszę, przekaż dalej.' W ciągu kilku miesięcy, otrzymałam odpowiedź z Maine. Zostali przeniesieni w miejsce, pasujące jej opisowi. Pomyślała też, że druga część proroctwa również się sprawdziła. Zabawne, ale właśnie cały ich dobytek, został do nich dostarczony, otoczona była nierozpakowanymi pudłami, kiedy jej mąż oznajmił, że wysyłają go do szkoły na kilka miesięcy. Będzie musiała sama zająć się organizacją domu. Była bardzo szczęśliwa na Wschodzie, czuła się tam, jak w domu. Pozostałyśmy w kontakcie, do połowy lat siedemdziesiątych i od wtedy nigdy więcej, nie miałam od niej wiadomości.

Po latach rehabilitacji i powrotu do zdrowia, Johnny wyszedł z głębokiej depresji, zazwyczaj towarzyszącej, tego typu tragediom. Udziela się społecznie w grupach, programie radiowym czy organizacjach dla weteranów wojennych. I faktycznie, pomaga tym wielu ludziom. Jego życie potoczyło się, w zupełnie innym kierunku i nie był już zainteresowany hipnozą. Nadal wierzy w reinkarnację i wie, że odkryliśmy wiele cennych informacji, ale jego życie zmieniło się tak bardzo, że nie chciał już więcej, podejmować się eksperymentów hipnotycznych.

Chociaż iskra, którą rozpaliliśmy naszym doświadczeniem, przygasła na 11 lat, kiedy zaczęłam pracę nad tą książką, została ponownie rozpalona. Wszystkie moje dzieci opuszczały dom, pobierały się czy wyjeżdżały na studia. Wszyscy wiedli swoje życia, więc stało się oczywistym, że musiałam jakoś wypełnić te puste godziny. Jak sądzę, wybór mój, nie odpowiada typowej matce i żonie. Moje zainteresowania, skierowane były bardziej w kierunku tego, co dziwaczne. W trakcie składania tej książki w całość, w 1979 roku odkryłam, że pisanie sprawia mi radość, a to, zaprowadziło mnie do pisania artykułów, do gazet i magazynów, podczas gdy próbowałam znaleźć zainteresowanego moją książką wydawcę. Moje zainteresowanie reinkarnacją, nigdy tak naprawdę nie umarło, zostało uśpione na 11 lat. Zawsze było to coś na końcu moich myśli, chowało się tuż pod powierzchnią. Przeżycie tego doświadczenia na nowo, poprzez opisywanie taśm i całego eksperymentu, skłoniło mnie do dalszych badań. Jeśli Johnny nie był już dłużej zainteresowany, tego typu pracami badawczymi, ja sama zdecydowałam się nauczyć hipnozy i zacząć swoje własne badania. W latach sześćdziesiątych, powszechna metoda, opierała się na długich indukcjach hipnotycznych, a także testach określających głębokość transu. Nie podobał mi się ten sposób, więc wyszukiwałam prostszego. Dowiedziałam się, że szybsze indukcje, mogły być zastosowane, z użyciem technik wizualizacyjnych. Stałam się 'regresjonistką.' To określenie hipnotyzera, który specjalizuje się w terapii regresyjnej, przeszłym życiu i badaniach nad reinkarnacją. Zaczęłam przeprowadzać swoje eksperymenty tak na poważnie, od 1979 roku i współpracowałam z psychologami, używając terapii regresyjnej jako narzędzia. W ciągu ostatnich 30 lat, poddałam regresji i skatalogowałam tysiące przypadków. W 1986 roku, zostałam hipnotyzerem śledczym w MUFON (Mutual UFO Network) i pracowałam nad przypadkami rzekomych porwań przez ufo. W ciągu tych lat, napisałam piętnaście książek o moich najbardziej interesujących i nietypowych sprawach. Skolekcjonowałam taki zasób materiałów, że powstało by z nich wiele innych książek, które tylko czekają na napisanie. W 1991 roku założyliśmy własne wydawnictwo Ozark Mountain Publishing, aby dzielić się informacjami o tematyce metafizycznej, na całym świecie. Tak więc, ta książka jest o moich początkach w tej fascynującej dziedzinie. To wszystko zaczęło się tak naprawdę z ciekawości i poprzez pracę mojego męża. Byłam jedynie obserwatorem, robiącym liczne notatki i przytrzymującym mikrofon osobie pod urokiem hipnotycznym. Jednakże, gdyby nie ten niewinny i naiwny początek, nigdy nie zostałabym zaciągnięta na drogę licznych przygód, prowadzącą w nieznane. Gdyby nie te dziwne i nietypowe zdarzenia, które pojawiły się w 1968 roku, prawdopodobnie byłabym 'normalną' gospodynią domową i babcią, a żadne z tych przygód, nigdy nie zostałoby nagrane. Takie jest prawo przypadku i … zbiegu okoliczności?

Wierzę, że nigdy nie dostajemy więcej niż możemy udźwignąć. Informacje, które odkryliśmy w 1968 roku, były ekstremalnie zaskakujące. Jednakże to, co odkryłam w mojej pracy w nadchodzących latach, było o wiele bardziej złożone. Nigdy nie byłabym w stanie poradzić sobie z tym, gdyby nie moje 'początki'. A więc, wygląda na to, że wiedza musi być dawkowana, subtelnie i bez pośpiechu, aby została zaakceptowana, a nie przytłaczała. Mówi się, że kiedy raz poszerzysz swój umysł o jakiś pomysł czy koncepcję, już nigdy nie powrócisz do starego sposobu myślenia. Dlatego każdy kolejny krok naprzód w mojej pracy, spowodował dalszą ekspansję. To co odkryłam w 1968 roku, teraz wydaje się raczej proste i prymitywne. Chociaż, była to tylko część większej całości, aby dotrzeć do miejsca, w którym teraz jestem. Gdyby patrzeć na to w ten sposób, każdy fragment informacji jest istotny i niezbędny. Mam nadzieję, że tak już zawsze pozostanie, a ja będę mogła dalej się rozwijać, odkrywać nieznane i zabrać swoich czytelników ze sobą.

Johhny Cannon spędził 25 lat w wózku inwalidzkim, choć był w stanie poruszać się o kulach. Prowadził specjalny samochód, ręcznie sterowany, podróżując po całym kraju jako weteran wojenny, niosąc pomoc innym. Zmarł w 1994 roku i faktycznie dożył swoich prawnuków. Ta książka poświęcona jest temu niezwykłemu mężczyźnie i jego ogromnemu dziedzictwu, jakie po sobie pozostawił.

O Autorze

Dolores Cannon, urodzona w 1931 roku w St. Louis, Missouri, była hipnoterapeutką regresyjną i badaczką spraw metafizycznych, która rejestrowała tzw. 'utraconą' wiedzę. Mieszkała i uczyła się w St. Louis, do czasu jej ślubu z żołnierzem Marynarki Wojennej, w 1951 roku. Następne 20 lat swojego życia, spędziła podróżując po całym świecie, jak typowa żona żołnierza, gospodyni domowa wychowująca dzieci. W 1970 roku, jej mąż został zwolniony ze służby wojskowej jako niepełnosprawny weteran wojenny i wtedy przenieśli się na wzgórza Arkansas. Rozpoczęła swoją karierę pisarską, od sprzedawania artykułów do gazet i magazynów. Z hipnozą, związana jest od 1968 roku, a terapią regresyjną i życiem przeszłym, na wyłączność, od 1969 roku. Studiowała różne metody hipnotyczne, dzięki czemu, opracowała swoją własną, unikalną technikę, która wyjątkowo efektywnie, umożliwiała jej pozyskanie informacji od swoich klientów. Dolores naucza swojej niepowtarzalnej techniki hipnotycznej, na całym świecie. W 1986 roku, rozszerzyła swoje badania w dziedzinie UFO.

Analizowała znaki na polu, tzw. kręgi w zbożu i sprawy rzekomych UFO lądowań. Większość jej pracy, polegała na gromadzeniu dowodów od potencjalnych uprowadzonych, za pomocą hipnozy.

Dolores była międzynarodowym wykładowcą, nauczającym na wszystkich kontynentach świata. Trzynaście z jej książek, zostało przetłumaczonych na dwadzieścia różnych języków. Przemawiała do odbiorców w radio i telewizji na arenie światowej. A artykuły jej autorstwa lub te o niej, pojawiły się w amerykańskiej, a także międzynarodowej prasie. Dolores była pierwszą Amerykanką, która otrzymała nagrodę 'Orpheus Award' w Bułgarii, za ogromny postęp w badanach nad metafizycznym fenomenem. Odebrała nagrody za wybitny wkład i całokształt twórczości, od kilku organizacji hipnotycznych.

Dolores posiada liczną rodzinę, która pomaga jej zachować balans, pomiędzy 'realnym' światem i życiem rodzinnym, a 'niewidzialnym' życiem w jej pracy.

W sprawie pracy, szkoleń, czy prywatnych sesji, napisz do Dolores na adres: Dolores Cannon. P.O. Box 754, Huntsville, AR, 72740, USA (Dołącz proszę zaadresowaną kopertę zwrotną ze znaczkiem.) możesz wysłać też email na adres: decannon@msn.com lub przez naszą stronę internetową: www.ozarkmt.com

Other Books by Ozark Mountain Publishing, Inc.

Dolores Cannon
A Soul Remembers Hiroshima
Between Death and Life
Conversations with Nostradamus,
    Volume I, II, III
The Convoluted Universe -Book One,
    Two, Three, Four, Five
The Custodians
Five Lives Remembered
Jesus and the Essenes
Keepers of the Garden
Legacy from the Stars
The Legend of Starcrash
The Search for Hidden Sacred
    Knowledge
They Walked with Jesus
The Three Waves of Volunteers and
    the New Earth
A Vey Special Friend
Aron Abrahamsen
Holiday in Heaven
James Ream Adams
Little Steps
Justine Alessi & M. E. McMillan
Rebirth of the Oracle
Kathryn Andries
Time: The Second Secret
Cat Baldwin
Divine Gifts of Healing
The Forgiveness Workshop
Penny Barron
The Oracle of UR
P.E. Berg & Amanda Hemmingsen
The Birthmark Scar
Dan Bird
Finding Your Way in the Spiritual Age
Waking Up in the Spiritual Age
Julia Cannon
Soul Speak – The Language of Your
    Body
Ronald Chapman
Seeing True

Jack Churchward
Lifting the Veil on the Lost
    Continent of Mu
The Stone Tablets of Mu
Patrick De Haan
The Alien Handbook
Paulinne Delcour-Min
Spiritual Gold
Holly Ice
Divine Fire
Joanne DiMaggio
Edgar Cayce and the Unfulfilled
    Destiny of Thomas Jefferson
Reborn
Anthony DeNino
The Power of Giving and Gratitude
Carolyn Greer Daly
Opening to Fullness of Spirit
Anita Holmes
Twidders
Aaron Hoopes
Reconnecting to the Earth
Patricia Irvine
In Light and In Shade
Kevin Killen
Ghosts and Me
Donna Lynn
From Fear to Love
Curt Melliger
Heaven Here on Earth
Where the Weeds Grow
Henry Michaelson
And Jesus Said – A Conversation
Andy Myers
Not Your Average Angel Book
Guy Needler
Avoiding Karma
Beyond the Source – Book 1, Book 2
The History of God
The Origin Speaks

For more information about any of the above titles, soon to be released titles,
or other items in our catalog, write, phone or visit our website:
PO Box 754, Huntsville, AR 72740|479-738-2348/800-935-0045|www.ozarkmt.com

Other Books by Ozark Mountain Publishing, Inc.

The Anne Dialogues
The Curators
Psycho Spiritual Healing
James Nussbaumer
And Then I Knew My Abundance
The Master of Everything
Mastering Your Own Spiritual
    Freedom
Living Your Dram, Not Someone Else's
Sherry O'Brian
Peaks and Valley's
Gabrielle Orr
Akashic Records: One True Love
Let Miracles Happen
Nikki Pattillo
Children of the Stars
A Golden Compass
Victoria Pendragon
Sleep Magic
The Sleeping Phoenix
Being In A Body
Alexander Quinn
Starseeds What's It All About
Charmian Redwood
A New Earth Rising
Coming Home to Lemuria
Richard Rowe
Imagining the Unimaginable
Exploring the Divine Library
Garnet Schulhauser
Dancing on a Stamp
Dancing Forever with Spirit
Dance of Heavenly Bliss
Dance of Eternal Rapture
Dancing with Angels in Heaven
Manuella Stoerzer
Headless Chicken
Annie Stillwater Gray
Education of a Guardian Angel
The Dawn Book
Work of a Guardian Angel

Joys of a Guardian Angel
Blair Styra
Don't Change the Channel
Who Catharted
Natalie Sudman
Application of Impossible Things
L.R. Sumpter
Judy's Story
The Old is New
We Are the Creators
Artur Tradevosyan
Croton
Croton II
Jim Thomas
Tales from the Trance
Jolene and Jason Tierney
A Quest of Transcendence
Paul Travers
Dancing with the Mountains
Nicholas Vesey
Living the Life-Force
Dennis Wheatley/ Maria Wheatley
The Essential Dowsing Guide
Maria Wheatley
Druidic Soul Star Astrology
Sherry Wilde
The Forgotten Promise
Lyn Willmott
A Small Book of Comfort
Beyond all Boundaries Book 1
Beyond all Boundaries Book 2
Beyond all Boundaries Book 3
Stuart Wilson & Joanna Prentis
Atlantis and the New Consciousness
Beyond Limitations
The Essenes -Children of the Light
The Magdalene Version
Power of the Magdalene
Sally Wolf
Life of a Military Psychologist

For more information about any of the above titles, soon to be released titles,
or other items in our catalog, write, phone or visit our website:
PO Box 754, Huntsville, AR 72740|479-738-2348/800-935-0045|www.ozarkmt.com

Printed in the USA
CPSIA information can be obtained
at www.ICGtesting.com
LVHW010849140124
768859LV00038B/447

9 781956 945478